東京イラスト
建築さんぽ

illustration / guide by
mini_minor

GINZA , YURAKUCHO AREA
KANDA , JIMBOCHO AREA
ASAKUSA AREA
YANESEN , UENO AREA
SUMIDA , KATSUSHIKA , KOTO AREA
SHINJUKU AREA
SHIBUYA AREA

X-Knowledge

京成金町線
柴又駅
京成本線
p.96 葛飾区山本亭
京成押上線
総武本線
山手線
日暮里駅
イリヤプラスカフェ p.86
p.80 カヤバ珈琲
オンリー p.110
万定フルーツパーラー p.90
浅草駅
カド p.102
上野駅
神谷バー p.70
p.50 竹むら
ギャラリーエフ 蔵 p.64
p.50 神田まつや
タイガービルヂング／喫茶 半月 p.74
飯田橋駅
秋葉原駅
亀戸駅
錦糸町駅
神田駅
喫茶ニット p.106
ツ谷駅
学士会館／THE SEVEN'S HOUSE p.44
東京駅
ストーン p.28
有楽町駅
トリコロール本店 p.22
新橋駅
銀座カフェーパウリスタ p.38
月のはなれ p.34

TOKYO THE ILLUSTRATED ARCHITECTURE WALKS MAP

東京イラスト建築さんぽMAP

まずは、本書を片手に、馴染みの街へ建築さんぽへ出かけてみては。
いざ、新たな出会いと発見を探しに。

一級建築士のノートから
読み解く、建物の楽しみ方

How to enjoy the architecture

本書は、わたしmini_minorが一級建築士として仕事をしながら、
街歩きをして書き綴ったトラベルノートを元に、
すてきな建物と、おいしいものをまとめました。

本書の“建築さんぽ”では、堅苦しい空間構成や寸法をみたり、
難しい専門用語を理解したり……といった必要はありません。
このイラストノートを眺めながら、
建物の持つ面白さや、普段では気づきにくい設計者たちの
知られざる工夫をおさんぽ気分で
気軽に楽しんでもらえるとうれしいです。

イラストでは、建物だけでなく、周囲の環境や、歴史、人の営み、
五感で感じたことも描くことを心がけました。
そうした目に見えない要素もぜひ、現地で注目してみてください。

また、この本では、著名な建築家の作品だけでなく、
店主たちの創意工夫が溢れる、ちいさなお店もご紹介しています。
約30件の掲載スポットは、
基本的に昭和以前の古いものを中心に選定しました。
さらに100年後に残っていてほしい、
建築的工夫が活きた新しい建物も、一部を紹介しています。

建物に注目することで、さんぽや街歩きはもっと楽しくなります。
本書が、身近な街や建物の新しい見方を発見する手助けになりますように。

本書の見方

建物（施設）の名称

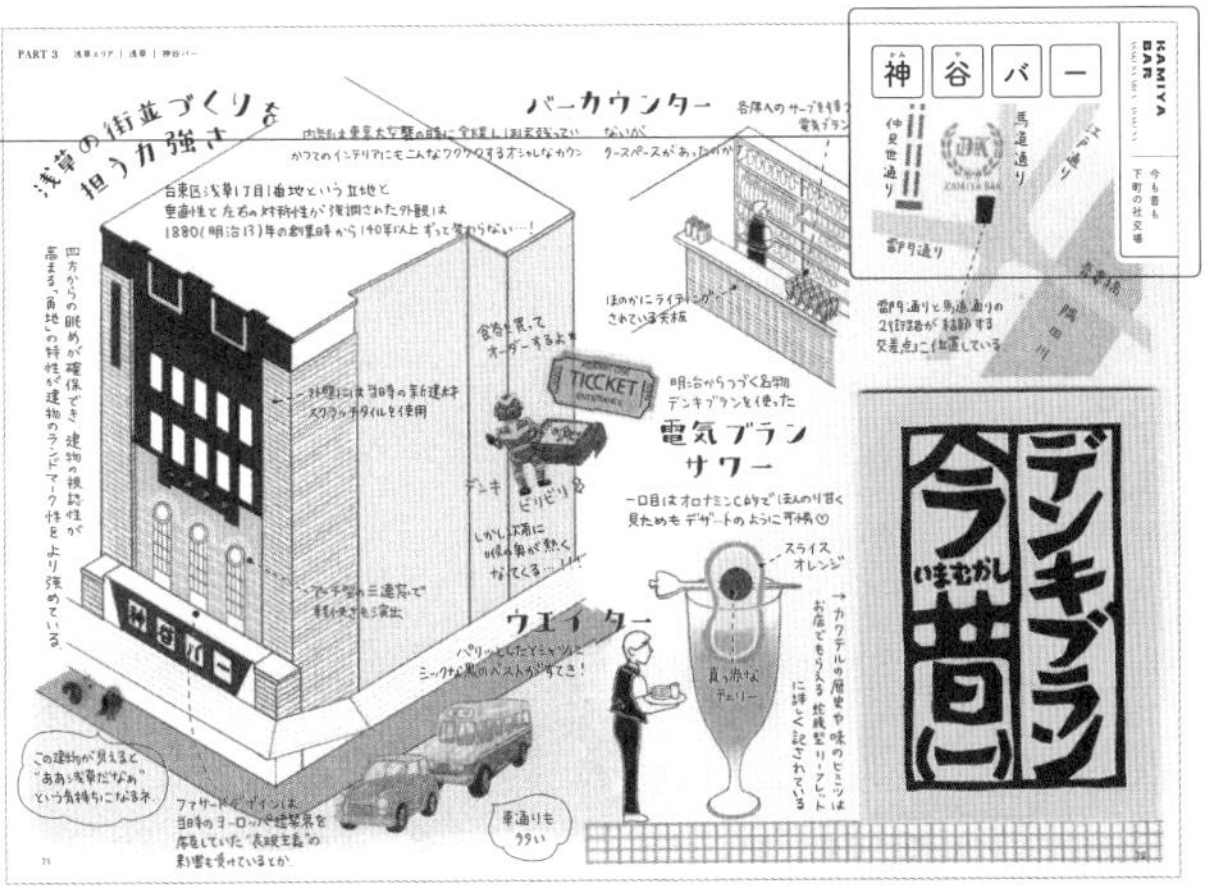

住所、営業時間、連絡先など

建築memo

建築士である著者から、建物についてのひとこと。さんぽの際は、お店の紹介とあわせてお楽しみください

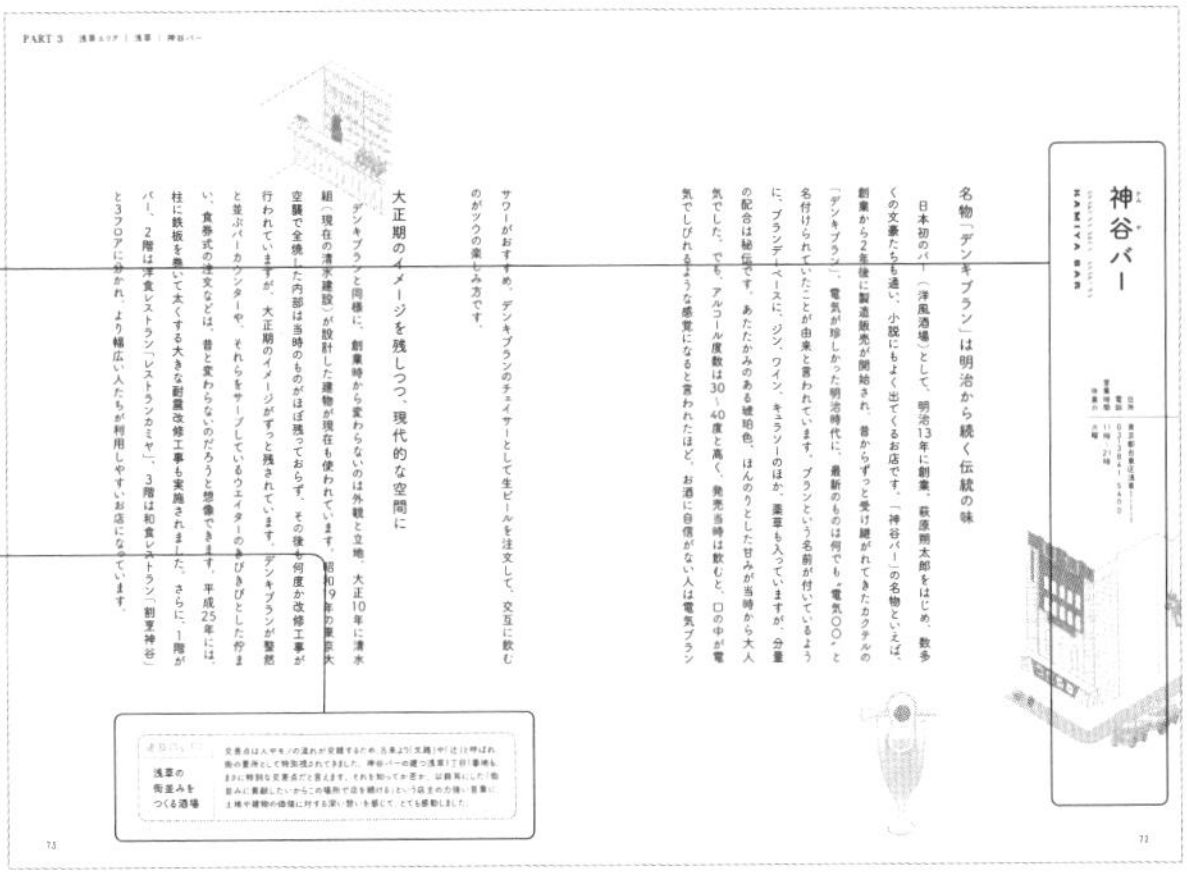

本書をお読みになる前に

本書に掲載されている情報は、2021年8月現在のものです。一般公開されている建物の許可された時間以外は、無断で敷地内に立ち入らないようお願いいたします。敷地内や館内での写真撮影・スケッチなどができない場所もあります。必ず現地でのルールに従ってください。営業時間・休業日などの情報、外観や内装、および紹介メニューの内容・価格に関しては、店舗の都合により変更になる場合があります。クレジット表記のある商品については、すべて税込みです。最新情報に関しては公式情報をお確かめのうえ、お楽しみください。上記につきまして、あらかじめご了承ください。

まえがき

建物と人はよく似ています。

人ひとりひとりに個性や「その人らしさ」があるように、建物にもそれぞれ固有の特徴や持ち味といった「その建物らしさ」があるからです。

「その人らしさ」とは、顔や体型といった単なる見た目の特徴だけではなく、年齢や出身地、家族構成や育ってきた環境など、さまざまな要素が影響しあって形成されるものだと思います。

同様に「その建物らしさ」も、かたちやデザインなどの表面的な特徴だけではなく、敷地や地盤条件にはじまり、どのような環境や歴史の中で建てられ、どんな人々に使われてきたのかといった多くの要素が影響しあいながら形づくられてきたものだと言えます。

だから建物を見るときは、誰かのことを見たり知ったりするときのような気持ちで向き合ってみると、より新鮮に、深くその姿を捉えられると感じています。

ひとつ気を付けておきたいのは、ある一方向から見るだけでは、本

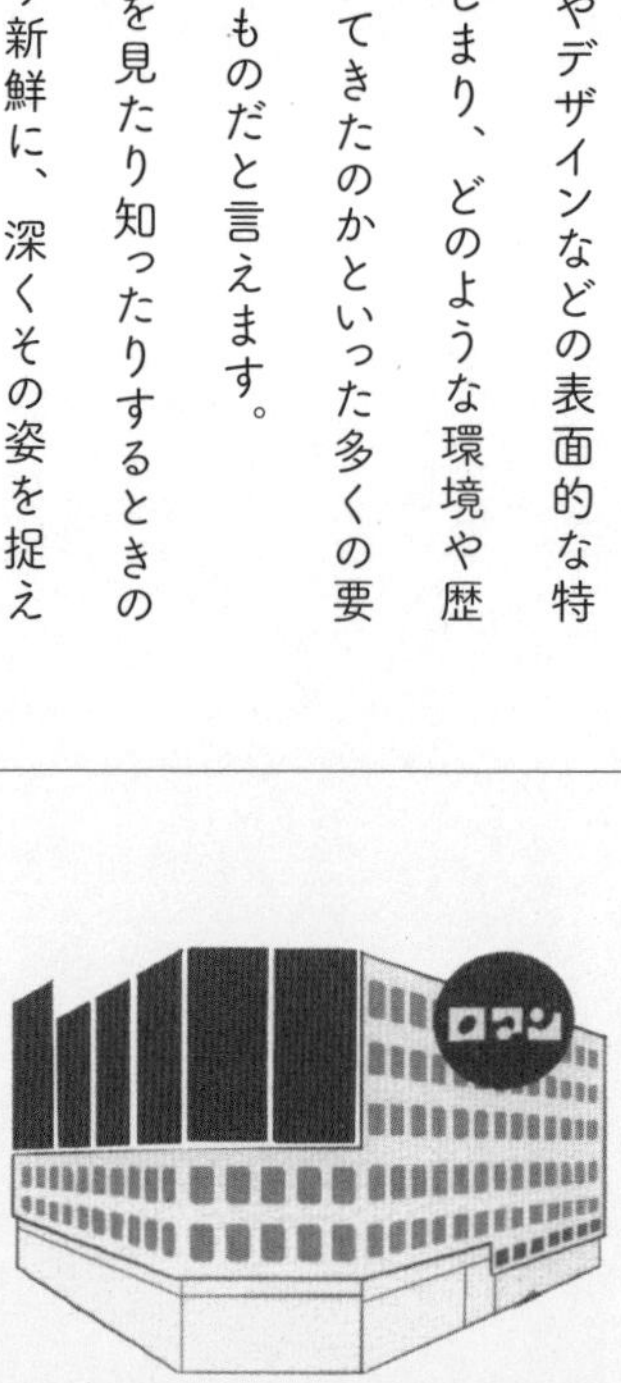

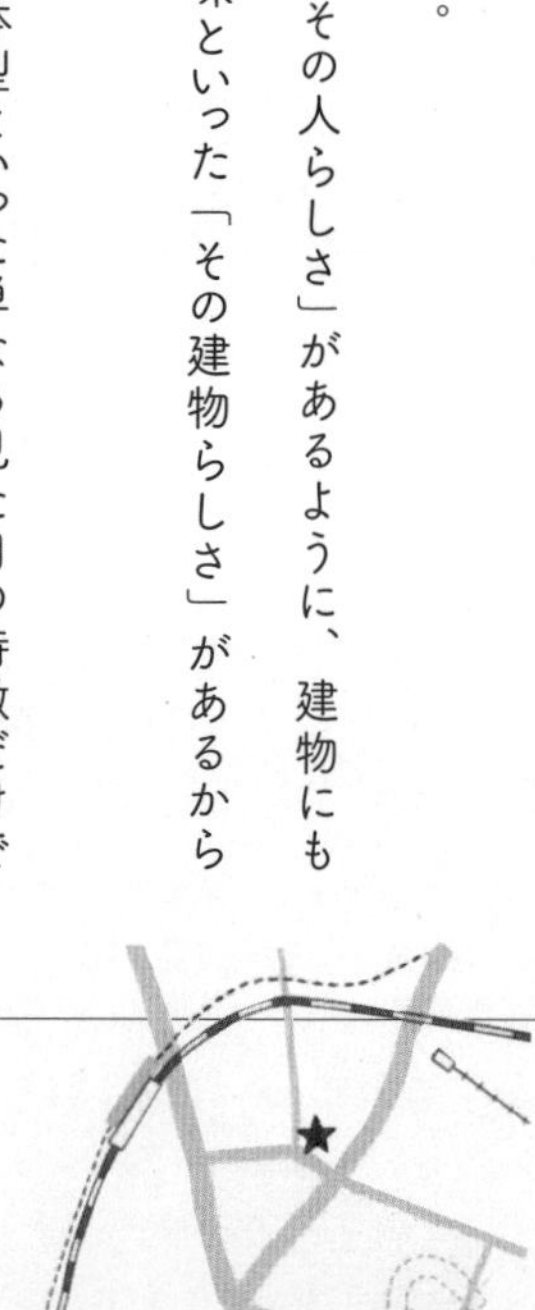

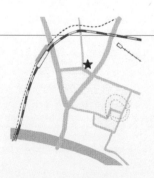

当の意味での「らしさ」を捉えることは難しいということです。

　少し腰を落ち着けて、細かな質感や匂い、触り心地がわかるくらいまで近くに寄ってみたり、少し引いた視点で外の街路や緑、隣の建物やずっと向こうの街並みまでを見通してみたり……新しい顔や意外な側面は、自分の目や身体をあちこちに移動してみることではじめて発見できるものです。

　そしてときには、視点を空中に浮遊させ、今現在の姿だけでなく、雨の日や風の日の姿、さらには昔の姿に思いを馳せてみるのもおすすめ。在りし日の、若々しく凛々しかった建物の姿が知れると魅力がさらにアップします!

　この本は、わたしが出会った東京の建物とそれにまつわる街や人、さらに、そこで味わえるおいしいものを描き、自分なりに「その建物らしさ」をかたちにしてみたものです。

　それぞれの街にあるすてきな建物。そして、そこから生まれるさまざまな物語を一緒に楽しんでいただけたらうれしいです。

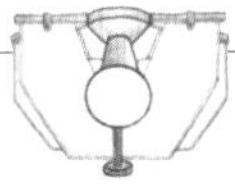

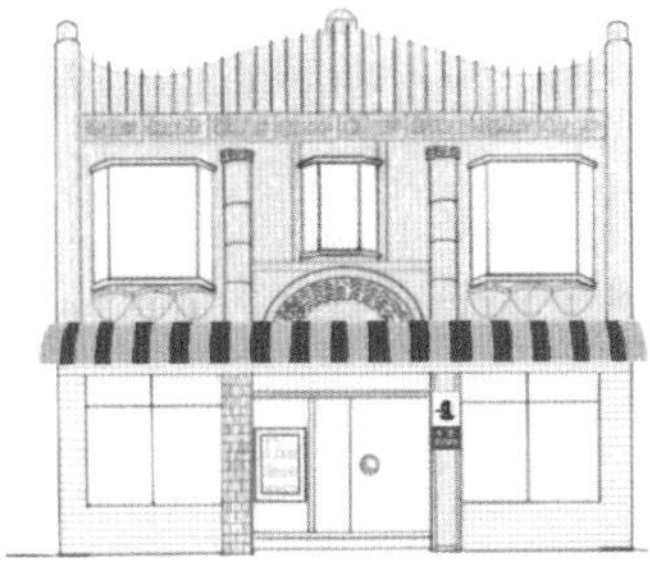

さんぽの持ちもの

WHAT TO BRING FOR A WALK

01. ショルダーバッグ

軽くて撥水性あり☆。
雨の日でも安心♡

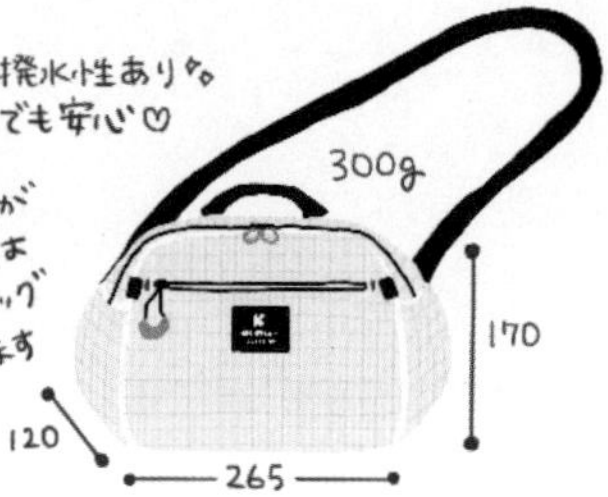

持ち物が
多い時は
トートバッグ
も使います

02. カメラ

スマホも
使います

訪問先で
注目してもらえる
白いカメラ

03. ノート

スケッチやカンタンな
間取りなども書くので

リフィルは
無印良品のA5サイズ
ノートをカットしたもの

メモ用なので
ガシガシ使えるように。
時々破ったりも笑。

レギュラーサイズ！

04. 3色ボールペン

0.28mm
だけど
スルスル
描ける

Uniさんの
STYLE Fitを
ずーっと愛用♡
赤・青・黒を
入れています

05. 小さなファイル

トラベラーズノートと同サイズ！
リヒトラブのキャリングポケット

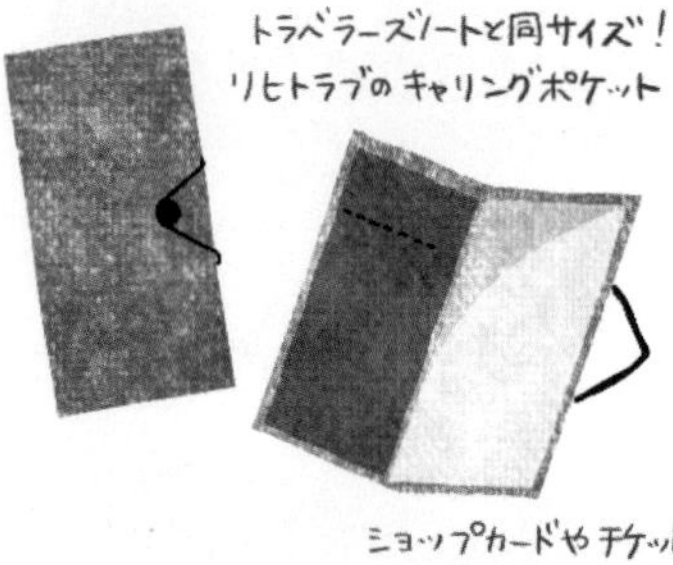

ショップカードやチケット
シールやチラシなどの持ち帰りに。

06. 実測グッズ

さくっと
測りたい時は

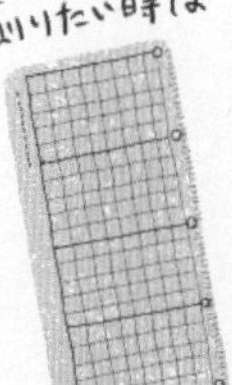

無印用品の
スチールメジャー
コンパクトで
巻き尺の音も静か！

トラベラーズノートの
下敷裏の定規も使います！

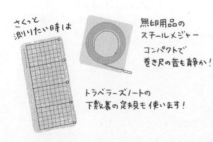

建築さんぽを楽しむために、あると便利な“おでかけセット”をご紹介します。建物に注目したり、メモを取ったり……ただ歩くだけでなく、現地での「これが知りたい」を解決し、記録しておけば、さらに建物見物の楽しさが広がります。

01. 持ちものを入れるのは、両手の空く肩掛けバッグやリュックがおすすめ。メモを取ったり、建物に触れたりするときに役立ちます。

02. 建物の外観や、気になった部分を撮影して記録。あとでじっくり見返すと、二度楽しめます。近くへのさんぽなら、携帯電話での撮影も身軽でおすすめです。

03. 気付いたこと、後から調べたいこと、感じたことなどをメモ。専用ノートではなく、スケジュール帳と兼用してもOKです。簡単なスケッチも添えるとよいでしょう。

04. 1本で色を分けられる多色ボールペンもあると便利。細かい部分まで描写できる、細いペン先がお気に入りです。

05. ファイルには、紙ナプキンやパンフレットなど、手に入れた紙モノを入れて持ち帰りましょう。ノートと同じくらいの大きさだと小さなものからA4サイズまで入り、便利です。

06. ドアノブや机に置かれた小物など、建物や家具の寸法を測ると新しい発見があるかも。ノートとセットで使える小さめの下敷きは、ちょっとした小物を測るのに便利。

07. 近くの気になるスポットを調べたり、距離感を把握するための必需品。本書と併せて、あなただけのベストルートを探してみて。

08. 知らない街でのお買い物も、さんぽの愉しみのひとつ。他にも着替えを入れたり、予期せぬお土産を入れたりするのにも役立ちます。

09. お気に入りの音楽をかけながら歩けば、いつもよりもたくさん歩けそうです。小腹が空いたとき、ひょいと片手で食べられるガムや飴などもポケットに忍ばせて。

07. 文庫サイズの地図

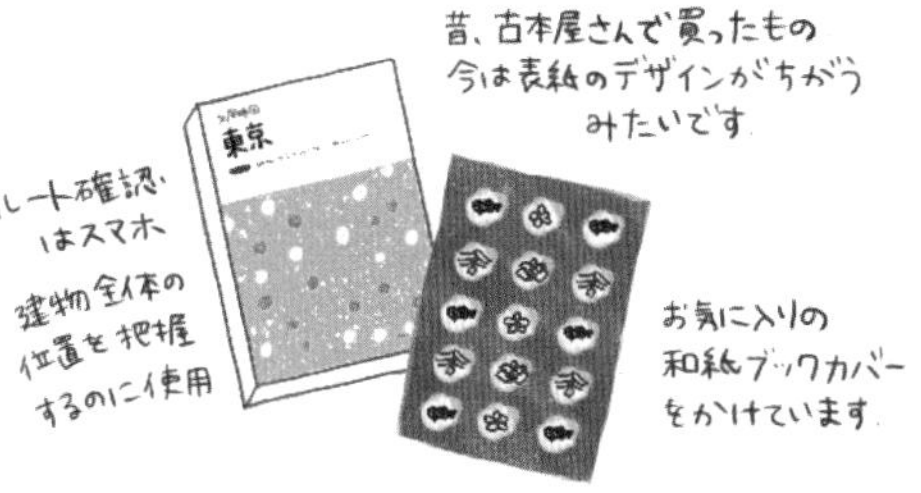
昔、古本屋さんで買ったもの
今は表紙のデザインがちがう
みたいです
東京
ルート確認はスマホ
建物全体の位置を把握するのに使用
お気に入りの和紙ブックカバーをかけています

08. 小さいエコバッグ

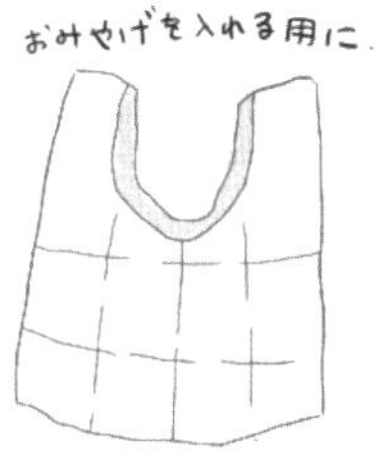
おみやげを入れる用に。

09. おたのしみセット

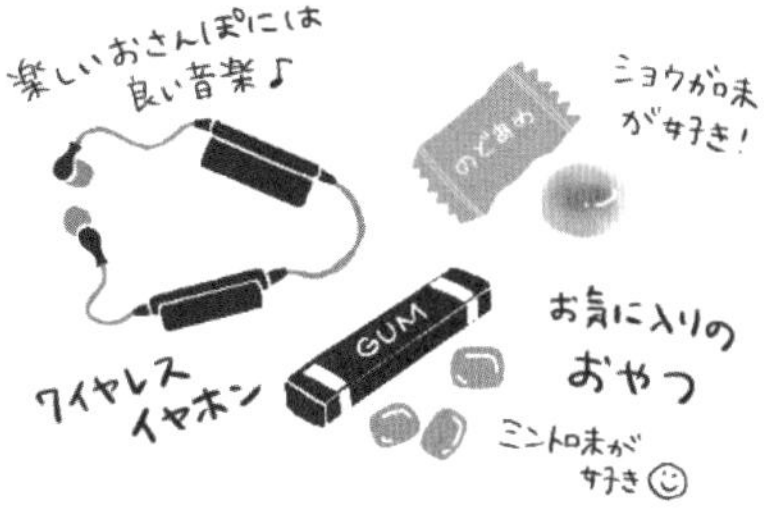
楽しいおさんぽには良い音楽♪
ショウガ味が好き!
のどあめ
GUM
ワイヤレスイヤホン
お気に入りのおやつ
ミント味が好き

建物さんぽの楽しみ方

HOW TO ENJOY A WALK

01. 土地

方角や広さなど、建物が設けられた「敷地」をはじめ、周囲の地形の凹凸や傾斜など、周りに拡がる「環境」にも着目

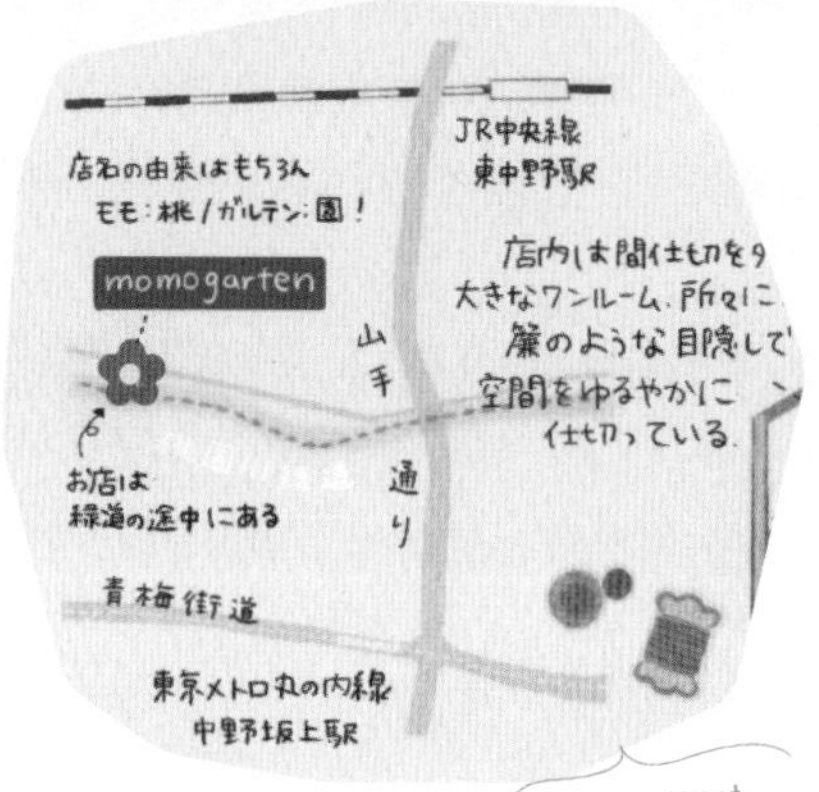

緑や水がある場所は
注目ポイント!

02. 自然

森や田畑など周りの植生や、敷地内の植栽、室内の観葉植物にも目を向けて。日本建築ならば窓から見える、借景も注目ポイントのひとつ

03. 意匠

ユニークな看板や細やかな装飾、個性的な店構えなど、見て楽しめる建物のデザインは大切な要素。好きな部分は写真に撮ったり、スケッチしたりすると◎

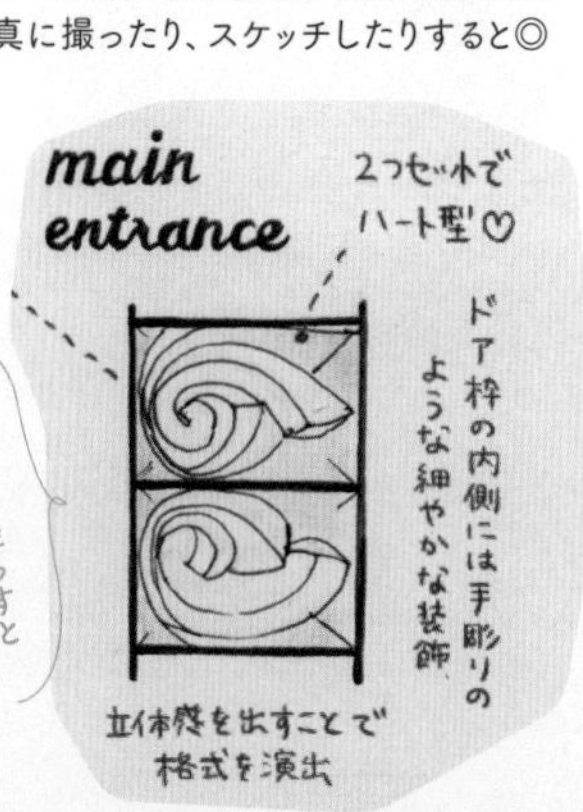
よーく目を凝らすとかわいいデザインがいっぱい

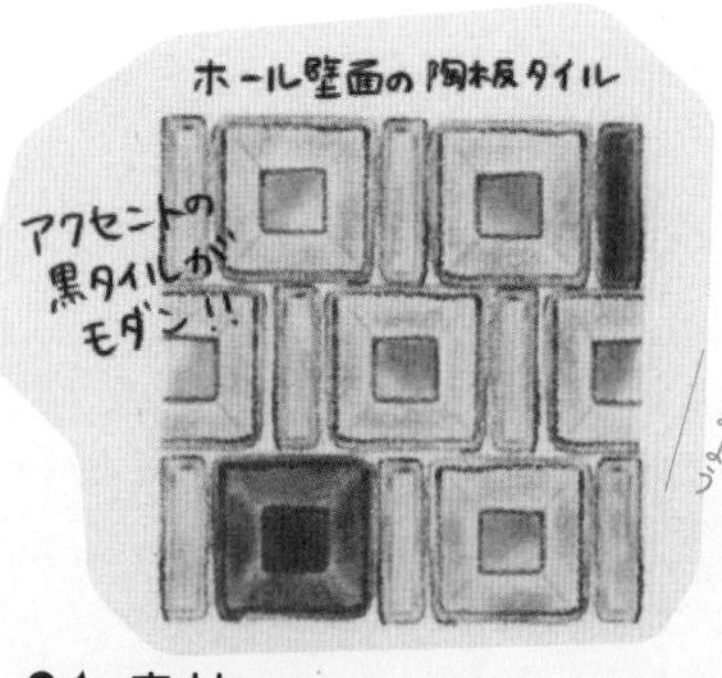
可能なときは触ってみよう

04. 素材

石や木、鉄やタイルなどの建材も建物の表情をつくる要素のひとつ。見た目の特徴だけでなく、温湿度や音など、建物の機能性にも影響を与えます

ここでは建築士の視点から、街中にある建物の味わい方をご紹介します。建物を遠くから眺めるだけでなく、豊かな装飾の表情や、味わいある素材、建てられた土地に眠るドラマ……さまざまな要素を紐解くことで、建物の魅力を再発見できます。

汗が出る
くらいに
クラークカレー

意外にもスパイスの
効いた本格的なカレー

ヘルシーな
十六穀米

おいしいものがあれば
これもまたポイント！

おいしそう

8種の野菜
色とりどりでキレイ！

お肉も
アリ

05. 食文化

建物も然ることながら、さんぽの道すがらにある、その場所でしか味わえないメニューは格別。看板料理を紐解くと、その店の歴史や店主の人柄が見えてくることも

06. 歴史

「いつ、そしてなぜ建てられたのか？」をはじめ、建物がどんな時代を経て、どう変遷したのかを調べてみましょう。現代の街並みとは異なる新たな風景が見えるはず

100年前はどんな姿
だったのかな……

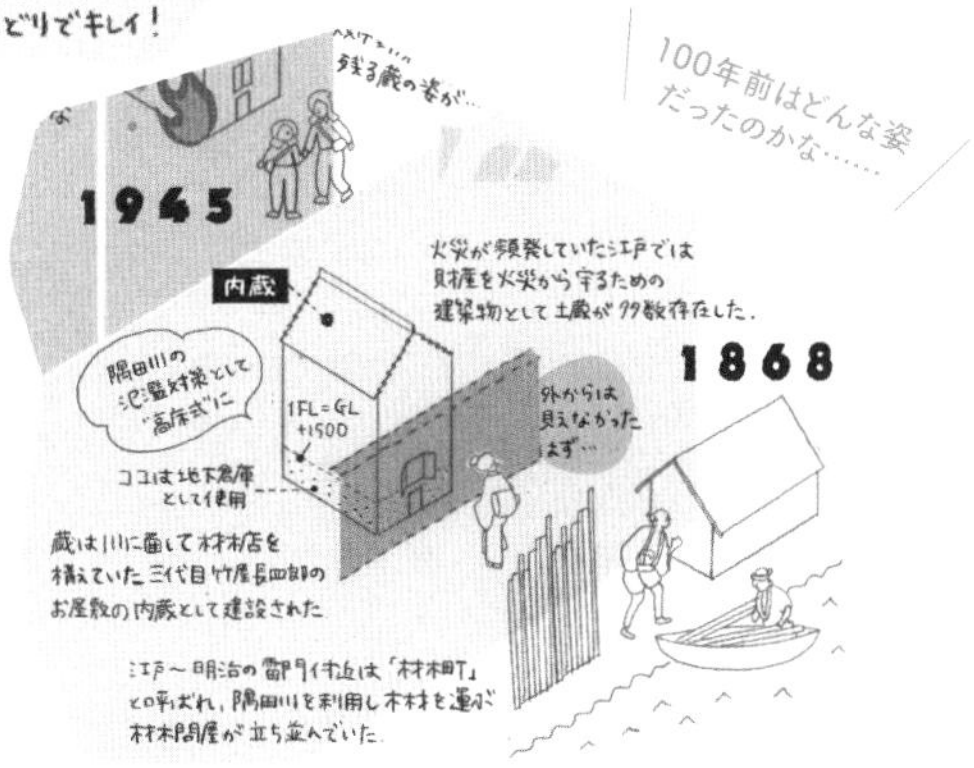

08. ヒューマンスケール※

自分がほっとできる
居場所を探そう

「拠り所」がある建物は、自然と落ち着く空間になります。雨風から内部を護る深い軒下や、他の人と視線が交わらないようにする間仕切り壁など、人の“居場所”を作る建物内の工夫を探してみて

さまざまな人たちに
育てられてきたんだなあ

※ からだの各部位の寸法、姿勢や動作、五感で得た感覚など人間の尺度を基準として、安心して快適に過ごせる適切な空間の規模やモノの大きさのこと

07. 出会い

誰によって設計されたかだけでなく、その建物を行き来した人々の振る舞い、交流を知れば、建物への親近感がもっと高まります

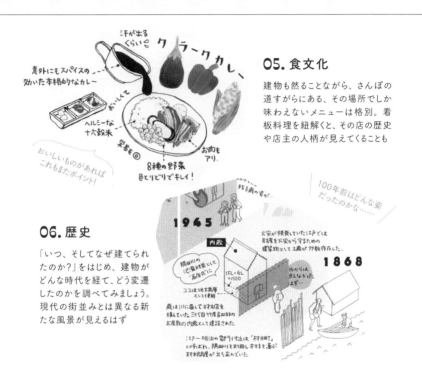

現地でやってみよう

LET'S DO IT LOCALLY

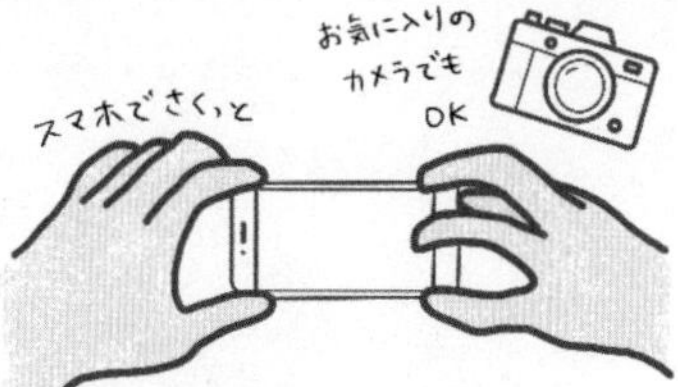

01. 写真を撮る

はじめは1枚だけ、自分が一番ぐっと来た場所を。外観や装飾、家具などを撮影して記録します。慣れてきたら他の人にも、よさが伝わるようなアングルを探してみましょう

02. 触ってみる

下からしゃがんで見上げてみたり、木の壁の匂いを嗅いでみたり、石の床の肌触りを感じたり……。現地で気になった場所では足を止め、五感を使って建物を感じるのが建築さんぽの醍醐味です

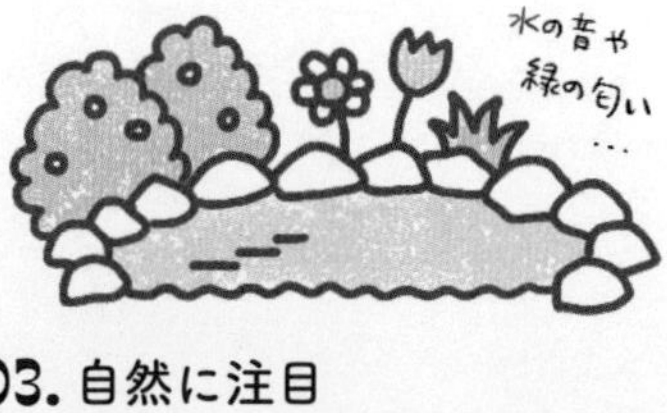

03. 自然に注目

庭の緑をはじめ、水のせせらぎや夕焼けの美しさなど、建物と自然がどう関わり、どんな効果を生んでいるか？　を考えてみて。設計者の思わぬ意図に気付けるかも

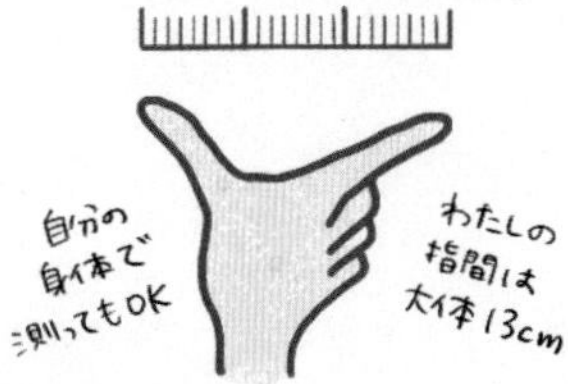

04. 測ってみる

建具や家具の寸法を定規で測ります。建物全体など、大きなものは自分の体をスケール代わりに。定規が手元にないときは、指何本分かで測ると分かりやすいです

05. 人の動きを見る

1人でゆったりくつろいでいたり、大勢でワイワイ集まっていたり……「照明が明るいところは人の回転が早い」、「あのベンチに座ると長居する」など、建物に施されたさまざまな仕掛けを発見できます

06. メモを取る

その場で感じたことや疑問はメモしておきましょう。家に帰ってから調べ直したり、見返して記録として楽しめます。簡単なスケッチもおすすめです

帰ってからやってみよう

LET'S DO IT AFTER RETURNING

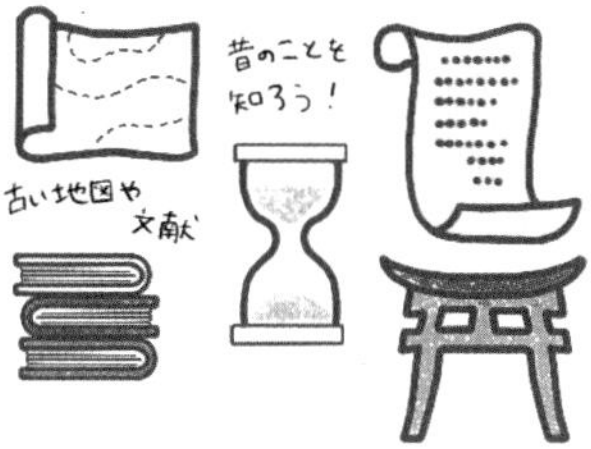

01. 調べてみる

行った建物の周辺地図や昔の地図、その場所が登場する小説などを読むと、さらに土地や建物に対する理解が深まります。調べた情報を踏まえて、再訪すれば、建物をより身近に感じられるはず

02. 言葉にしてみる

どこが面白かったのか？ どんな建物が好きなのか？ を客観視しやすくなります。「ぺたぺた」など擬音語・擬声語を使ってみると、自分の感じた印象がさらに具体的になります

03. 想像してみる

「行ったのは朝だったけど、夕方にはどんな雰囲気？」、「春だと窓から桜が見えるんだろうな」など、1日や四季の変化の中で移り変わる建物の姿を想像してみると、新たな一面が見えてきます

さんぽノートを作ってみよう

LET'S MAKE A JOURNAL

1. 美術館や博物館などの施設で貰えるチケットを貼って。日付が刻印されていることも多いので、簡単な日記代わりにもぴったりです

2. 飲食店などで貰えるコースターやマッチ箱も個性的。かさばるコースターやマッチ箱はロゴ周辺のみを小さくカットしたり、裏紙を剥がして薄くしたりすると貼りやすいです

その日の思い出を残すノートを作れば、建築めぐりの楽しみは倍増。街歩きの記憶を綴りながら、建物の新しい魅力を再発見できる、さんぽノートの作り方のコツをご紹介します。

3 住所や電話番号が記載されているカードは、1枚あれば再訪時にも役立ちます。お店の雰囲気にぴったりの、デザインやキャッチコピーを楽しんで

4 喫茶店のペーパーナプキンや箸袋は、汚さないよう早めに保管して。消耗品の紙モノは繊細なつくりなので、早めに貼っておきましょう

5 明細を見れば何を食べたかまでわかるので、ちょっとした日記代わりにも最適。「おいしかったあのメニュー、なんだっけ?」がひと目で思い出せます

CONTENTS

2 東京イラスト建築さんぽマップ

4 一級建築士のノートから読み解く、建物の楽しみ方・本書の見方

6 まえがき

8 さんぽの持ちもの

10 建築さんぽの楽しみ方

12 現地でやってみよう

13 帰ってからやってみよう

14 さんぽノートを作ってみよう

20 PART 1 銀座・有楽町エリア

22 銀座 トリコロール本店 GINZA TRICOLORE MAIN SHOP

28 有楽町 ストーン STONE

34 銀座 月のはなれ TSUKINOHANARE

38 銀座 銀座カフェーパウリスタ GINZA CAFÉ PAULISTA

STAFF

◎ブックデザイン／高木篤（STILTS）

◎文章／井島加恵

◎写真／尾木司

◎地図／国際地学協会

◎印刷／シナノ書籍印刷

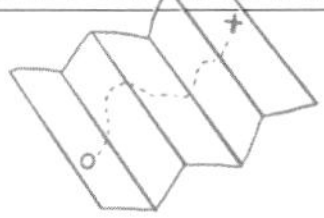

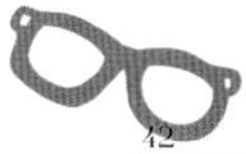

42 PART 2 神田・神保町エリア

44 神保町 学士会館／THE SEVEN'S HOUSE GAKUSHIKAIKAN / THE SEVEN'S HOUSE

50 神田 神田まつや／竹むら KANDA MATSUYA / TAKEMURA

58 神保町 文房堂／Gallery Cafe BUNPODO / GALLERY CAFE

62 PART 3 浅草エリア

64 浅草 ギャラリーエフ 蔵 GALLERY EF KURA

70 浅草 神谷バー KAMIYA BAR

74 蔵前 タイガービルヂング／喫茶 半月 TIGER BUILDING / CAFE HANGETSU

CONTENTS

78 PART 4 谷根千・上野エリア

80 根津 カヤバ珈琲 KAYABA COFFEE

86 入谷 イリヤプラスカフェ IRIYA PLUS CAFE

COLUMN 90 本郷三丁目 万定フルーツパーラー MANSADA FRUIT PARLOR

94 PART 5 墨田・葛飾・江東エリア

96 柴又 葛飾区 山本亭 KATSUSHIKAKU YAMAMOTO TEI

102 曳舟 カド KADO

106 錦糸町 喫茶ニット CAFE KNIT

110 南千住 オンリー ONLY

114 PART 6 新宿周辺エリア

116 中井 林芙美子記念館 HAYASHI FUMIKO MEMORIAL HALL

COLUMN

122 四ツ谷 コーヒーロン COFFEE LAWN
128 高田馬場 喫茶ロマン CAFE ROMAN
132 中野坂上 MOMO garten MOMO garten
136 神楽坂 トンボロ TOMBOLO
140 雑司ヶ谷 キアズマ珈琲 KIAZUMA COFFEE
144 鷺ノ宮 三岸アトリエ MIGISHI ATELIER
148 代々木 珈琲専門店TOM COFFEE HOUSE TOM

152 PART 7 渋谷周辺エリア

154 吉祥寺 COFFEE HALL くぐつ草 COFFEE HALL KUGUTSUSO
160 表参道 蔦珈琲店 TSUTA COFFEE
164 駒場東大前 BUNDAN COFFEE & BEER／日本近代文学館 BUNDAN COFFEE & BEER / THE MUSEUM OF MODERN JAPANESE LITERATURE

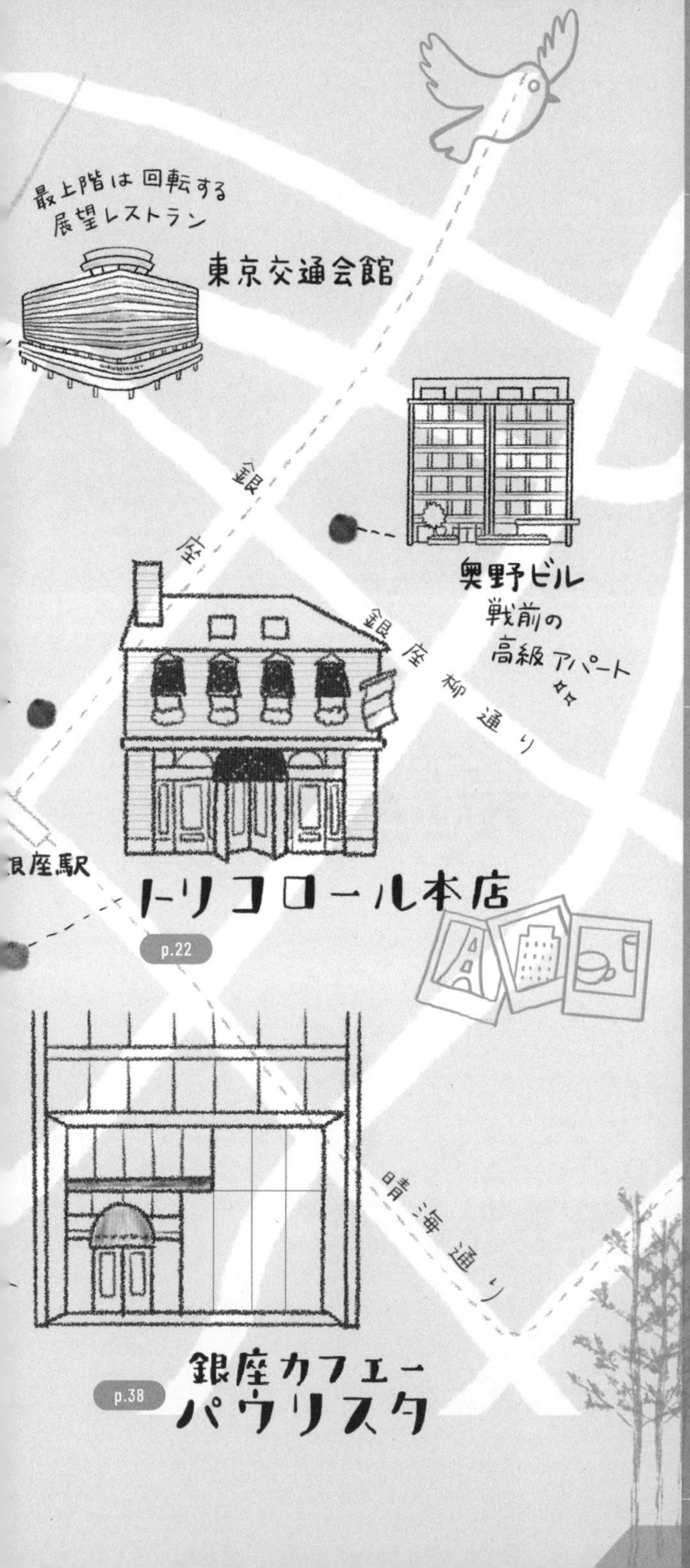

PART 1

銀座・有楽町エリア

GINZA, YURAKUCHO AREA

古きよきレトロ建物が数多く残る、ハイセンスな街

“東京”のイメージをかたちづくるスポットが多く立ち並ぶ銀座周辺。明治時代から変わらぬ流行の発信地でありながら、日比谷公園や皇居などで、街歩きをしながら緑も愛でられます。現存する最古のビアホール・ライオン銀座や、街の顔である東京交通会館の周辺には、おいしく、モダンな名店が揃います。優雅な街並みを眺めながら、のんびり建築さんぽをどうぞ。

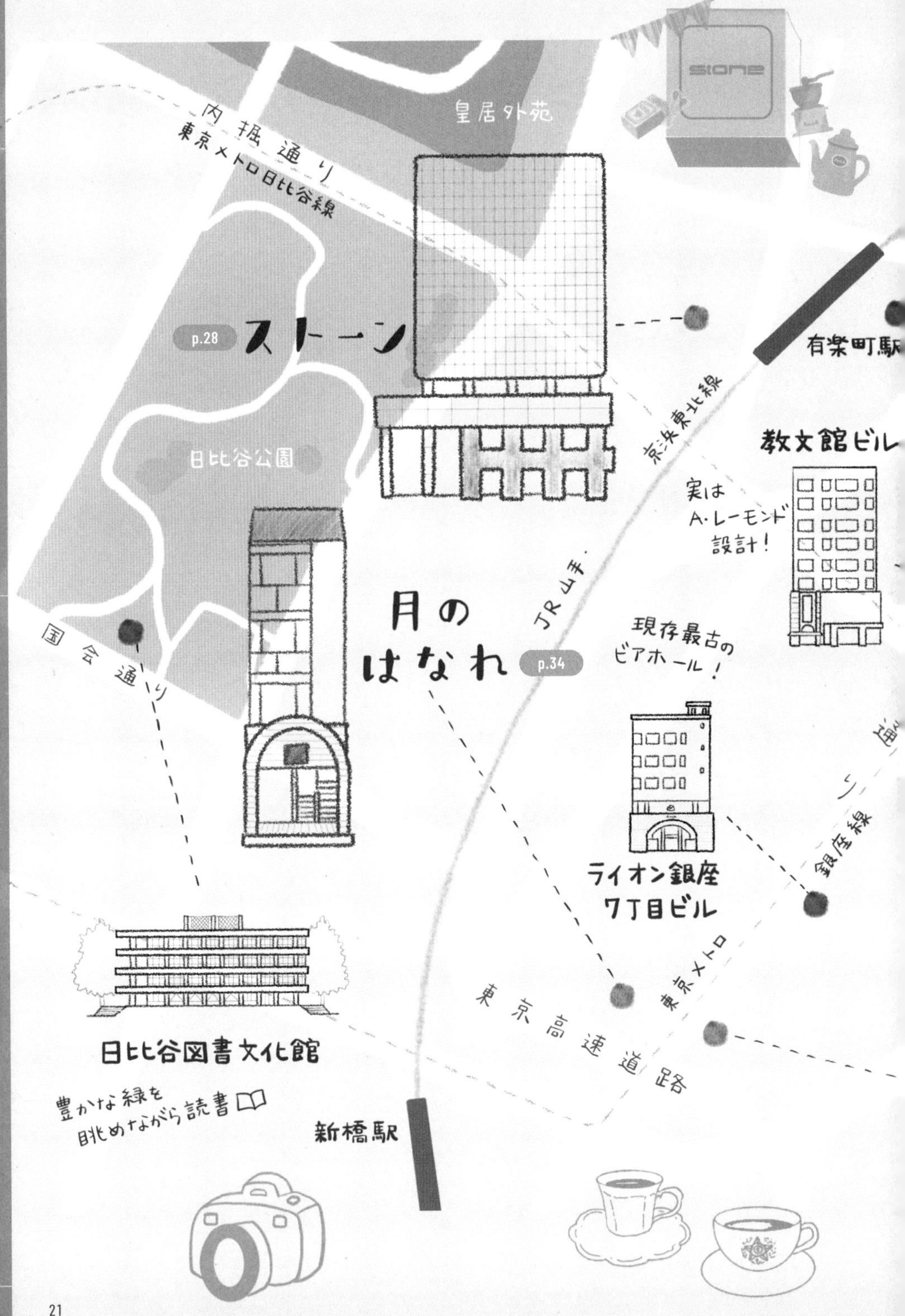
stone
皇居外苑
内堀通り
東京メトロ日比谷線
p.28
ストーン
日比谷公園
有楽町駅
京浜東北線
教文館ビル
実は
A・レーモンド
設計！
JR山手
月の
はなれ
p.34
現存最古の
ビアホール！
国会通り
ライオン銀座
7丁目ビル
東京メトロ
銀座線
東京高速道路
日比谷図書文化館
豊かな緑を
眺めながら読書
新橋駅

気品あふれるクラシカルカフェ

TRICOLORE MAIN SHOP

GINZA , YURAKUCHO AREA / GINZA

トリコロール本店《ほんてん》

時から洒落た喫茶店で
生に人気だったという.
1982(昭57)年に改築されたもの.

ンガ

つ1つ表情が異なり、
と共に風合いが出る
ころも老舗の風格に.

銀座の一軒家喫茶

わずか100㎡という敷地面積を活かし
思い切って2F建にしたことで、銀座のど真ん中に誕生!

店名にこめられた
コーヒーの本場フランスの
イメージを三色旗でも演出.

ーロッパの街角
ような雰囲気を演
しつつ、冬は寒風が
ってくるのを、夏は冷房
率が下がるのを
いでくれる効果も.

ランプのガス灯
器具会社の
たものだそう

様もちがう!

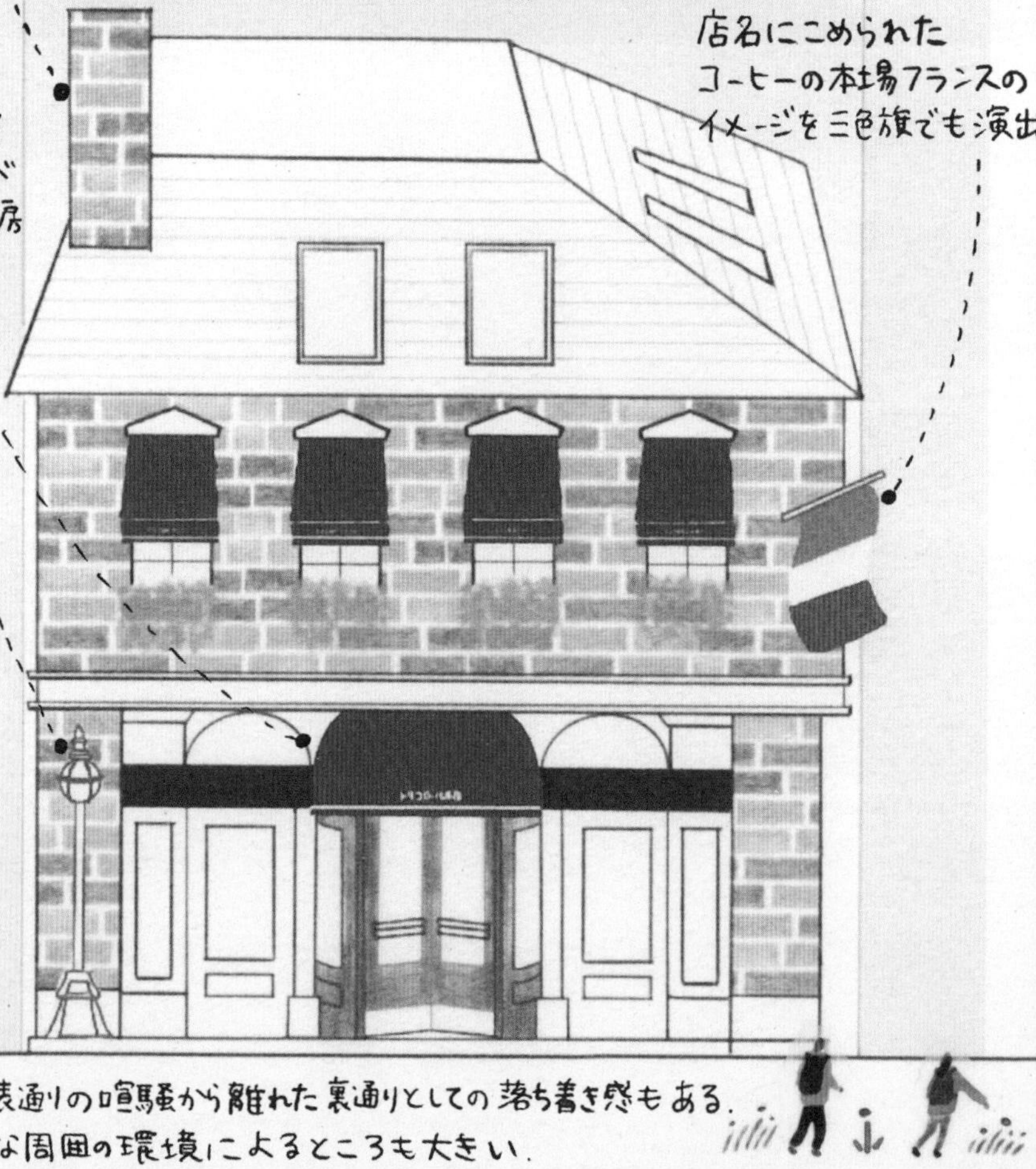

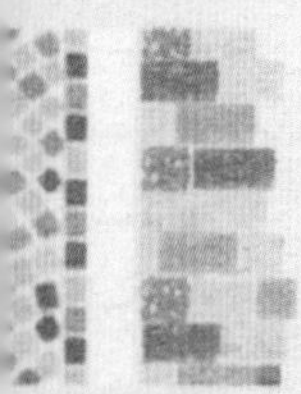

を連想させる
舗装

ほどの長さだが、表通りの喧騒から離れた裏通りとしての落ち着き感もある.
な佇まいはそんな周囲の環境によるところも大きい.

創業は1936(昭11)年
パリ帰りの画家や慶応
現在の店舗は3代目

大郎は荷捌きスペースになるのに…

賑わう裏通り

三原小路

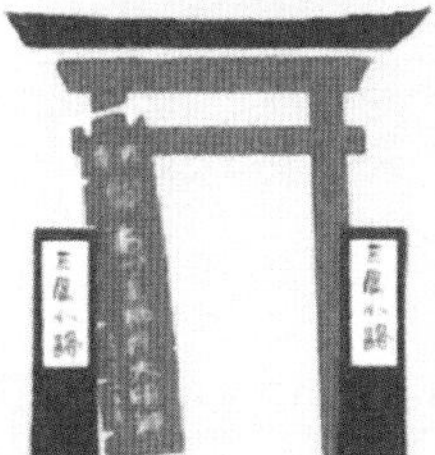

トリコロールが面している"あづま通り"は戦後に
できた2つの路地に
より大通り側へ
抜けられるため
歩いていて楽しい
空間となっている.

GINZA ALLEY

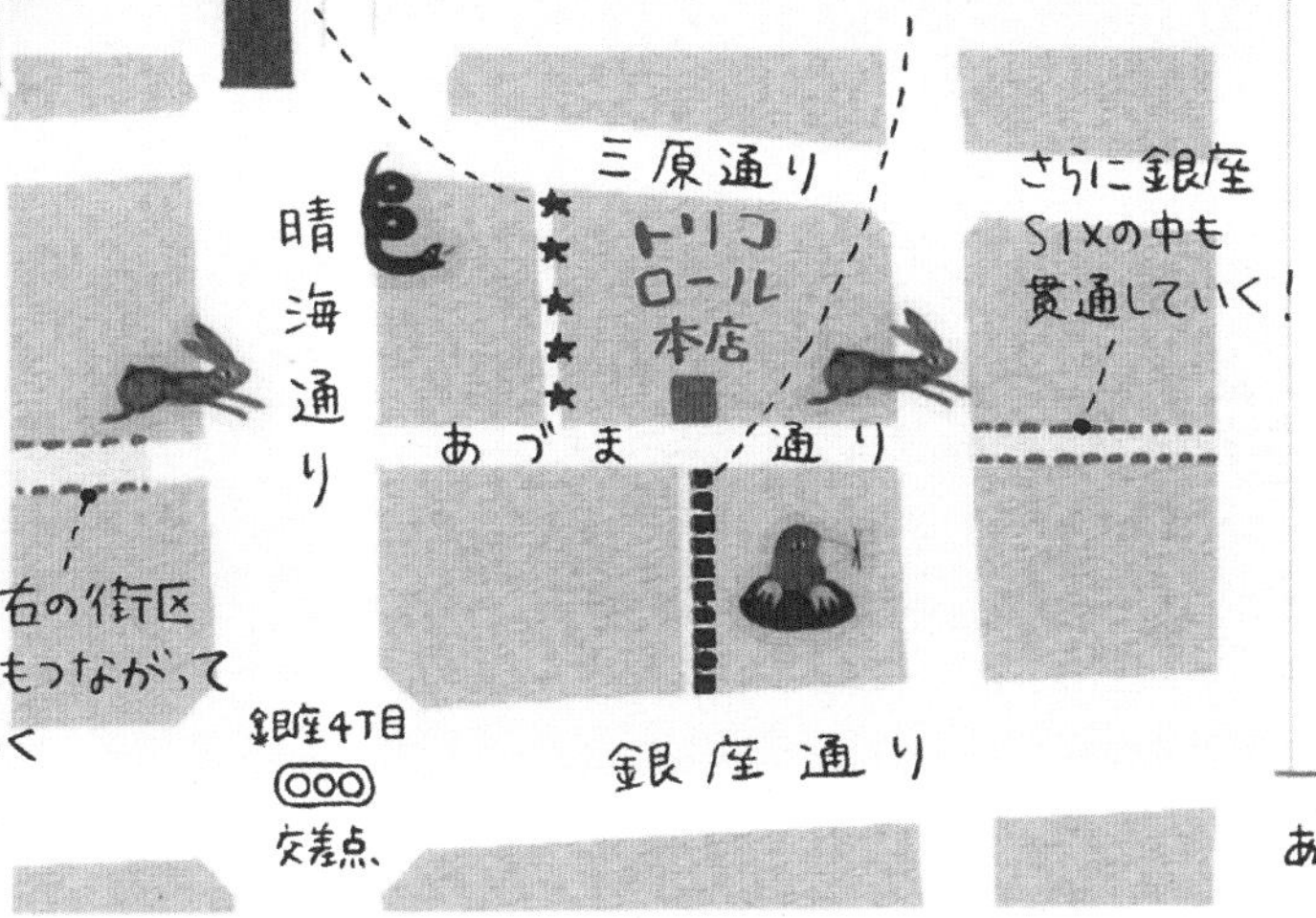

回転ド

夕暮れ時に点灯する
ロンドンの老舗
デザインを参考

車道と歩道

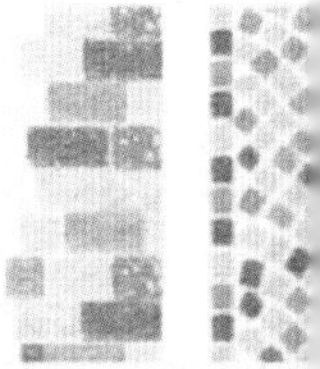

ヨーロッパの
あづま

あづま通りは わずかに
トリコロールの

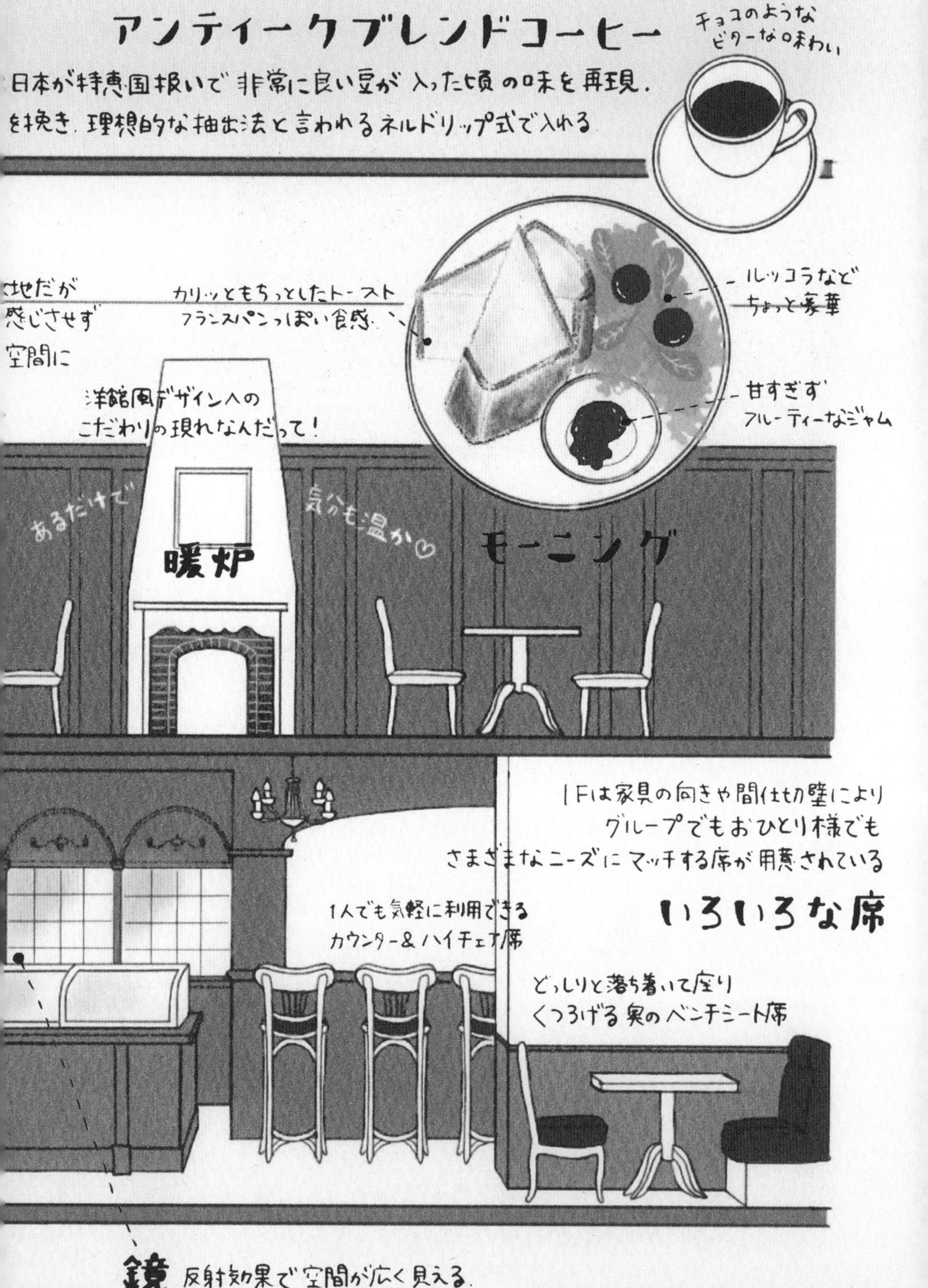
アンティークブレンドコーヒー
チョコのような
ビターな味わい
日本が特恵国扱いで非常に良い豆が入った頃の味を再現．
を挽き．理想的な抽出法と言われるネルドリップ式で入れる
地だが
感じさせず
空間に
カリッともちっとしたトースト
フランスパンっぽい食感
ルッコラなど
ちょっと豪華
甘すぎず
フルーティーなジャム
洋館風デザインへの
こだわりの現れなんだって！
あるだけで
気分も温か♡
暖炉
モーニング
1Fは家具の向きや間仕切壁により
グループでもおひとり様でも
さまざまなニーズにマッチする席が用意されている
いろいろな席
1人でも気軽に利用できる
カウンター＆ハイチェア席
どっしりと落ち着いて座り
くつろげる奥のベンチシート席
鏡
反射効果で空間が広く見える．

“夜星を見ながらコーヒーを飲めたら素敵じゃない”
というオーナーの友人の
粋な言葉からできたそう

角が軽くRになっている天井は
空間にやわらかさを演出

昭和30年
注文後か

コーヒー片手に
夜空を見上げる

開放感をより高め、
自然光も取り入れられる2Fの天窓。
おかげで朝は照明いらず

100m²と決して広くはな
天井を高くすることで狭
優雅な気持ちで過ご

内外装ともに樹脂系の
ケミカルな素材は少なく
木やレンガといった昔からある
肌になじむ素材が使われている。

自然な素材

外の風景を楽しめる入口付近の席
植栽や目隠しガラスで外からの視線に
配慮している心づかいもうれしい

窓の向こうにかつてお店を
訪れた様々なお客さんたちが
見えるよう。

クラシックスタイルの椅子には赤いベロアの張り
レトロながらお店の格式も感じさせる

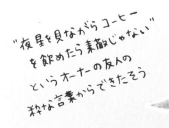

トリコロール本《ほん》店《てん》

GINZA . YURAKUCHO AREA / GINZA

TRICOLORE MAIN SHOP

住所　東京都中央区銀座5-9-17
電話　03-3571-1811
営業時間　8時〜18時
休業日　無休

誰もが居心地よく過ごせる空間に

あづま通りという銀座の裏通り沿いにある一軒家の喫茶店。あづま通りとは、江戸時代、人口増加による都市環境悪化を改善するために設けられた裏通りのひとつです。基本的に、銀座通りから裏通りに抜ける路地が少ないのですが、三原小路とGINZA ALLEYの2つの路地が裏通りと絶妙に組み合わさることで、あづま通りが活き活きとした空間となっています。その中ほどに佇む「トリコロール本店」の外観には、風合いのあるレンガの外壁、えんじ色のテント、木製の重厚な回転扉など、ひとつひとつに高級感のある素材や色味が使われています。趣のある石畳と相まって、まるでここだけフランスの街並みが突如現れたようです。店内は、さまざまなお客さんのニーズに応えられるように工夫が凝らされたアットホームな空間。1階は、ひ

とつの大きな空間を小さなゾーンに分割することで、自分の好みに合った場所を選べるように計画されています。螺旋階段を上がった2階は、洋館やリッチな居間風の設え。2階建てという構成を活かして天窓を設けることで、銀座では珍しいくらいの自然光が降り注ぐ明るい空間です。暖炉や照明、イスの生地など至るところに、洋風デザインへのこだわりが表れています。

リッチな気分を楽しめるメニューの数々

朝8時から営業しているため、銀座散策をはじめる前に、ここで朝食をいただくのもおすすめです。モーニングセットは厚みのあるトーストやサラダが上品に盛り付けられ、まるで洋食コースのような趣。金色の縁取りが施された真っ白な食器は、清潔感があり、気分がしゃんとします。注文を受けてからネルドリップで抽出されるオリジナルブレンドのコーヒーは、ほんのり甘みを感じるまろやかで芳醇な味わい。お店のスタッフが、目の前でコーヒーとミルクを同時に注いで仕上げてくれるカフェ・オレも贅沢な体験です。

建築memo

裏通りと路地

銀座の街並みというと華やかな中央通り沿いをイメージしますが、1本内側に入ると、そこには裏通りがあります。当店が建つ「あづま通り」もそのひとつで、昔から菓子商や煙草商、床屋など、どこか生活感を感じるお店が並んでいたそう。現在も残る小さなお稲荷さんや、トンネルのような路地が醸し出す路地裏のような雰囲気は何とも魅力的です。そして煉瓦壁と赤い庇が目印のトリコロールは、このアットホームな風景の主役として愛らしく存在しています。

CITY 有楽町

大手町、丸の内、有楽町は"大丸有"と呼ばれ、都内でも早くから都市開発が進められてきた"東京の中心"。

一方で…
大企業の多い丸の内、金融の大手町に対しどこか庶民的な有楽町には高度経済成長期にできたさまざまな名作ビルがあるのです。

GINZA,
YURAKUCHO AREA
YURAKUCHO

STONE

石の持つ強さと
安心感に包まれる

ストーン

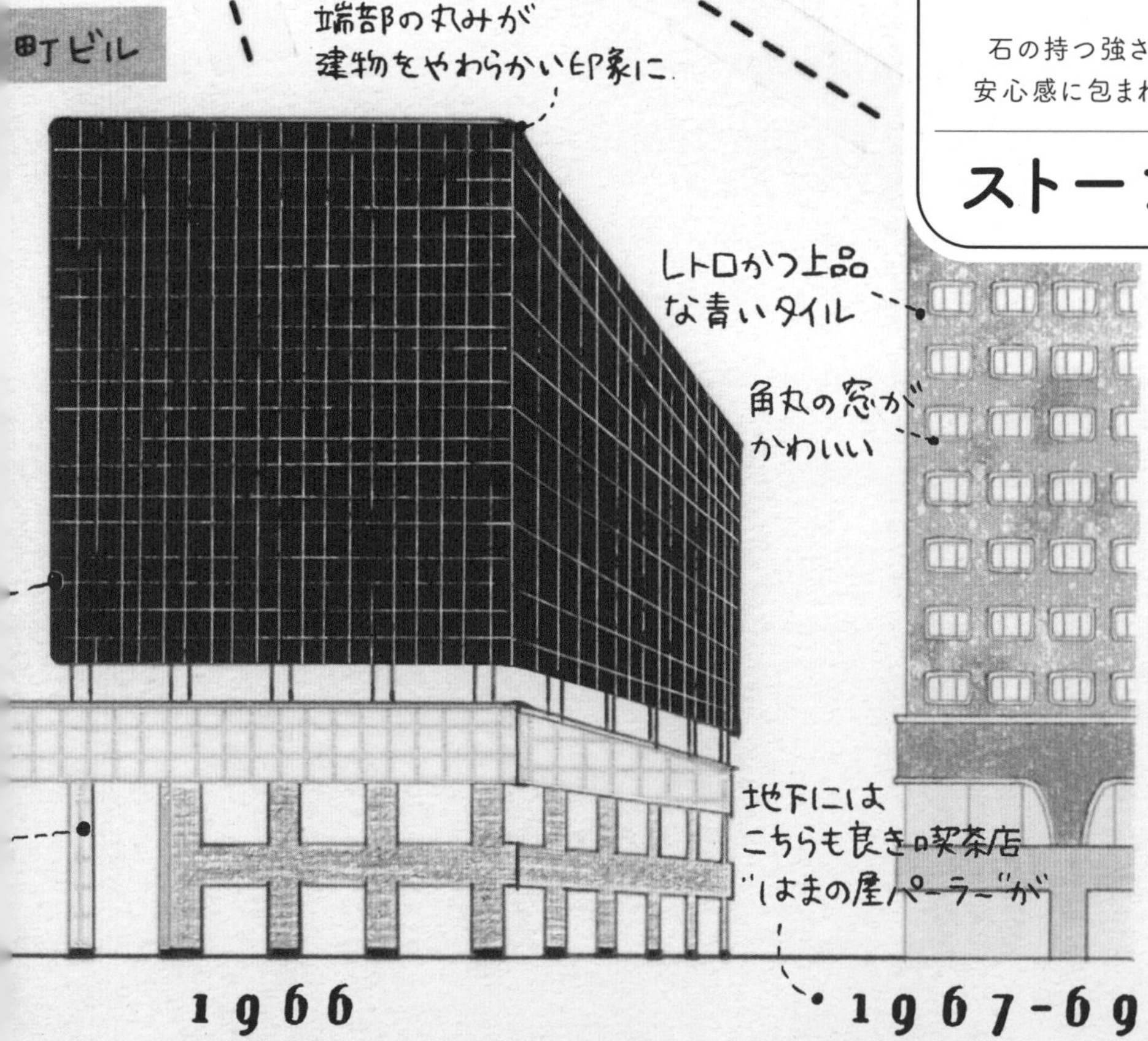

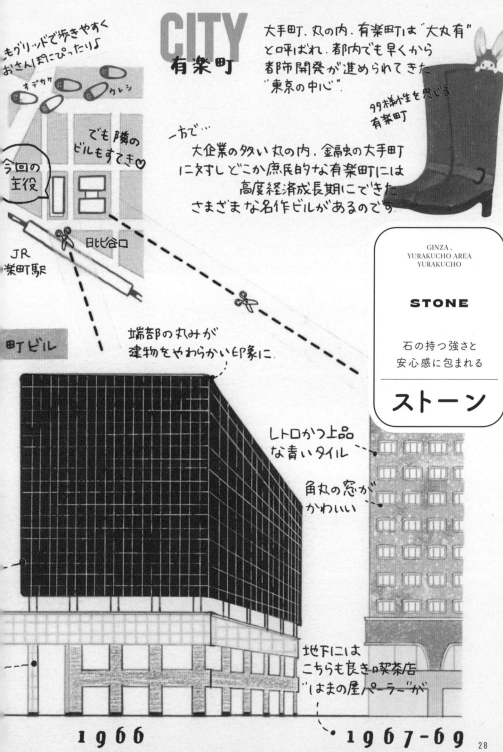

HALL
ホール

ビルのエントランスホールには"タイムレス"デザインがいろいろ多

上品な
光沢感

必見です
!!!

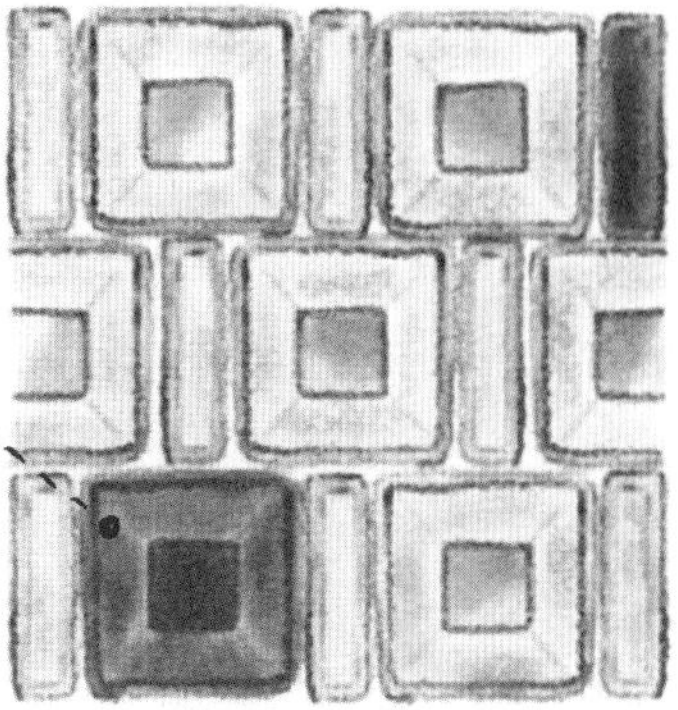

アクセントの
黒タイルがモダン

ステンレス鏡面仕上手すり

シャープな直線と
大らかな曲線が
融合したオリジナリティ
あふれるデザイン

陶板タイル

焼きムラなど
1つ1つが
焼物としての
存在感を放っている.

初代オーナーのご実家が石材店だったことから
石のショールーム＆喫茶店としてビルと同じ1966年
にオープン. 現在はお孫さんがお店を引き継ぎ
古さと新しさをうまく融合させた店づくりをされている.

BUILDING
60's ビルジン

三菱地所さんデザインの
隣り合う2つのビル.
ビルなのにヒューマンスケール
印象もあり. とても親しみを
持てる.

今は昭和の趣きを感し
ワインレッド色のカーテン
ウォールは60年代当時
は斬新だったという.

白い大理石の柱
高級感があり
駅前らしい風格
をかもし出している

"石"色の
オシャレな
マッチも
もらいました♡

HISTORY
石の喫茶店

今回の主役は有楽町
ビル1Fに入る喫茶店
"ストーン"さんです

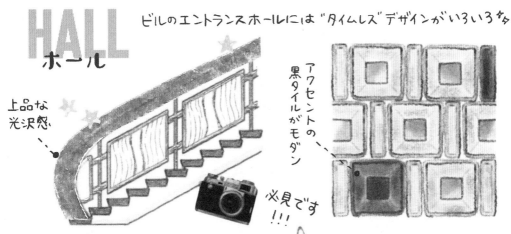

ト

軽〜く
ーストしてあり
ふんわり食感.

石の高級感はあるが
カーブした壁に張られている
ので重々しさは全くない.

石の壁

削岩機で削ったまま
という荒々しさが残る.
当初はグレー色だったそうだが
50年経って茶色く変色.

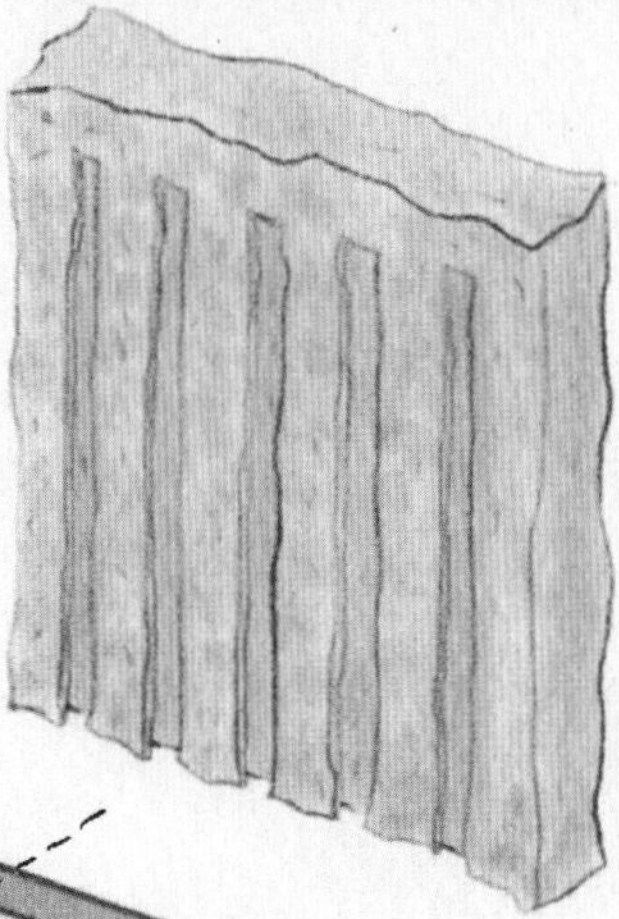

実家の石材店から卸して
もらった御影石.

りと配置された席.
あると人は落ちつくのだ…

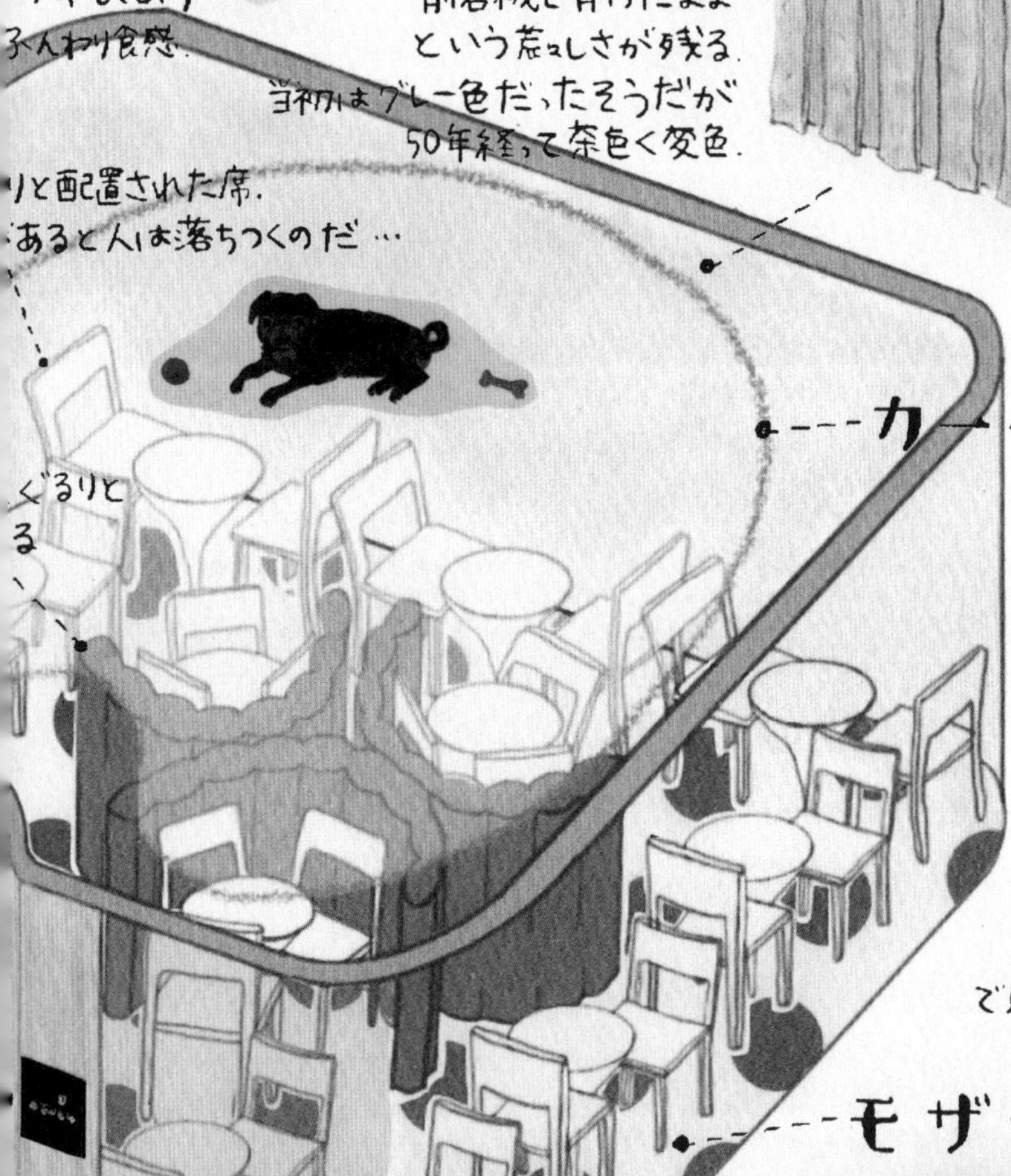

カーペットの吊り天井

天井に使ってるの
初めて見た!!

ぐるりと
る

ひとつずつ手作業
で貼ったそう…圧巻!

モザイク床

黒御影石と白大理石の抽象柄が
なんとも個性的!

たち…
るナァ…

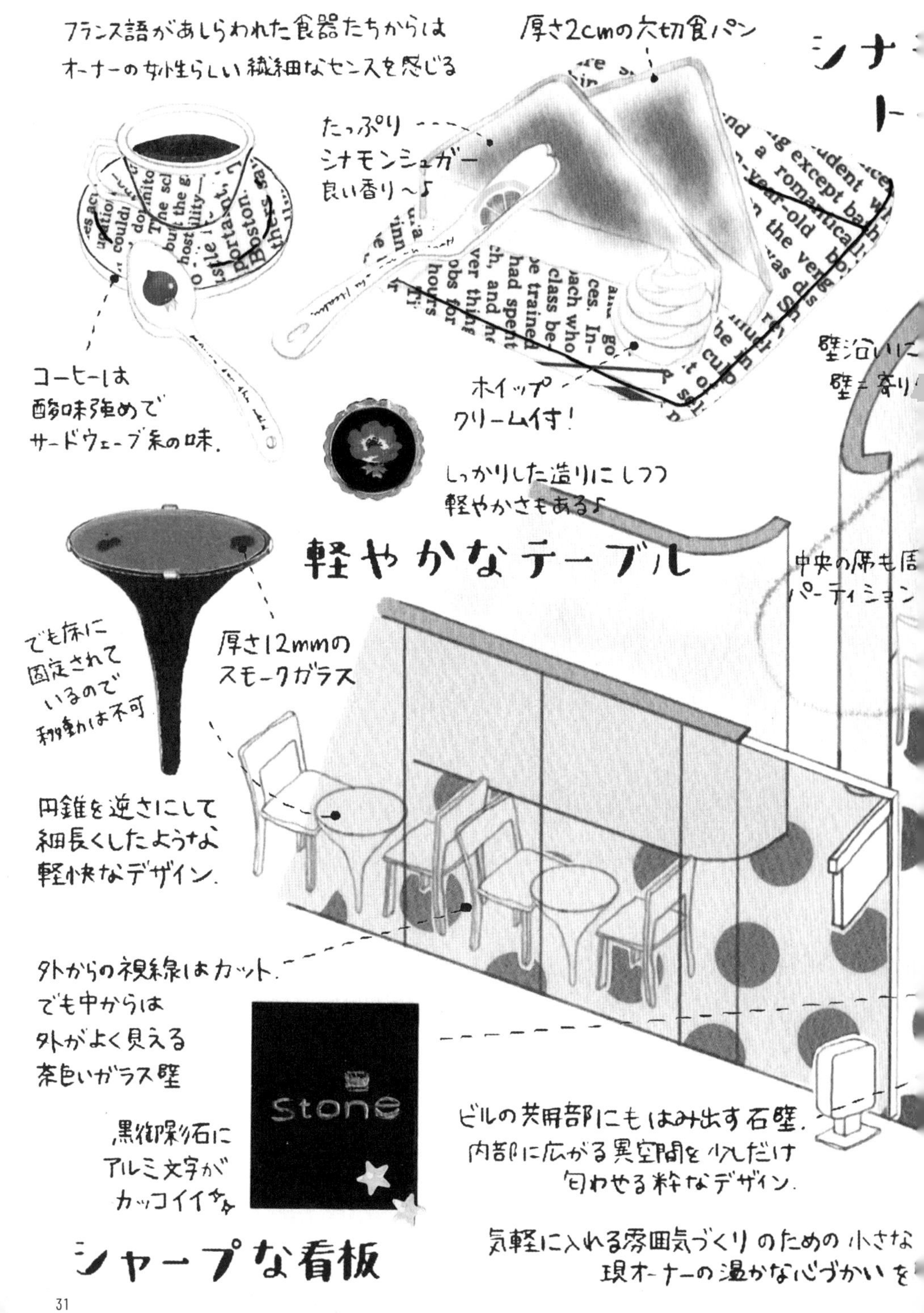
フランス語があしらわれた食器たちからは
オーナーの女性らしい繊細なセンスを感じる
厚さ2cmの六切食パン
シナ
ト
たっぷり
シナモンシュガー
良い香り～♪
コーヒーは
酸味強めで
サードウェーブ系の味。
ホイップ
クリーム付!
壁沿いに
壁に寄り
しっかりした造りにしつつ
軽やかさもある♪
軽やかなテーブル
中央の席も居
パーティション
でも床に
固定されて
いるので
移動は不可
厚さ12mmの
スモークガラス
円錐を逆さにして
細長くしたような
軽快なデザイン。
外からの視線はカット。
でも中からは
外がよく見える
茶色いガラス壁
stone
黒御影石に
アルミ文字が
カッコイイな
ビルの共用部にもはみ出す石壁。
内部に広がる異空間を少しだけ
匂わせる粋なデザイン。
シャープな看板
気軽に入れる雰囲気づくりのための小さな
現オーナーの温かな心づかいを

ストーン

GINZA, YURAKUCHO AREA / YURAKUCHO

STONE

住所　東京都千代田区有楽町1-10-1 有楽町ビル1階
電話　03-3213-2651
営業時間　8時～18時（土曜・日曜・祝日 11時30分～18時）
休業日　無休

手仕事と、工業のものづくりの技が融合した空間

有楽町界隈には、日本の高度経済成長期に造られた、名作ビルがたくさんあります。そのひとつが、昭和の趣をたたえる有楽町ビルです。エントランスホールの壁一面に飾られたモダンなタイルと階段の手すりに、職人の手仕事の技を感じます。このビルの開業時から続く「ストーン」は、もともと初代オーナーの実家が石材店だったことから、ショールーム兼喫茶店としてオープンしました。中に入ってまず驚くのが、石の重厚感とモダンなデザインのバランスが取れたスマートな空間。1枚1枚手作業で貼られた床、しっかりとした造りで床に固定されたガラス天板の円錐テーブルなど、古いものや固いものの強度や質感は活かしつつ、冷たさや古臭さを感じさせない工夫があちこちに見られます。また、壁全体に石を用いると高級感は出ますが、重々しい

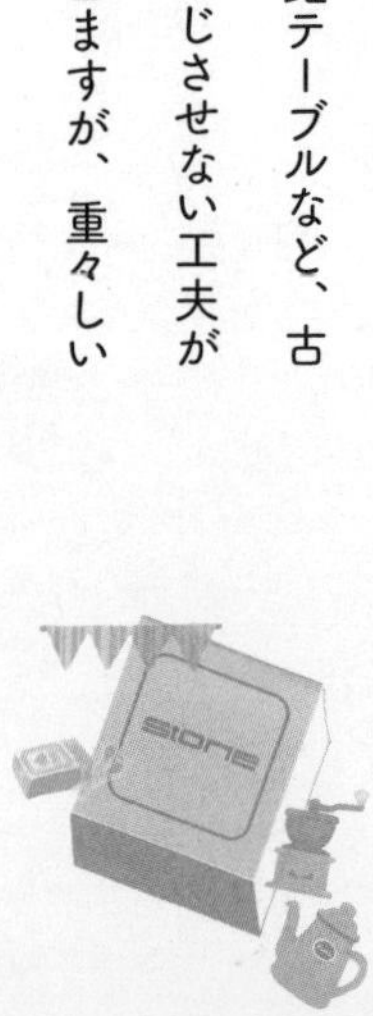

空間になる可能性があります。そこで、モノトーンの色合いやモザイク床といった抽象的な柄などの軽快なデザインを取り入れて、それぞれのよさを引き立てているのはさすがです。

シナモントーストのファンも増加中

初代オーナーの孫がこの店を受け継いでから、フルーツサンドやシナモントーストなど、女性や子どもも喜ぶフードメニューが追加されました。シナモントーストは、たっぷりかけられたシナモンの香りが、口の中にふわっと広がって癒されます。昔、フランスでは食器にメニューが彫られていたらしく、そのオールドスタイルを取り入れたという食器のフランス語のデザインもすてきです。

店を出たら、改めて注目してほしいのが茶色いガラス壁の外観。中からは外がよく見えていたのですが、外からは中が見え過ぎません。共用部に少しはみ出している入口の石壁や御影石の看板などは、内部の異空間をさりげなくアピールしています。見えるようで見えないデザインのバランスが絶妙です。

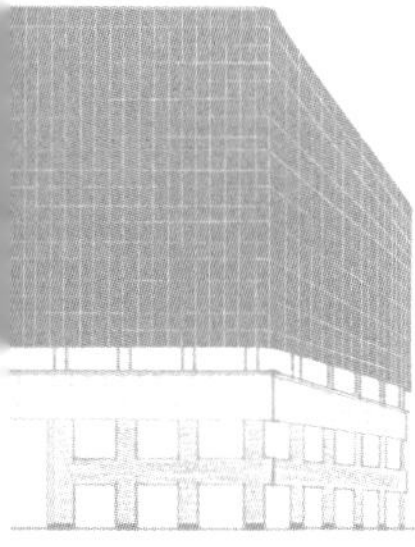

建築memo

石の魅力を引き出す

「ストーン」という店名が物語るように、このお店の一番の特徴である石壁。地下深部のマグマが冷え固まってできる、花崗岩の一種「稲田石」が用いられており、長い年月を経て形成されるからこそ、時を重ねても色褪せない魅力があります。一方で、石は天然材料のため、同じ産地でも素材感が異なり、美しく仕上げることは簡単ではありません。個性を持った石板が連なり、ひとつの面として美しく見えるストーンの空間は、設計者や施工者のセンスと技術の賜物だと思います。

空に近づく銀座の隠れ家

月《つき》のはなれ

TSUKINOHANARE

GINZA . YURAKUCHO AREA / GINZA

こは本当に銀座なの…？”

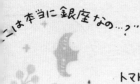

ふしぎな浮遊感…

2種のソースで味変できる

トマトだけど
結構辛い

ガンボ

フランス移民
家庭のシチュー

ソースのような
独特の旨味が
クセになる！

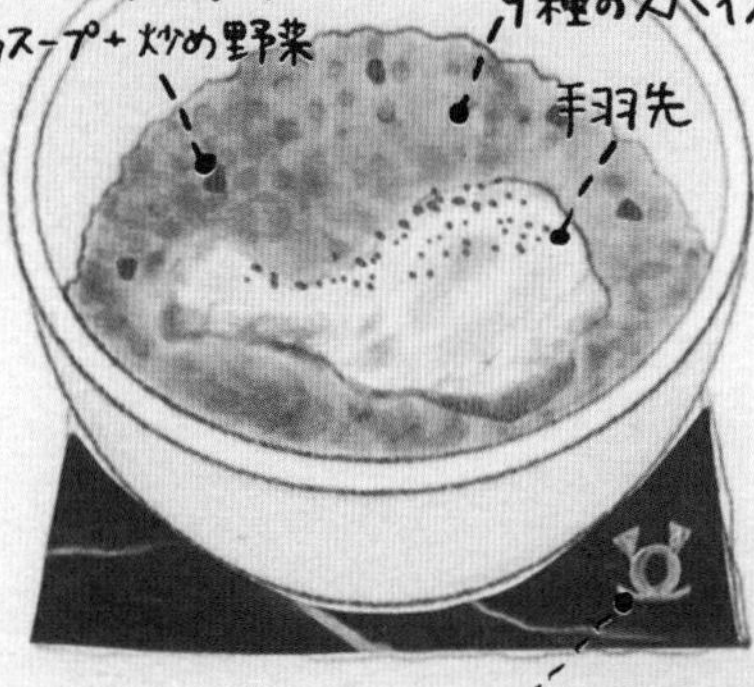

コラーゲンたっぷり
鶏スープ＋炒め野菜

9種のスパイス入

手羽先

手縫いの月光荘マーク

ビール

屋外で飲む生ビール!!
最高〜!!

自然や季節の移ろい
を感じられる
壁沿いの緑化

外にもカウンター席

アメリカ綿工場の
古材や酒樽のテー
ブルなどアンティーク
なインテリア

左右の壁の
ギャラリースペース

音楽ライブが
できる設備も

“月”のような
しっとりとした黄色の
ショップカード

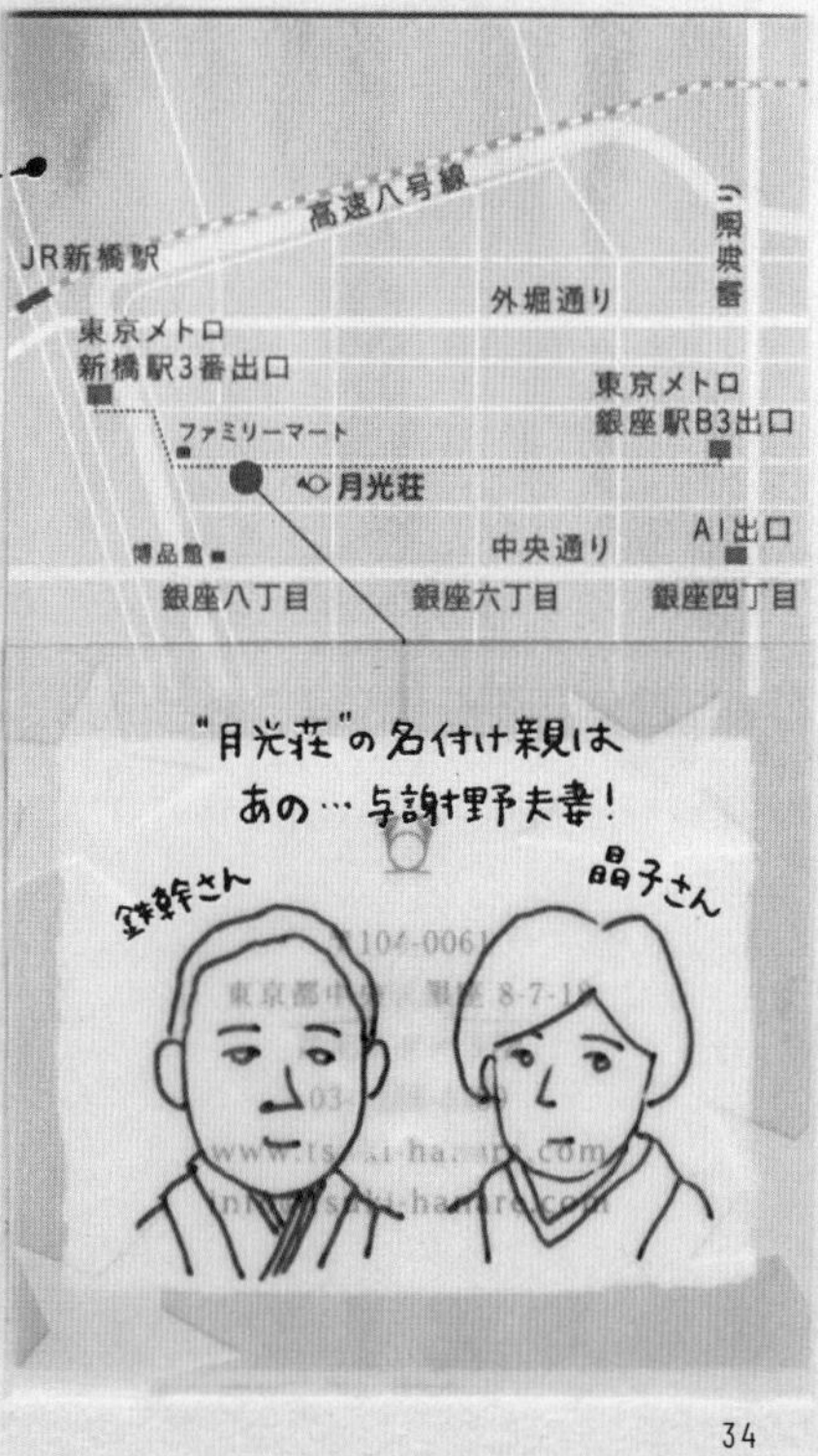

1917年創業の老舗☆

月光荘画材店

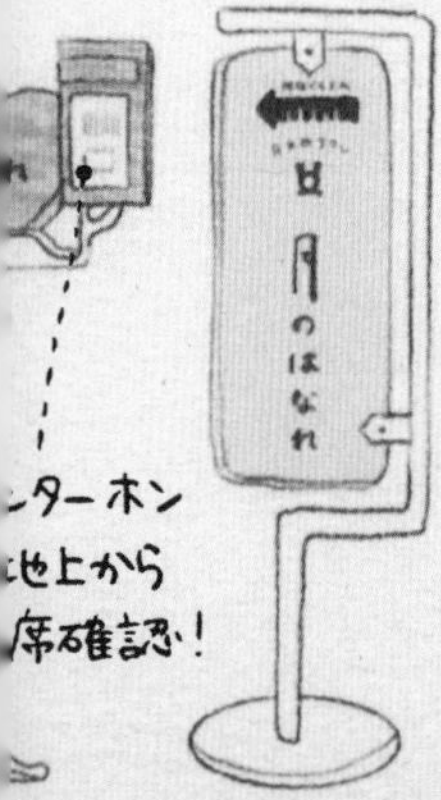

ンターホン
地上から
席確認！

板がお出迎え♪

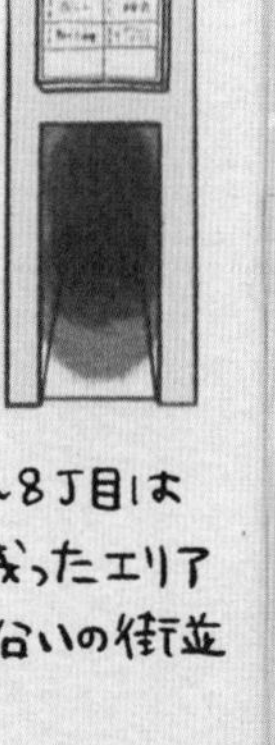

“金春小路”のような
ビルの狭間の小さな
路地も未だ健在.

カフェのある銀座7〜8丁目は
東京大空襲で焼け残ったエリア
で戦前からの路地沿いの街並
が今も残る.

当時の“月光荘サロン”のような
自由な交流の場をつくりたいと
いう想いからお店が誕生.

屋外のテーブル天板は鮮やかな
モザイクタイル. フランス製ラタンの
椅子とで気分は一気に南仏へ…

外と内を仕切る建具は取り外し
可能. 上部には小庇もあり季節
や天候に合わせ環境調整.

銀座の屋上テラス

元は月光荘の倉庫として使わ
れていたそうだがセルフリノベー
ションでカフェへと改装.
昼は風がそよぎ, 夜は星空の
下でドリンクやお食事が楽しめる

あと23段!
励ましメッセージ
もあるヨ!
人ひとりが

カフェのある5階までは
幅の狭い階段を登ります…!

月《つき》のはなれ

GINZA. YURAKUCHO AREA / GINZA

TSUKINOHANARE

老舗画材店「月光荘」の画室、屋上がカフェに

大正6年創業の画材店「月光荘」。創業当時から多くの有名詩人や画家、建築家、歌舞伎役者などの文化人が訪れる人気店です。絵具や絵筆、スケッチブックや写生用のバッグなど、店内に並ぶ商品はすべて、職人の手によるオリジナルのもの。その「月光荘」のサロンとして、2013年にオープンしたのが「月のはなれ」です。

通りの前面に出ている、パレット型の看板が目印。レンガ造りの外壁が特徴的な月光荘ビルの画室がある1階に入り、奥の階段をぐるぐる上ると、銀座とは思えない隠れ家のような空間が目の前に現れます。壁面に飾られたアートも相まって、文化人気分を楽しめる、なんとも贅沢な喫茶室。植物が生い茂るテラス席は、都会でも外の空間とのつながりを感じられ、解放感は抜群です。風が吹き抜け、夜は星空が

住所	東京都中央区銀座8-7-18 月光荘ビル5階
電話	03-6228-5189
営業時間	14時～23時30分（日曜・祝日14時～21時）
休業日	無休

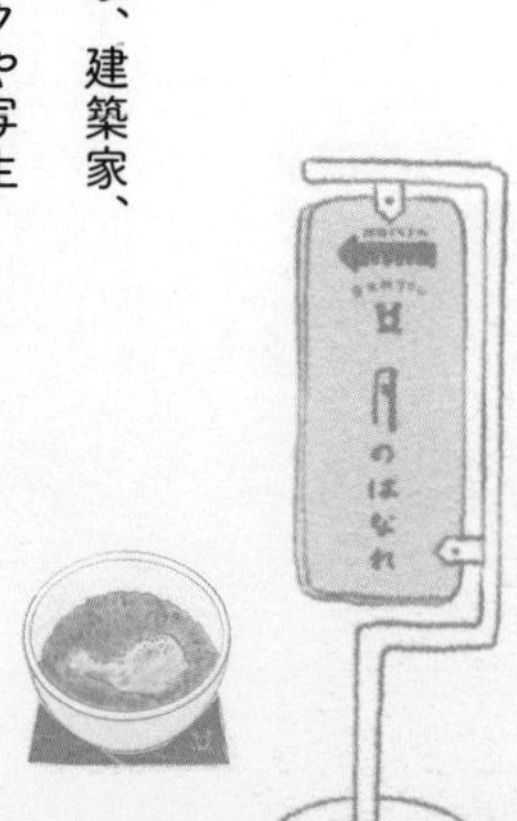

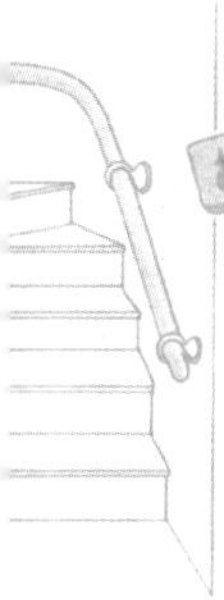

広がり、不思議な浮遊感に包まれます。

音楽やアートと共に楽しむユニークなご馳走

カフェをはじめたのは、「月光荘」創業者の孫である3代目オーナー。さまざまな文化人たちが集い、音楽や食事を楽しんだ、かつての「月光荘」を蘇らせたいという思いがありました。店内のアンティーク調の床のフローリング材や家具類などは、オーナーが若き日に旅したという、アメリカを思わせる設え。フードメニューは南北アメリカの食文化とイタリア料理を合体させた、クレオール料理が取り入れられています。

メニューはソフトドリンクからお酒までが供される、カフェでもバーでもない絶妙な品揃え。メニューブックの随所に散りばめられた「友よ、星の数ほど幸せを」などユーモアあふれる文章にも心がほぐれます。特に人気なのが、三日月型の「月のレモンケーキ」。月光荘の名付け親である、与謝野晶子の名が付いたカクテル「与謝野ブルームーン」もおすすめです。夜は20時からはじまる音楽の生演奏も楽しめ、夏ならば銀座のど真ん中のテラスで飲む生ビールも最高です。

建築memo

銀座の宙に浮かぶオアシス

ビルの屋上にある当店は、都会ながらも開放感のある屋外テラスや、自由に開閉できる大窓を設け、自然や季節の移ろいを感じられる貴重な場所です。銀座のように建物が密集した街では、建築を高層化して床面積を確保し、土地を有効利用することが定石です。しかし高層化によって、たとえ暮らしや仕事の場が地上から離れても、そこが光や風、草花が育つ様子を感じられる場所ならば、気持ちがよいなあと思います。

現存する日本最古の喫茶店

銀座《ぎんざ》カフェーパウリスタ

GINZA CAFÉ PAULISTA

GINZA , YURAKUCHO AREA / GINZA

モ〜ニング
シャキシャキ
みずみずしい
サラダ
ター香る
ビスケットのような
スコーン
クリームチーズと
ジャムで味変♡
50mm
ミニ オレンジ
ジュース付!
鬼の如く黒く
戀《こい》の如く甘く
地獄の如く熱き
コーヒー
ショップカードには
創業当時から
使われている
お店のキャッチ
フレーズが★
CAFÉ PAULISTA
JAPAN
カフェーパウリスタ
両方に面する珍しい敷地形状を活かし
設け、"抜け感"のあるさわやかな空間をつくり出している
鏡と布面が交互になった壁は
創業時のデザインそのまま
コーヒーカップにも描かれている
トレードマークの"星の中の女王"
低めの家具で重心を下げ、
抜け感を強調
信楽通り→
なんと全員、男性！一方で
オシャレな格好だったよう。
コーヒー農園で働く農夫が描かれた
南米製の銅板レリーフ
つやのある
キャラメル色

オープン時は
銀座7丁目 交詢社前
にお店があった.
6丁目
銀座通り
7丁目
信楽通り
カフェー
パウリスタ
戦後 銀座8丁目に
再オープン
今のお店の敷地
元々は 今はなき
名店カフェープランタン
があった場所みたい.
8丁目
創業は明治44年. 当時まだあまりメジャーではなかったコーヒー
1杯5銭という低価格で提供したことで
幅広い人たちが気軽にコーヒー文化を楽しめるように.
セットで注文すると
お代わり1杯サービス☆
しかもカップもちがう!
うれしい〜♡
コーヒー
パウリスタオールド
ジンタンのような
風味とキレ
森のコーヒー
(ライト)
さわやかな酸味
breakfas
コロンと
かわいい
温かくて
サクサク
明治7年 東京で初めて街路樹が
植えられたのも ここ銀座通り.
銀座通りと信楽通
両面にピロティや開口
まちに開いた
大きなピロティ
人々が外から自然にアプローチできる
キラキラしすぎてない
上品なシャンデリア
銀座通り
外部と内部の中間領域
ができて オープンカフェなど
出すにもぴったり!
当時の給仕係
コーヒーを運ぶスタ
海軍士官の正装を

銀《ぎん》座《ざ》カフェーパウリスタ

GINZA . YURAKUCHO AREA / GINZA

GINZA CAFÉ PAULISTA

住所　東京都中央区銀座8-9　長崎センタービル1階
電話　03-3572-6160
営業時間　8時30分〜21時30分（日曜・祝日11時30分〜20時）
休業日　無休

創業者の思いを受け継ぐ、長い歴史に思いを馳せる

明治44年、銀座7丁目にある交詢社ビル前で創業した「銀座カフェーパウリスタ」。パリのカフェを模した白亜の洋館が建てられ、豪華な雰囲気に浸りながら、安くて気軽に入れるお店として評判になりました。

諸説ありますが、この頃、銀座にあるカフェーパウリスタにブラジルコーヒーを飲みに行くということで、〝銀ブラ〟という言葉が生まれたと言われています。大いに隆盛を極めましたが、大正12年の関東大震災で惜しくも店舗が丸焼けになり、昭和18年にはコーヒー焙煎事業がメインに切り替わります。しかし、喫茶事業の復活を願っていた4代目により、約40年の時を経て、昭和45年に現在の場所に復活。銀座通りと信楽通りの2面に接した、敷地形状を活かす大きなピロティや開口部が特徴です。

人々を建物へ誘い混むと共に、街とのつながりを強く意識した設計です。地価の高い銀座でこれだけ大きな広場的空間をつくる気概はすばらしいの一言です。

気軽に足を運べるおもてなしは、今も健在

２０１４年に改装を経ていることもあり、当時から残っているインテリアは少なめですが、余計な装飾がないレトロな空間は、誰が来ても心地よさが感じられる創業時のコンセプトに通じています。お店の一番の魅力は、長い歴史や受け継がれてきたサービスといった内容面の特長。そして当時の面影を活かした、普遍的な内装も非常に価値のある建物です。さらに、いつ来ても楽しめるさまざまなメニューがそろっています。なんといってもおすすめは種類が豊富なモーニング。銀座という立地にも関わらず、１０００円以内とは思えない美味しさです。しかも、お代わりのコーヒーが１杯無料というサービス付き。これも、創業当時、コーヒーを１杯５銭という低価格で提供し、大衆にコーヒー文化を広めた「カフェーパウリスタ」の変わらぬ姿勢を感じてうれしくなります。

建築memo

**さまざまな記憶を
繋ぎ合わせ
蓄積させる建築**

当時の競合カフェの半値以下でコーヒーを提供し、元祖“庶民派喫茶”として日本にコーヒー文化を普及させたと伝えられる当店。関東大震災で一度は店舗が焼失したものの、戦後、今の場所で営業を再開しました。現在、使用している食器や鏡、壁紙などの内装には昔の面影が残っています。何より銀座とは思えない、手頃な価格のコーヒーや軽食、そして誰もが気軽に入店し、くつろげるお店の雰囲気は、明治時代から変わらず多くの人々に愛される店の宝物だと思います。

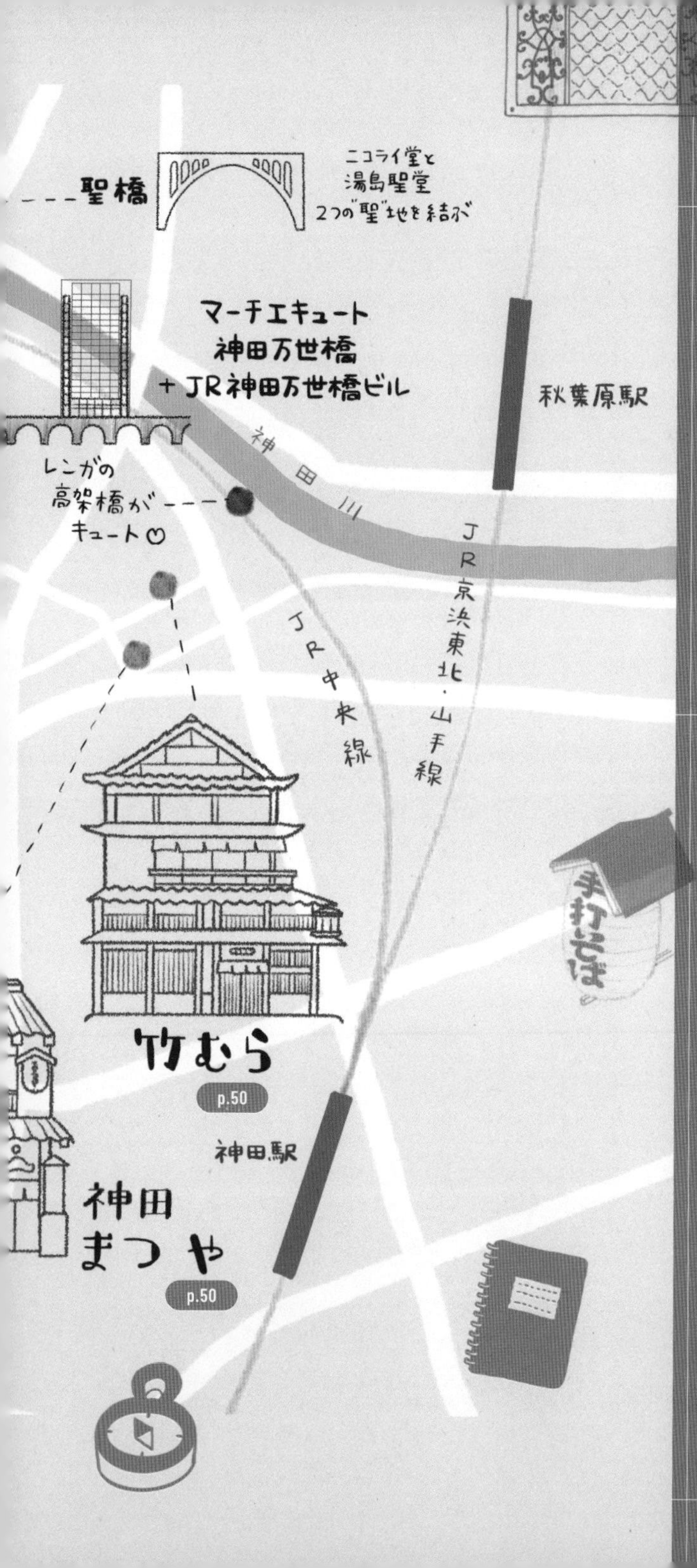

PART 2

神田・神保町エリア

KANDA, JIMBOCHO AREA

街角に残る味ある建物を尻目に古書街を探検

古書の街としても知られる神田・神保町エリア。戦火を免れた地域も多く、昔のままの街の雰囲気を楽しめます。また山の上ホテルのランチや、純喫茶「さぼうる」など、文化人たちが愛した名店も密集しています。本屋さんや古書街を回った後は、蕎麦からカレー、スイーツまで、老舗の味に舌鼓を打ってみて。お腹も心も満タンになれること間違いなしです。

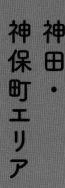

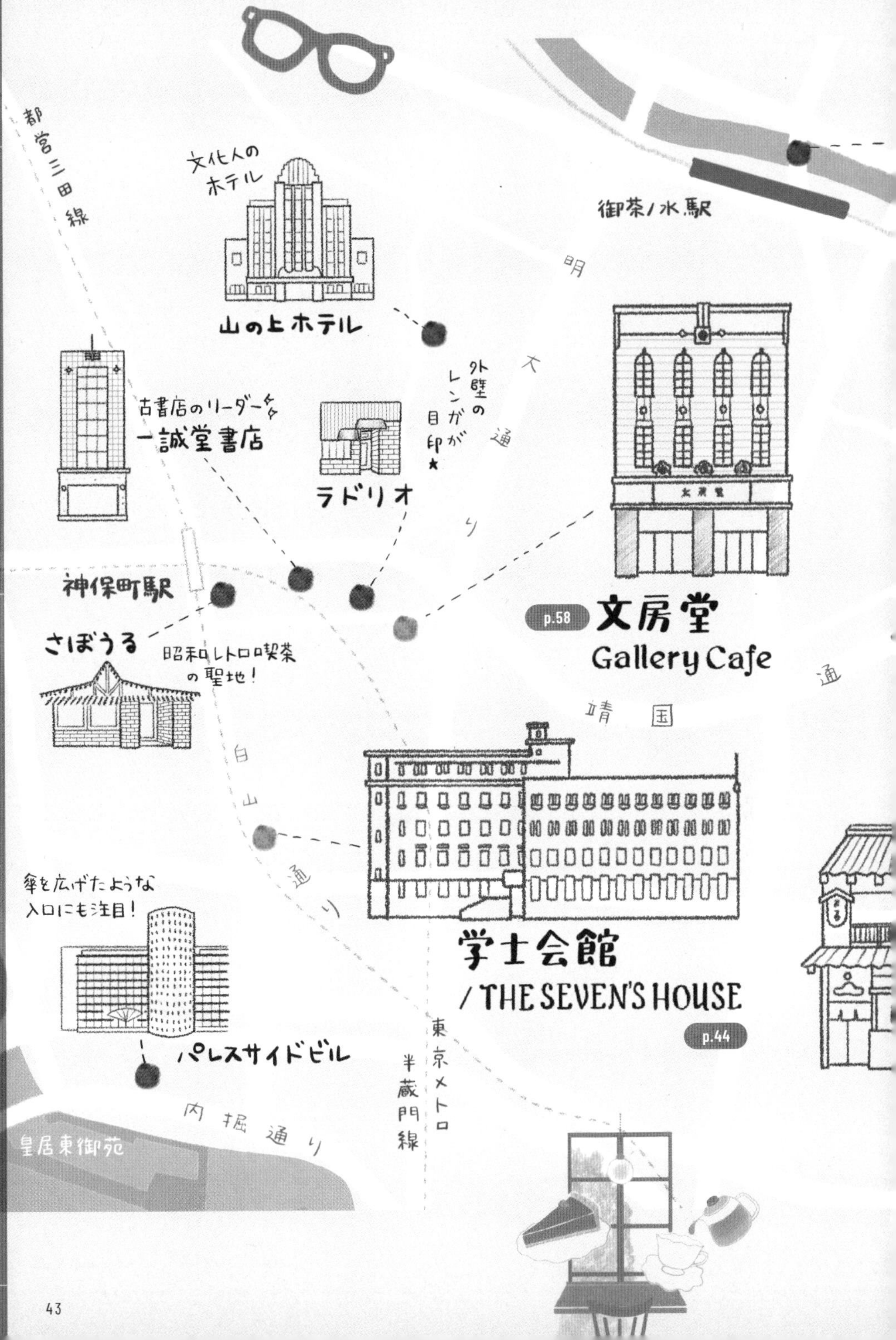
都営三田線
文化人のホテル
山の上ホテル
御茶ノ水駅
明大通り
外壁のレンガが目印★
古書店のリーダー
一誠堂書店
ラドリオ
神保町駅
さぼうる
昭和レトロ喫茶の聖地！
p.58
文房堂
Gallery Cafe
靖国通り
白山通り
学士会館
/ THE SEVEN'S HOUSE
p.44
傘を広げたような
入口にも注目！
パレスサイドビル
東京メトロ半蔵門線
内堀通り
皇居東御苑

学生街・神保町の
歴史を受け継ぐ

学《がく》士《し》会《かい》館《かん》
THE《ザ・》 SEVEN'S《セブンズ》 HOUSE《ハウス》

GAKUSHIKAIKAN
THE SEVEN'S HOUSE

KANDA , JIMBOCHO AREA
JIMBOCHO

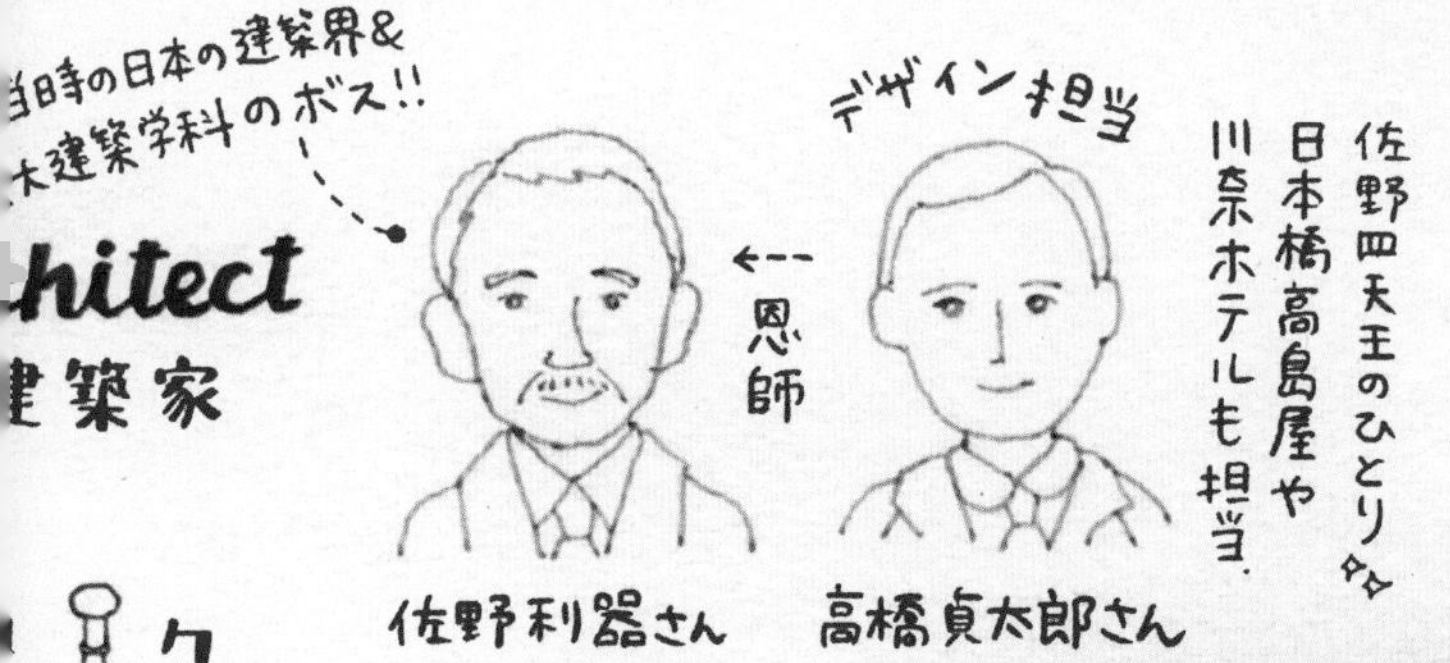

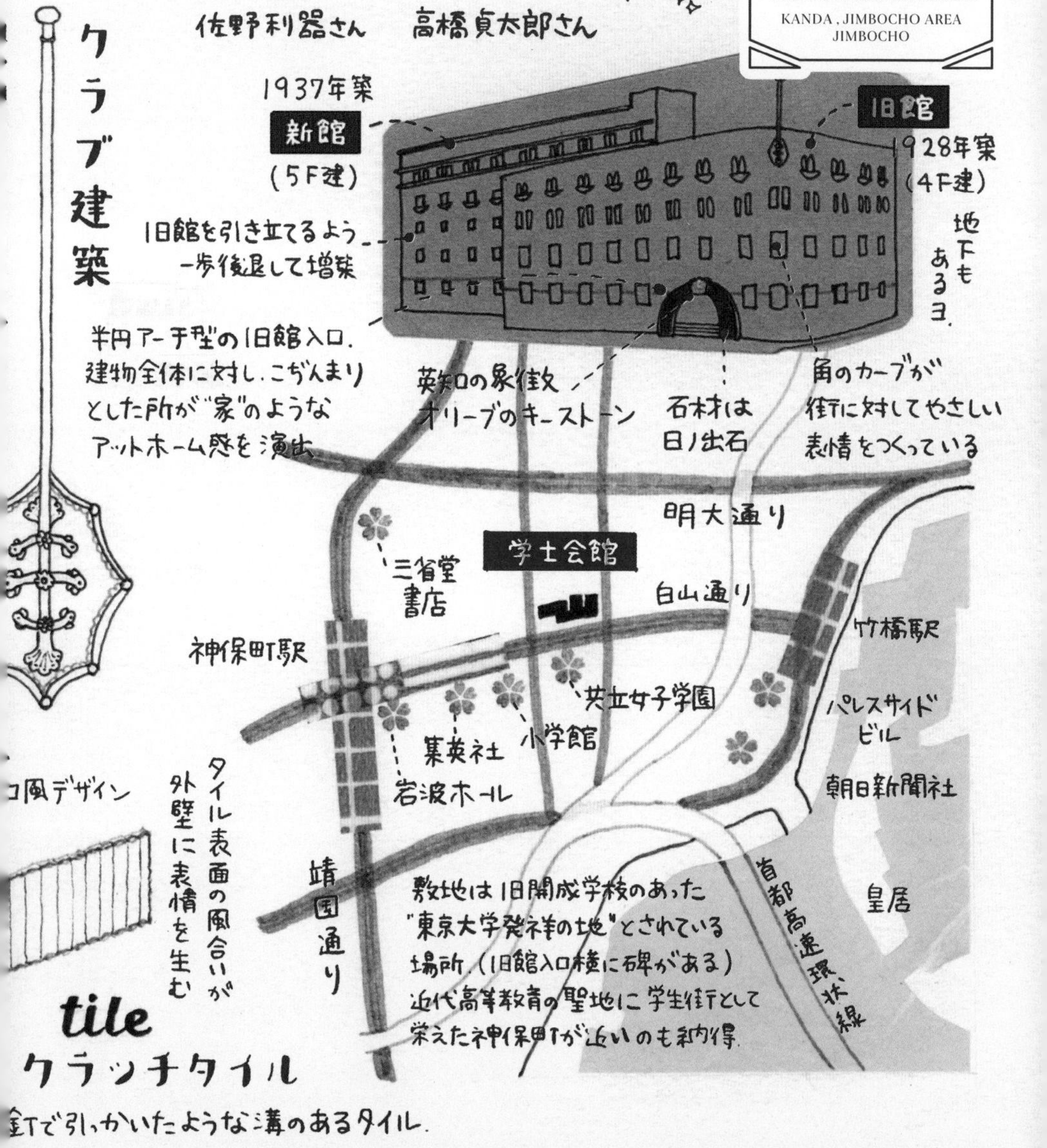

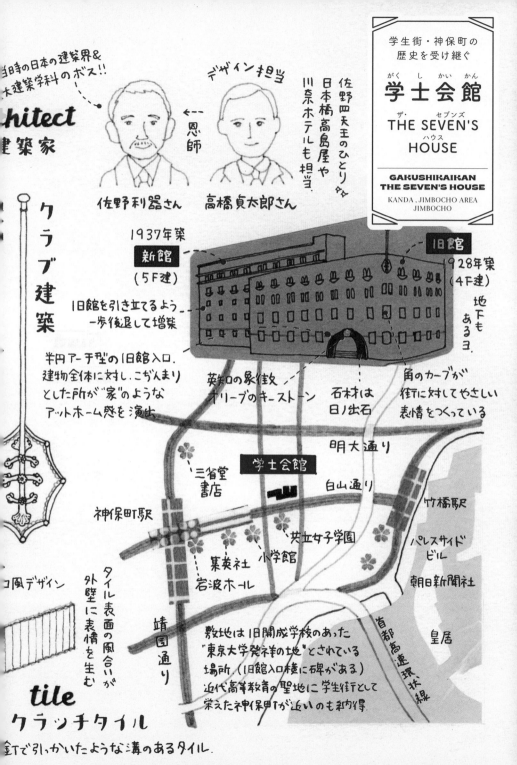

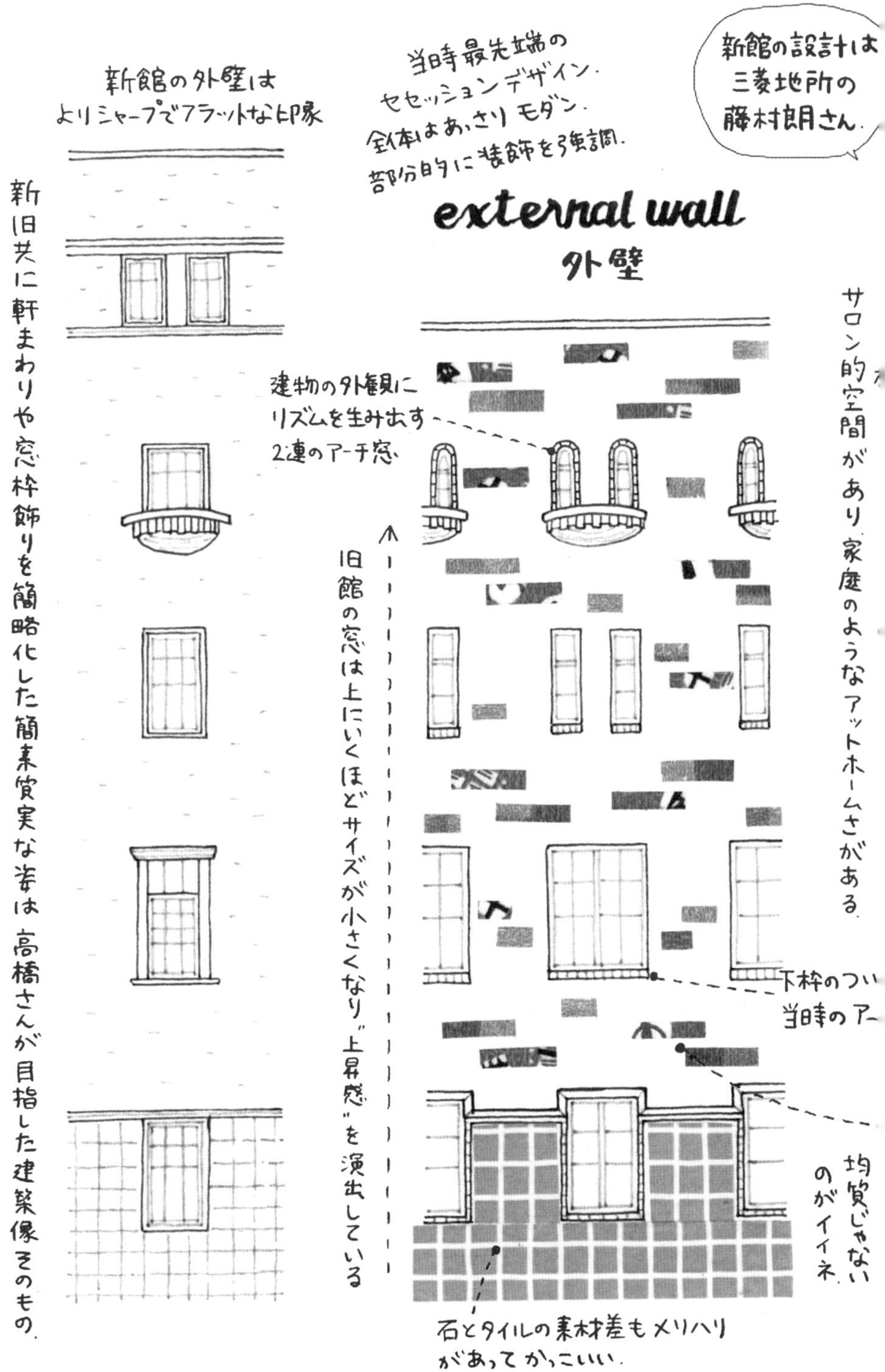
新館の外壁は
よりシャープでフラットな印象
当時最先端の
セセッションデザイン。
全体はあっさりモダン。
部分的に装飾を強調。
新館の設計は
三菱地所の
藤村朗さん。
external wall
外壁
新旧共に軒まわりや窓枠飾りを簡略化した簡素質実な姿は 高橋さんが目指した建築像そのもの。
建物の外観に
リズムを生み出す
2連のアーチ窓
旧館の窓は上にいくほどサイズが小さくなり"上昇感"を演出している
サロン的空間があり家庭のようなアットホームさがある。
下枠のつい
当時のア
均質じゃないのがイイネ。
石とタイルの素材差もメリハリ
があってかっこいい。

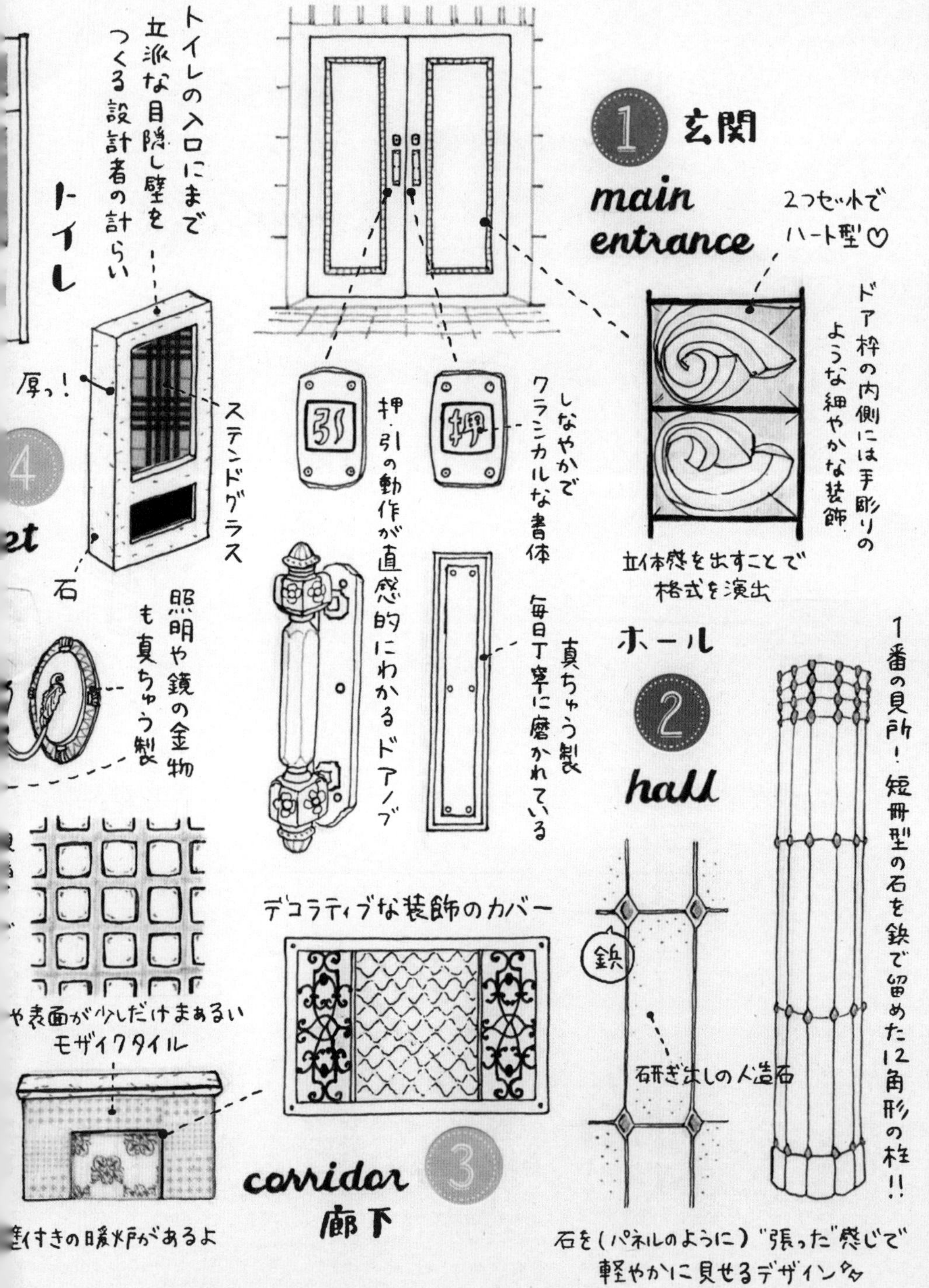
1 玄関
main entrance
押・引の動作が直感的にわかるドアノブ
引
押
しなやかでクラシカルな書体
真ちゅう製
毎日丁寧に磨かれている
2つセットでハート型♡
ドア枠の内側には手彫りのような細やかな装飾
立体感を出すことで格式を演出
ホール
2
hall
1番の見所！短冊型の石を鉄で留めた12角形の柱!!
鉄
研ぎ出しの人造石
石を（パネルのように）"張った"感じで軽やかに見せるデザイン☆
デコラティブな装飾のカバー
3
corridor
廊下
トイレの入口にまで立派な目隠し壁をつくる設計者の計らい
トイレ
厚っ！
ステンドグラス
石
4
et
照明や鏡の金物も真ちゅう製
や表面が少しだけまあるいモザイクタイル
付きの暖炉があるよ

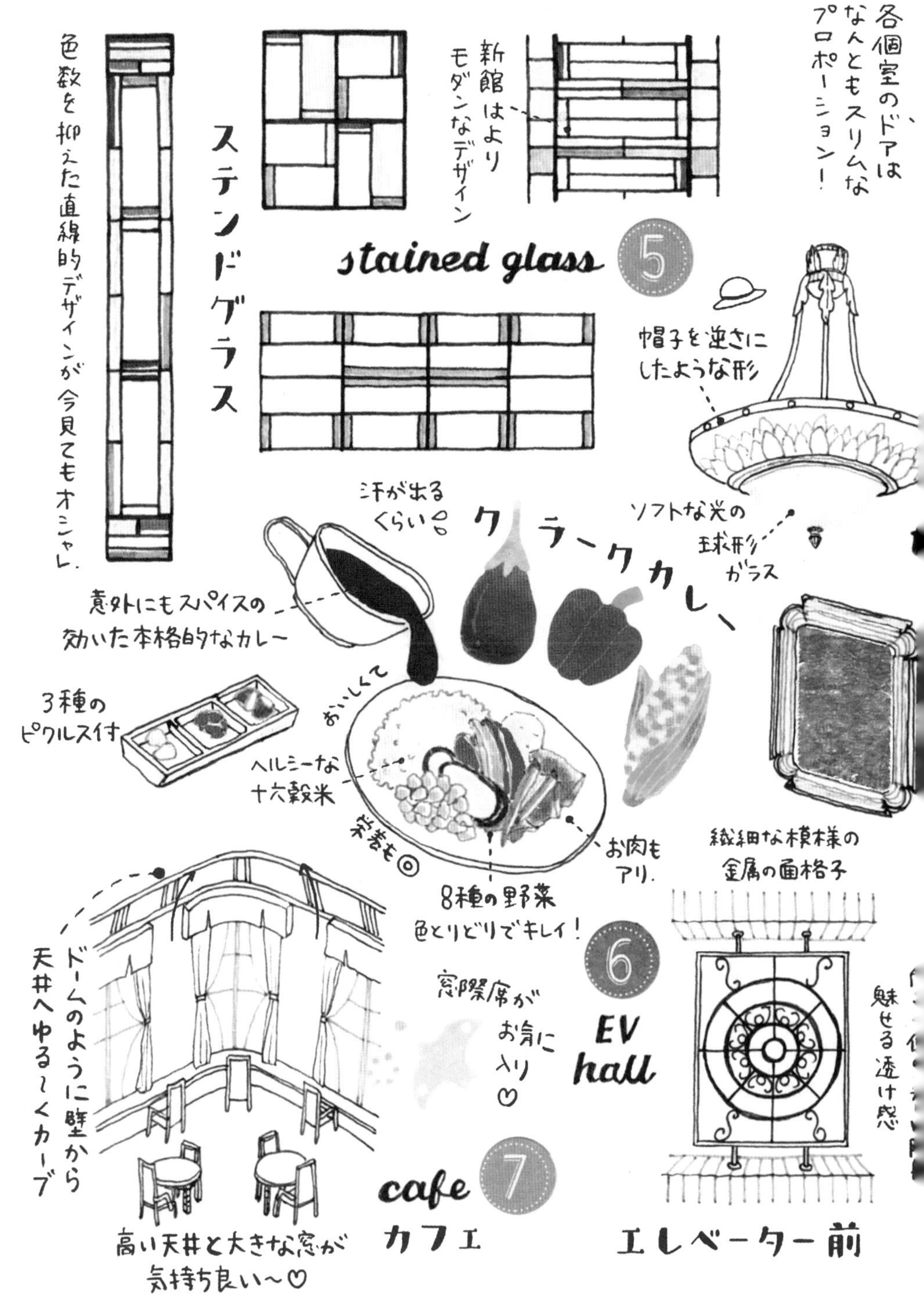
ステンドグラス
stained glass
5
色数を抑えた直線的デザインが今見てもオシャレ。
新館はよりモダンなデザイン
各個室のドアはなんともスリムなプロポーション！
帽子を逆さにしたような形
ソフトな光の球形ガラス
クラークカレー
汗が出るくらい
意外にもスパイスの効いた本格的なカレー
3種のピクルス付
おいしくて
ヘルシーな十六穀米
栄養も◎
お肉もアリ。
8種の野菜
色とりどりでキレイ！
繊細な模様の金属の面格子
6
EV hall
魅せる透け感
エレベーター前
窓際席がお気に入り♡
ドームのように壁から天井へゆる〜くカーブ
7
cafe
カフェ
高い天井と大きな窓が気持ち良い〜♡

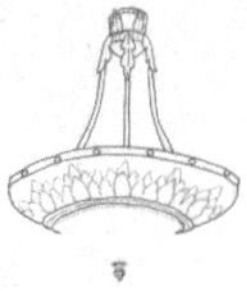

学《がく》士《し》会《かい》館《かん》

THE《ザ・》 SEVEN'S《セブンズ》 HOUSE《ハウス》

KANDA . JIMBOCHO AREA / JIMBOCHO

GAKUSHI KAIKAN / THE SEVEN'S HOUSE

住所	東京都千代田区神田錦町3-28
電話	03-3292-5935
営業時間	9時30分~22時
休業日	無休

最先端のモダンと親しみが同居

旧七帝大の同窓会「学士会」会員のために建てられた「学士会館」。初代の木造2階建てのものは大火により焼失しましたが、関東大震災の復興の際に再建されたことで、構造や防災面で十分な配慮がなされ、現在にもその姿を残しています。当時は珍しかったＳＲＣ造を採用※1し、意匠面でも最先端だったデザイン「セセッション※2」を採り入れた、外部のタイル壁やアーチ形の入り口が印象的。いま見ても〝粋〟な感じを与えてくれます。会員が「大家族の一家庭の如き親しみと落ち着き」を抱いて親睦を深められることを目的としたクラブ建築で、外観はシンプルなタイル壁ながらも、内部は邸宅風の間取りを採用。重厚感がありつつ気軽さや意外性がある、アットホームな設計が特徴です。内部には、ロマネスクやゴシックなどの折衷的なデ

※1 鉄骨鉄筋コンクリートのこと。柱のない大空間を設けるため鉄骨を使用しつつ、むき出しでは火災時に溶けて崩壊を引き起こすという震災の教訓があり、コンクリートで厚く被覆した　※2 20世紀のウィーンで起こったおしゃれなデザイン。全体の形はあっさりモダンにしつつ、装飾を部分的に協調するデザインスタイルが粋

ザインが取り入れられ、中世的な雰囲気が漂っています。機械化が進んでいない当時は当たり前だったかもしれませんが、今では稀有な存在になってしまった職人の手仕事が光る設えが至るところにあり、ひとつひとつ近づいてじっくり眺めたり、時には触ったりしたくなる意匠です。

クラシカル建築で絶品カレーを

学士会館の1階にあるレストラン「THE SEVEN'S HOUSE」は、高い天井と大きな窓で明るく開放的な空間。基本は2〜4人掛けテーブルですが、窓に面したカウンター席もあるので自分の世界に入りやすいところも気に入っています。さらに、廻《まわり》縁《ぶち》などに施されている装飾が、クラシックな雰囲気を醸し出しています。〝学士〟会館ならではのクラーク・カレーは、北海道大学のレストランで提供されていたメニューを学士会館風にアレンジしたもの。昔は「ライスカレー」の名で親しまれていました。色とりどりの野菜に牛肉、十六穀米、ピクルスがつき、満足感も抜群です。スパイスが効いた大人の味で、盛り付け方も上品です。

建築memo

90年以上経った今も現役

20世紀初頭のウィーン生まれの“セセッション”は、装飾を部分的に用いつつ実用性を重んじたデザイン。画家クリムトも提唱していただけあり、今見ても色褪せないモダンさがあります。またSRC造の躯体に加え、長さ約20mの松杭が700本も打ち込まれているという強固な基礎も、建物を現代まで受け継ぐ役割を果たしてくれた大切な存在です。

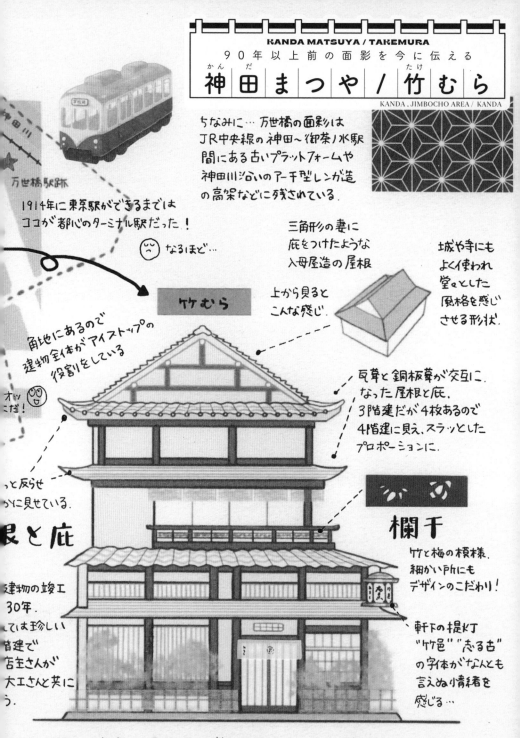

KANDA MATSUYA / TAKEMURA

90年以上前の面影を今に伝える

神《かん》田《だ》まつや／竹《たけ》むら

KANDA , JIMBOCHO AREA / KANDA

ちなみに… 万世橋の面影は
JR中央線の神田〜御茶ノ水駅
間にある古いプラットフォームや
神田川沿いのアーチ型レンガ造
の高架などに残されている.

1914年に東京駅ができるまでは
ココが都心のターミナル駅だった!

なるほど…

三角形の妻に
庇をつけたような
入母屋造の屋根

城や寺にも
よく使われ
堂々とした
風格を感じ
させる形状.

上から見ると
こんな感じ.

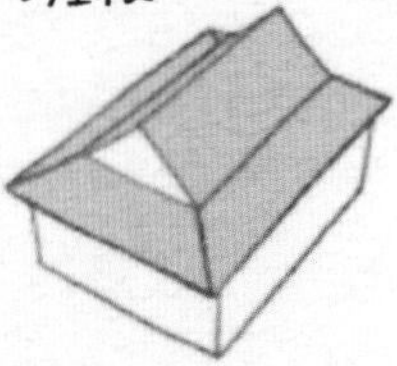

角地にあるので
建物全体がアイストップの
役割をしている

オッ
こだ!

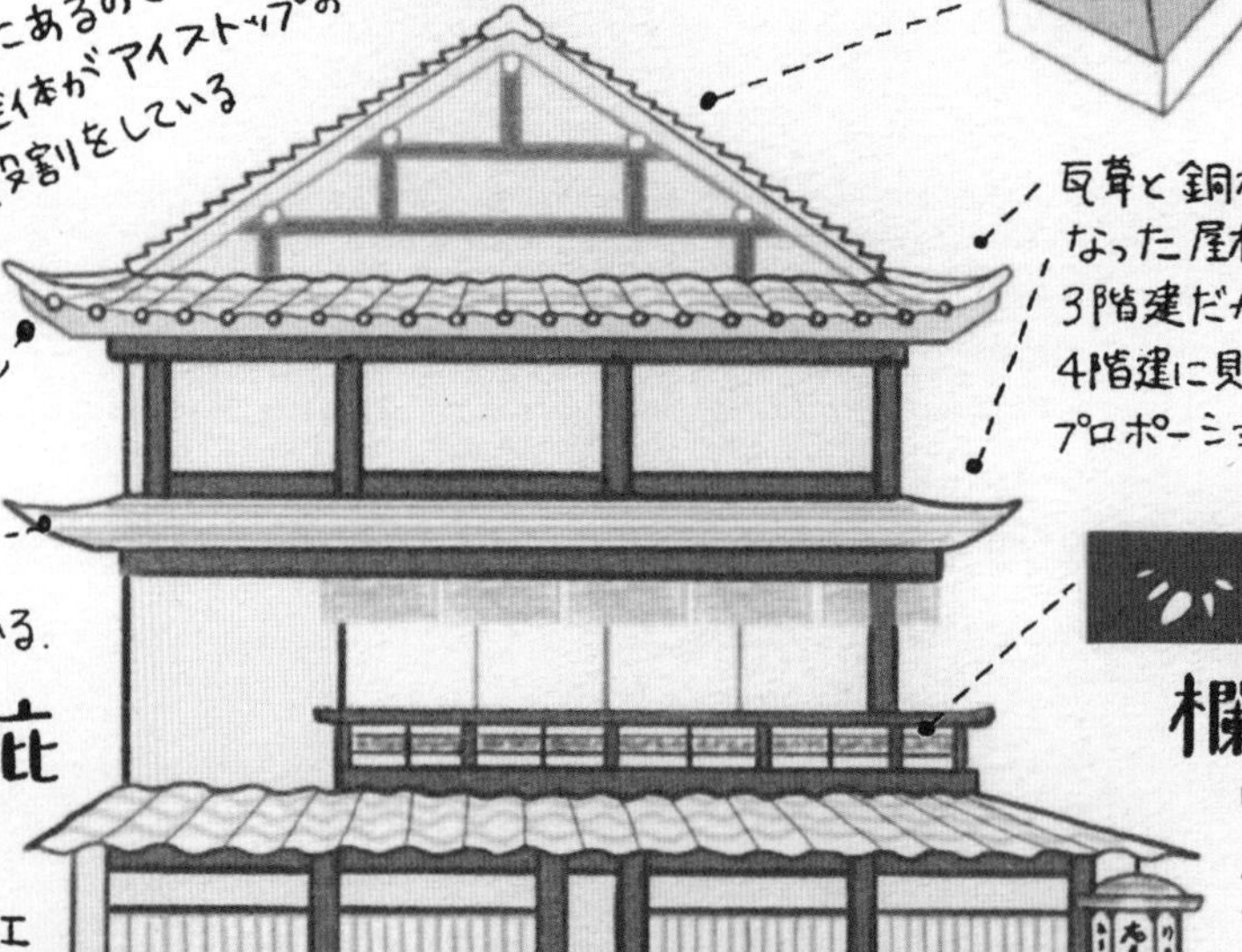

瓦葺と銅板葺が交互に.
なった屋根と庇.
3階建だが4枚あるので
4階建に見え、スラッとした
プロポーションに.

っと反らせ
かに見せている.

根と庇

欄干

竹と梅の模様.
細かい所にも
デザインのこだわり!

建物の竣工
30年.
しては珍しい
階建で
店主さんが
大工さんと共に
う.

軒下の提灯
"竹邑""志る古"
の字体がなんとも
言えぬ情緒を
感じる…

緑豊かな店構え. 四季の移ろいを感じるだけでなく、街への潤いももたらしている

かつての都心

万世橋駅があったところは
当時"連雀町"と呼ばれ
昭和初期までは上野・新橋と
肩を並べるほどの繁華街だったそう.
また東京大空襲を奇跡的に免れた
ことから当時の街の面影も今も
色濃く残している一角.

お店の1番の目印！
巨大な**提灯**

見ために反し、かなり大きく重いので
落下防止のため
ガッチリ固定しているそう.

神田まつや本店

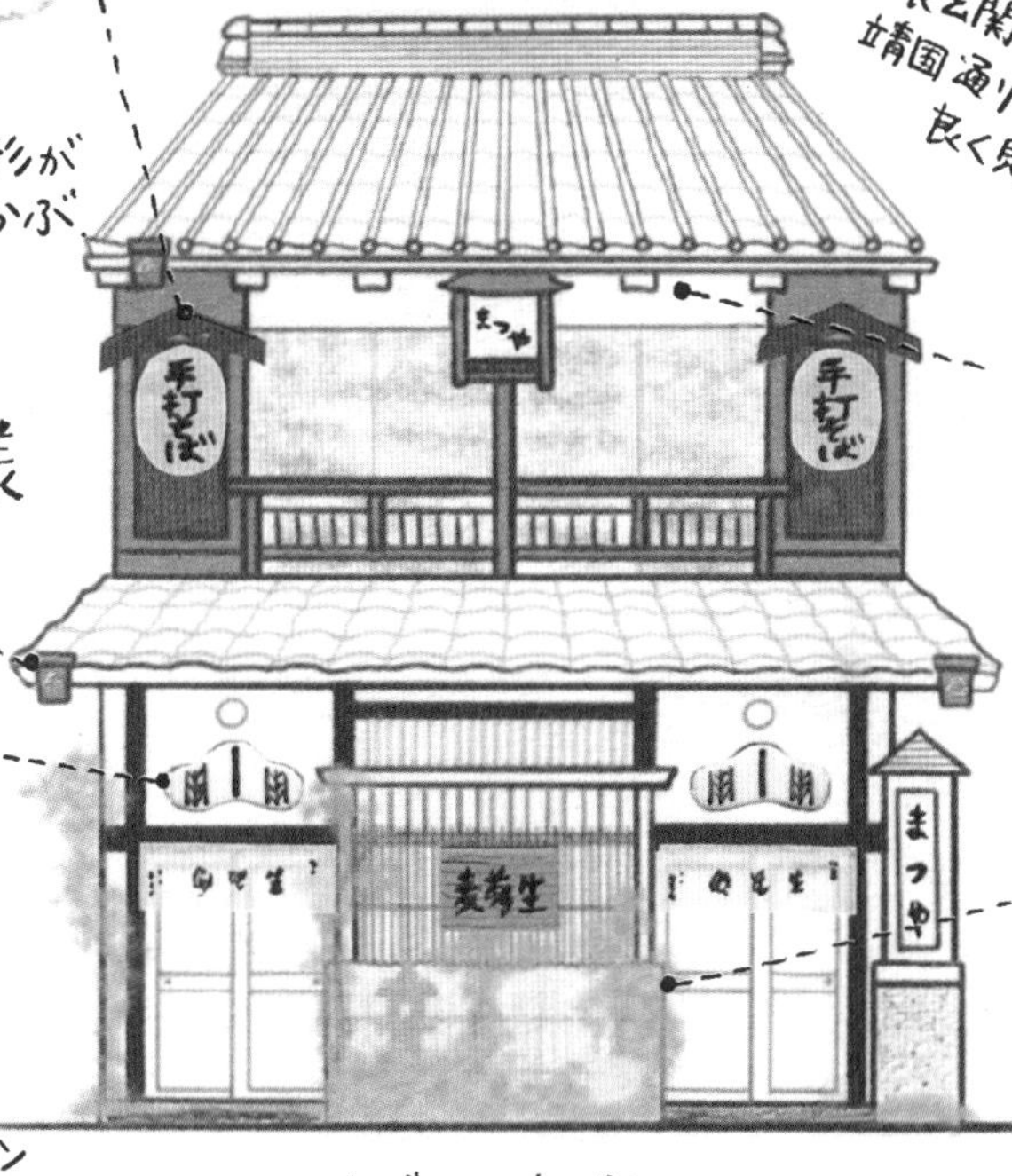

蚕の繭のように
白くぽってりした形が
空中にフンワリ浮かぶ.

出桁造の屋根と
深い軒が
力強さと品を
かもし出している.

軒先を
美しく

松模様

雨樋にも
松のマーク！

1階の欄間は
松模様の窓.
昔は色ガラスが
はまっており
ステンドグラス風
だったそう.
モダンな和デザイン
だなぁ.

商家造

関東大震災後の
1926年頃 建築.

入口廻りの植栽
お店のさわやかで
明るい顔づくりに
一役買っている.

右が入口. 左が出口
動線をしっかり区別しているのもさっぱり潔くて良き.

手打そば まつや

神田

老舗でとても有名なのに
誰もが気軽に日常づかいできる
アットホームさも
あるのがすてき…

ものは
"何でもうまい"

著書でも

ごまそば

コシがあるのにやわらかで
繊細な歯ごたえもあるそば.
ごまだれとの味の
ハーモニーも◎.

薬味は
粗めの刻みネギ

ごまダレは想像よりサラサラ!
そして甘さと塩気のバランスが最高.

ザイン

しっくいの壁. メンテは大変だそうだが良い風合い.

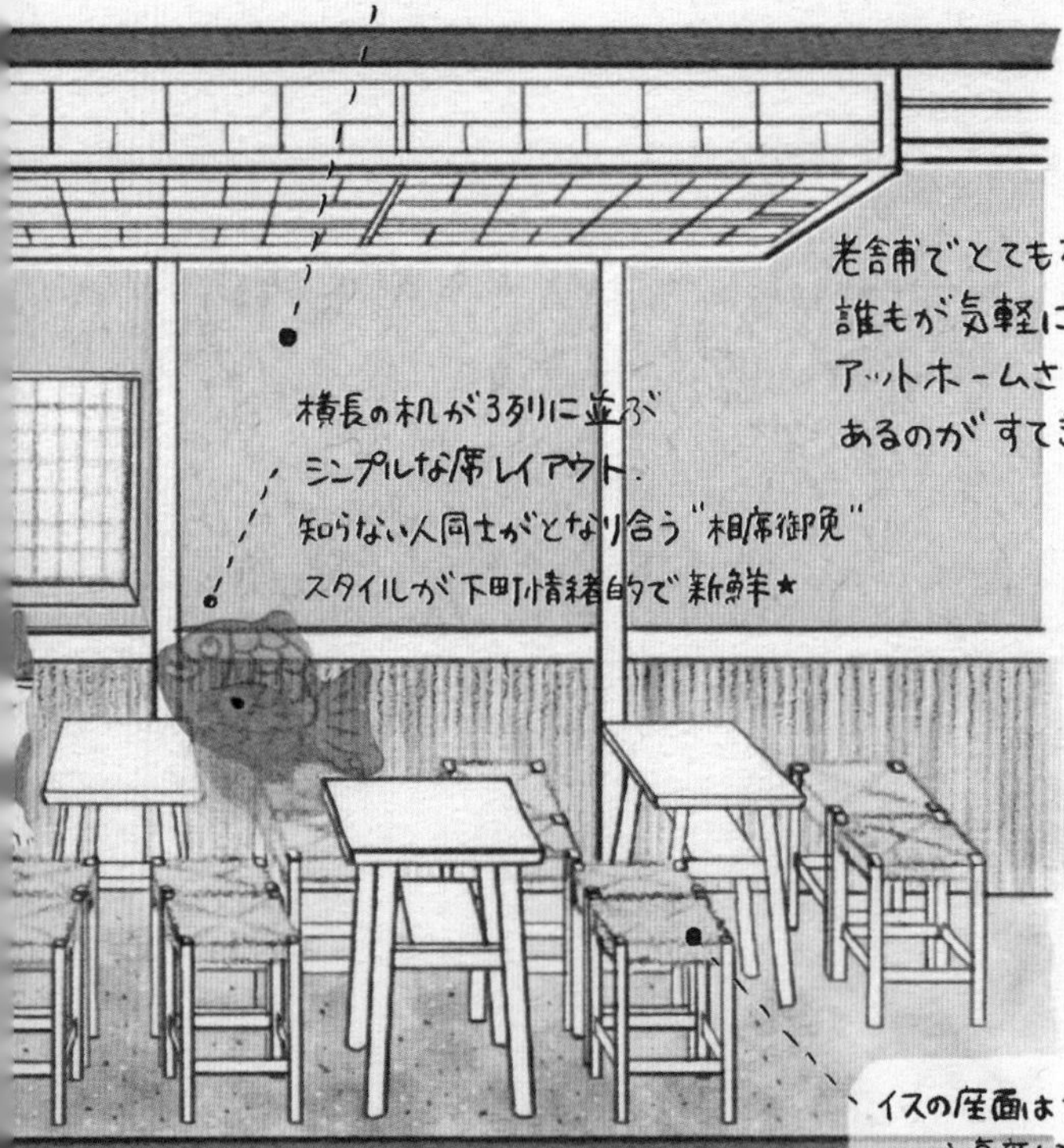

横長の机が3列に並ぶ
シンプルな席レイアウト.
知らない人同士がとなり合う"相席御免"
スタイルが下町情緒的で新鮮★

イスの座面はラッシ編み
という高度な技法で
造られているとか.

入って気軽にくつろげる雰囲気をつくり出している

箸袋の裏にはこんなメッセージが！
これが明治時代創業からの
「江戸そば」の変わらぬ味を守るための
大切なこだわりなんだなぁ。

当店のおそばは全部手打でございまして
つなぎには鶏卵を使用してございます

そば打ちの風景

そばを手打ちする様子を
直で見ることのできる
店内奥の調理場スペース。

二代目当主さんが
揚げたという木鉢。
お店の原点でありプライドを
感じられる大切な品。

"まつやで

大鼓判!!

常連だったとい
作家の池波正太郎さ

直線の

高く開放的な格子天井

ドーンと大迫力の天井付け照明
同じ格子柄でデザインも統一

モダンなデザインの
欄間窓は
内側からの見え方
がまた一味違う。

竹の腰壁も
良いアクセント

床は洗い出しの土間。外の延長のようで サ

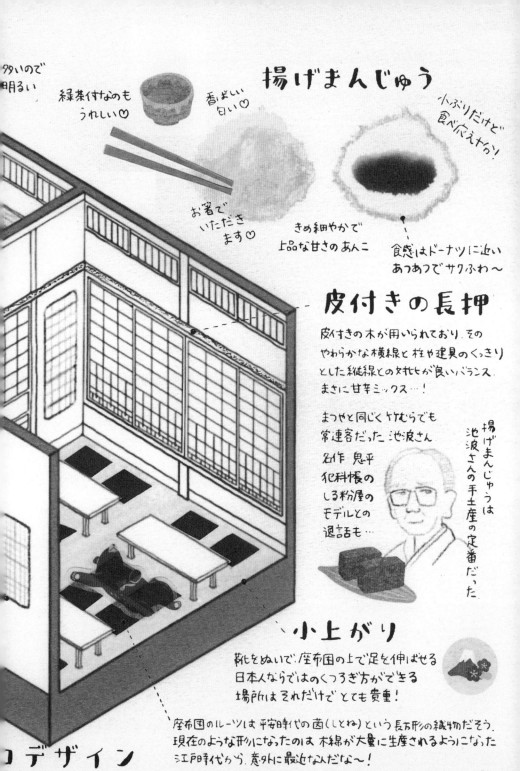

多いので
明るい

緑茶付なのも
うれしい♡

揚げまんじゅう

香ばしい
匂い♡

小ぶりだけど
食べ応えアリ!

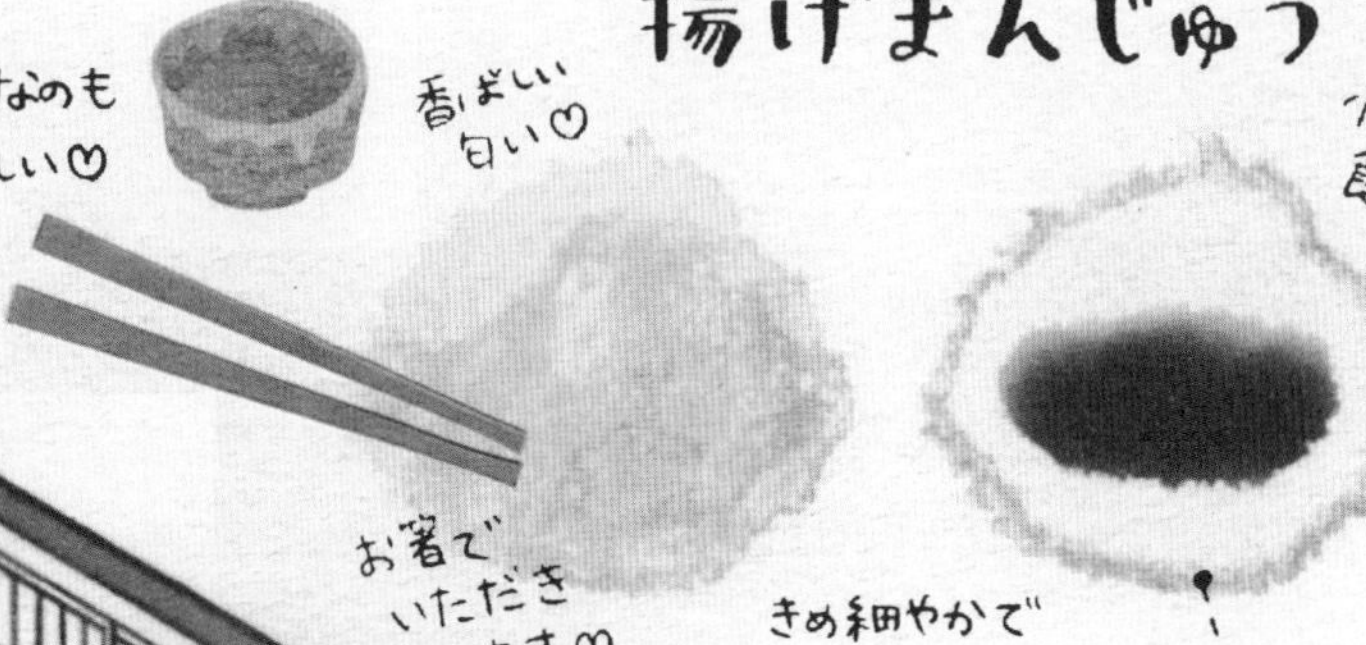

お箸で
いただき
ます♡

きめ細やかで
上品な甘さのあんこ

食感はドーナツに近い
あつあつでサクふわ〜

皮付きの長押

皮付きの木が用いられており、そのやわらかな横線と柱や建具のくっきりとした縦線との対比が良いバランス。まさに甘辛ミックス…!

まつやと同じく竹むらでも常連客だった池波さん

名作 鬼平犯科帳のしる粉屋のモデルとの逸話も…

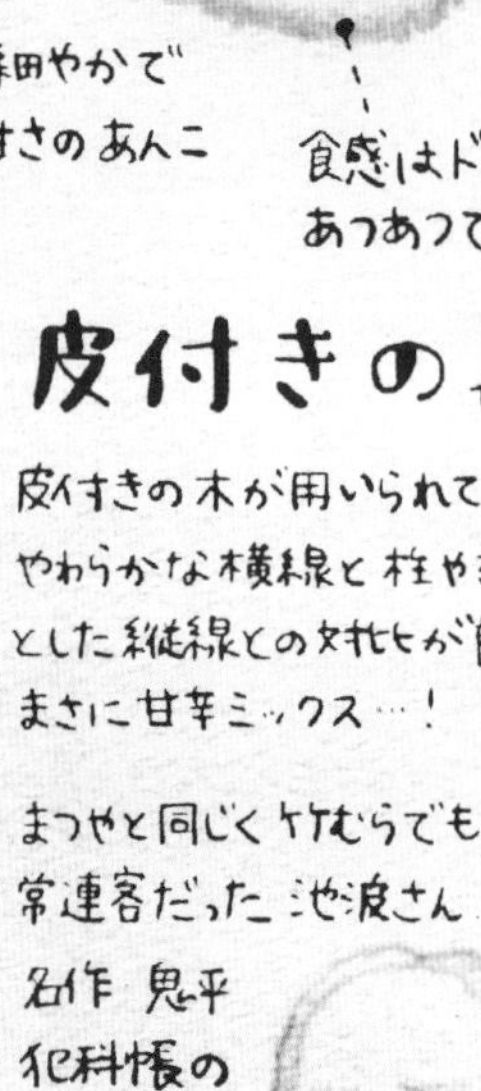

揚げまんじゅうは池波さんの手土産の定番だった

小上がり

靴をぬいで、座布団の上で足を伸ばせる日本人ならではのくつろぎ方ができる場所はそれだけでとても貴重!

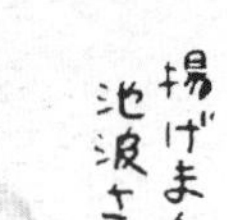

座布団のルーツは平安時代の茵(しとね)という長方形の織物だそう。現在のような形になったのは木綿が大量に生産されるようになった江戸時代から。意外に最近なんだな〜!

デザイン

お志るこ 竹むら

旧字のお志《し》るこ

"すくすく伸びるように"
という想いがこめられた
お店の名前.

欄間

向こう側の様子が透けて見え
部屋と部屋との連続性を
ゆるやかに感じられる.

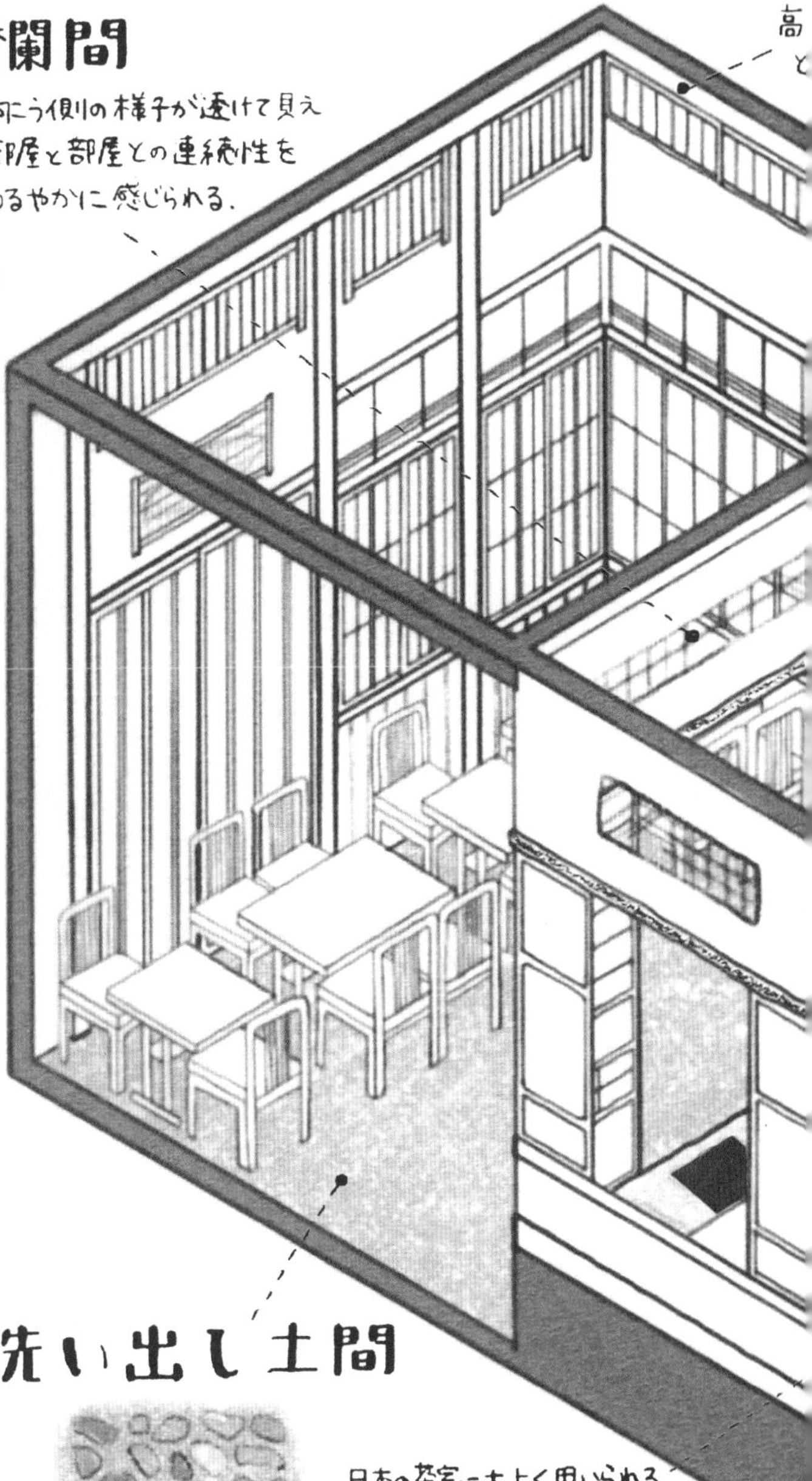

洗い出し土間

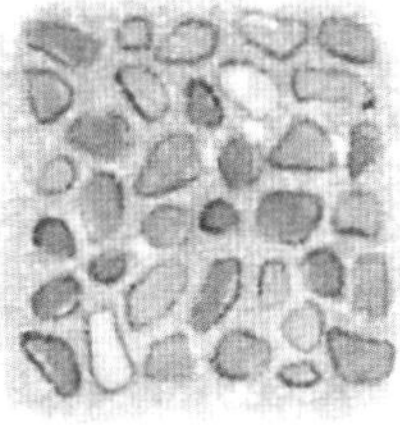

1つ1つの粒に個性がある
豆砂利
硬いような柔らかいような
足ざわりも新鮮.

日本の茶室にもよく用いられる
下地窓風の開口部.
敢えて土壁を塗り残したような
荒々しい表面が風情をかもし出している

美しい和の

神《かん》田《だ》まつや

KANDA . JIMBOCHO AREA / KANDA
KANDA MATSUYA

神田まつや
住所 東京都千代田区神田須田町1−13
電話 03−3251−1556
営業時間 11時〜20時30分（土曜・日曜・祝日〜19時30分）
休業日 無休

名店のそばを気軽に味わえる、和の名建築

東京大空襲を奇跡的に免れた万世橋〜須田町1丁目・淡路町2丁目エリア。老舗が点在するなかでも、質実剛健で貫禄のある佇まいを見せているのが、大正15年に建てられた「神田まつや」です。伝統的な和風建築と大正時代のモダンなデザインが融合した意匠で、1階の松模様、欄間窓などにその特徴が見られます。蕎麦屋としての創業は、さらに40年ほどさかのぼった明治17年。現在も、江戸から続く味が代々受け継がれています。石臼引きの手打ちそばは、適度な歯ごたえがあってのど越しがよく、ややキリッと辛めのつゆとの相性も抜群です。店内は、漆喰壁や土間の床といった昔から変わらぬ和風の設えが印象的ですが、解放感のある席のレイアウトで、誰もが普段から通える大衆店のような雰囲気をつくり出しています。予約不可のため相席になることが多いのですが、偶然となり合った人たちが次第に打ち解けて意気投合するというのも、この店の醍醐味です。

建築memo

「店構え」とはなにか？

「まつやには子どもの頃に訪れた諸々の蕎麦屋の店構えが残っている」（『むかしの味』新潮文庫）と作家の池波正太郎氏。一般的に「店構え」というと、まつや店頭の大きな提灯や大小の行灯、木の一枚看板、さらに千本格子に松の欄間窓などを指します。しかし、それだけでなく、かつて東京一の繁華街と言われた連雀町に店を構えたことや、“相席御免”の賑やかな雰囲気、手打ちにこだわった蕎麦の味など、池波氏はまつやの魅力を総称して「店構え」と表現されたのではないか、と思いを馳せます。

竹《たけ》むら

KANDA . JIMBOCHO AREA / KANDA

TAKEMURA

竹むら

住所	東京都千代田区神田須田町1–19
電話	03–3251–2328
営業時間	11時〜20時
休業日	日曜・月曜・祝日

上品さと親しみやすさを併せもつ、空間とメニュー

「神田まつや」の裏手に立つ「竹むら」も、東京大空襲を逃れた歴史ある一軒。昭和5年に建てられた建物が、今も現役で大切に使われています。いわゆる〝〇〇風〟といった分かりやすい特徴はありませんが、職人さんの丁寧な手仕事ぶりが随所に見られる繊細な和風建築です。入母屋造りの屋根、4層に見える庇、豊かな植栽により、建物の雰囲気やプロポーションに軽やかさを出し、周囲の街に対する魅力的な店構えを意識したデザインになっています。角地のため、二方向から外観をじっくり眺めることができるのも貴重です。建物だけでなく、メニューも創業時から変わらず、原料を仕入れる問屋やレシピも当時のまま。名物の揚げまんじゅうやあわぜんざいを味わっていると、昭和初期の時代にタイムスリップしたような気持ちになります。

建築memo

かつての人気デートスポット

入口の提灯や箸袋などに記された「志る古（しるこ）」の文字。甘味全般を本格的に提供するお店を指しますが、池波正太郎氏は「戦前までの東京の汁粉屋は造りや器物に一種独特の洗練があり、その雰囲気が男女の逢引きにふさわしかった」（『散歩のとき何か食べたくなって』新潮文庫）と書き残しています。確かに、竹むらの美しく上品な窓や建具、欄間、長押の意匠を見ると、甘味処というよりは料亭のようなしっとりとした落ち着きが感じられ、素敵なデートができそうです。

大正期の神保町に思いを馳せる

文《ぶん》房《ぼう》堂《どう》 Gallery《ギャラリー》 Cafe《カフェ》

BUMPODO GALLERY CAFE

KANDA, JIMBOCHO AREA JIMBOCHO

ポットに軽く
3杯分うれしい☺

ローズヒップティー

背後のビル部分は
目立ちすぎないよう
ややセットバックしている

彫りの深いファサード

同時期の看板建築などに比べて"彫りの深い"デザイン。
さすが区の都市景観賞や景観まちづくり重要物件になっているだけあるナァ。

テラコッタ

パラペットに施された
素焼き陶器製の装飾
ットな風合いが味わい深い。

アーチ窓とキーストーン

大正時代のハイカラな
ザインが今も目を引く

クラッチタイル

面に筋状の引っかき傷を
さんつけて焼き上げており
・ライト設計の帝国ホテル
後爆発的に流行した素材

1F柱は石貼りで
格調高さを感じる

と今のイメージが
並なのがおもしろいネ

建物の正面外壁は1922(大正11)年の竣工当時のものだが
背後の建物は1990(平成2)年に建替えている。

創業1887(明治20)年の
老舗画材店の本社ビル。
かつては3F建のビルだったが
建替時に階高を変更し
スキップフロアを用いた
7階建に変更。

← 奥にはコーヒーと共に

窓際に1列だけカウンター席を
並べたぜいたくなレイアウト

足元まで大きく開口にすることで
開放感と外への連続感が
より高まる。

2面接道の敷地のため、両側からの工事が
可能になり、正面外壁を残しながらの背後
建替工事もスムーズに進んだとか。

神保町の人気店
STYLE'S CAKES & CO.
さんのケーキ♡
ラズベリー
ショコラタルト

甘さ控えめ
ビターチョコ

クッキー生地は
5mmほどあり しっかりめ

ラズベリーの酸味と
果肉のつぶつぶ感
が たまらない！

西洋

ビルは神保町に古くからある商店
"すずらん通り"に建つ。
現在でこそ南にある靖国通り沿い
古書店が並ぶが1913(大正2)年の
神田大火前まではすずらん通り側
古書店街＝街のオモテ側だった。

文《ぶん》房《ぼう》堂《どう》／Gallery《ギャラリー》 Cafe《カフェ》

KANDA . JIMBOCHO AREA / JIMBOCHO

BUMPODO / GALLERY CAFE

住所　東京都千代田区神田神保町1−21−1　文房堂　神田本店3階
電話　03−3291−3441（代表）
営業時間　10時〜18時30分
休業日　無休

老舗画材店のカフェで、地元の人気タルトを提供

約100年もの歳月を経て、今に受け継がれる大正時代のモダンデザインを取り入れた外観。当時流行したスクラッチタイルの外壁に加え、アーチ窓、テラコッタの装飾、キーストーンにはアールデコ調のデザインなどを見ることができます。ここは、明治20年に創業した老舗画材店「文房堂」の本社ビル。2003年には外壁が補修され、店内は改装されましたが、古きよき、ゆったりとした雰囲気はそのまま受け継がれています。2016年には、3階に「Gallery Cafe」がオープン。画材店のカフェとは思えない、広くてとてもぜいたくな造りです。ギャラリースペースが併設され、随時企画されるアート作品を楽しむこともできます。そして、このカフェのもうひとつの魅力が、近隣にある人気のタルト専門店「STYLE'S CAKES & CO.」のタルトが

味わえること。平日だけですが、日替わりで２〜３種のタルトがお店から届きます。サンドイッチやホットドッグなども揃っているので、ランチや小腹が空いたときにも使える穴場のカフェです。

文化的な街並みを代表する外観デザイン

看板建築が多く残る神保町の古い商店街・すずらん通りの中でも、文房堂ビルはひときわ目を引く建物です。当時は数少ないＲＣ造だったため、関東大震災では倒壊を免れ、東京大空襲でも被害を逃れました。その後、コンクリートの強度不足で解体が決定しますが、地元や千代田区からの要請があり、１９９０年に正面外壁を残し、背後部分だけが建て替えられました。町全体が図書館のようで文化度が高い神保町の街――都心ながらも開けた明るい公共空間や、街路樹が美しいすずらん通りといった、街と建設敷地の特徴を最大限に活かした建物が魅力です。歴史ある街並み景観の継承が高く評価され、１９９２年には千代田区の「都市景観賞」、２００３年に千代田区景観まちづくり重要物件に指定されています。

建築memo

外観を華やかに彩る建材

文房堂の外壁には大正〜昭和初期に流行したさまざまな建築材料が使われています。たとえば土が原料の柔らかさや、縦溝が作り出す陰影の美しさが魅力的なスクラッチタイル。また、石よりも軽く、立体的で軽やかな装飾を可能にするテラコッタなど。鉄筋コンクリート造の建物は、何もしないと無骨な印象になりがちです。建材の風合いや装飾を活かした模様をあしらうことで、人懐っこさや可愛らしさを生み、建物が記憶に残る効果をもたらしていると思います。

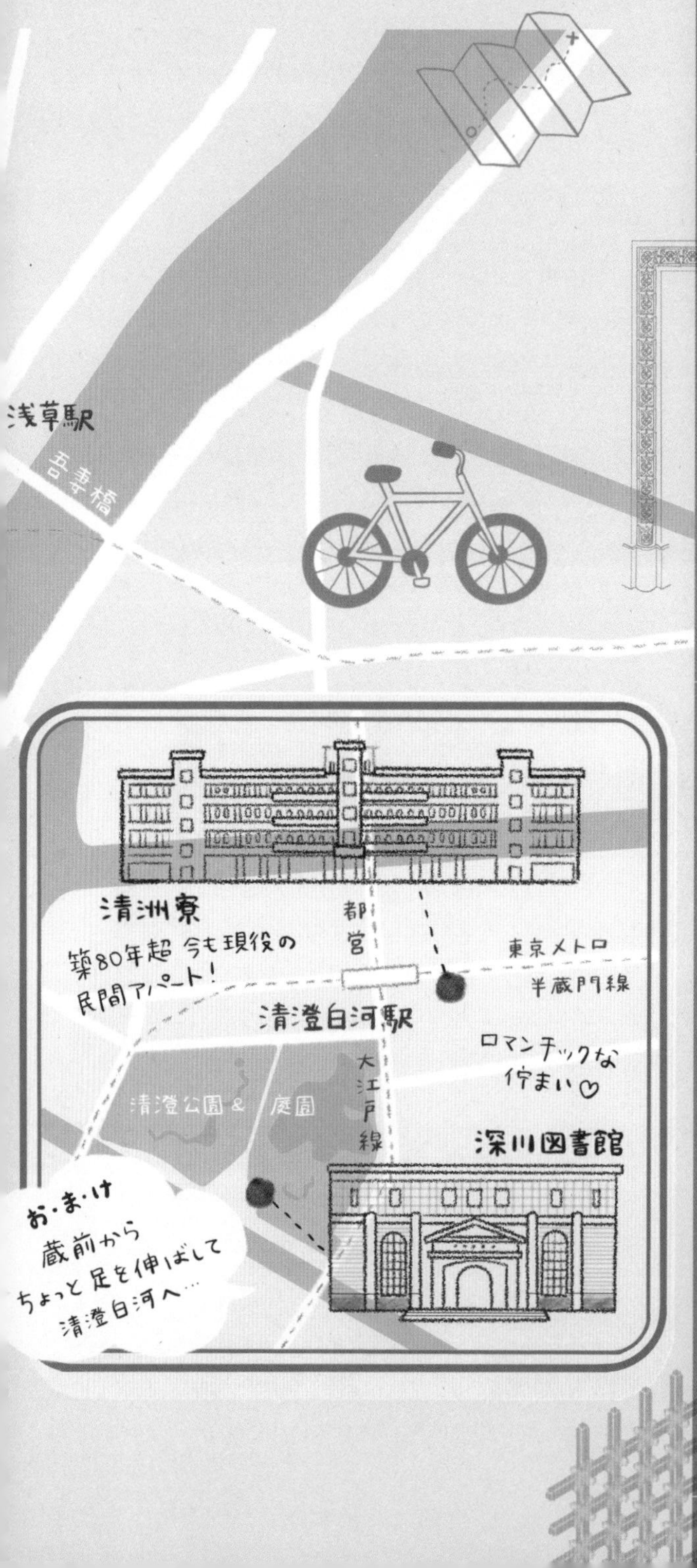

PART 3

浅草エリア

ASAKUSA AREA

粋とモダンが交差するよいビルめぐり

多くの人で賑わう浅草は、古さと新しさが共存する、活気溢れるエリア。個性豊かな建物観光と、美味しいお店を満喫してみて。

少し足を延ばし、清澄白河の「清洲寮」ではレトロビルヂングの魅力に触れてみる1日はいかが? 街角に残る近代建築からは、今とは違う昔の風景が浮かんできます。観光名所から穴場スポットまで、飽きない魅力が詰まった街で、大満足の1日をどうぞ。

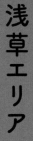

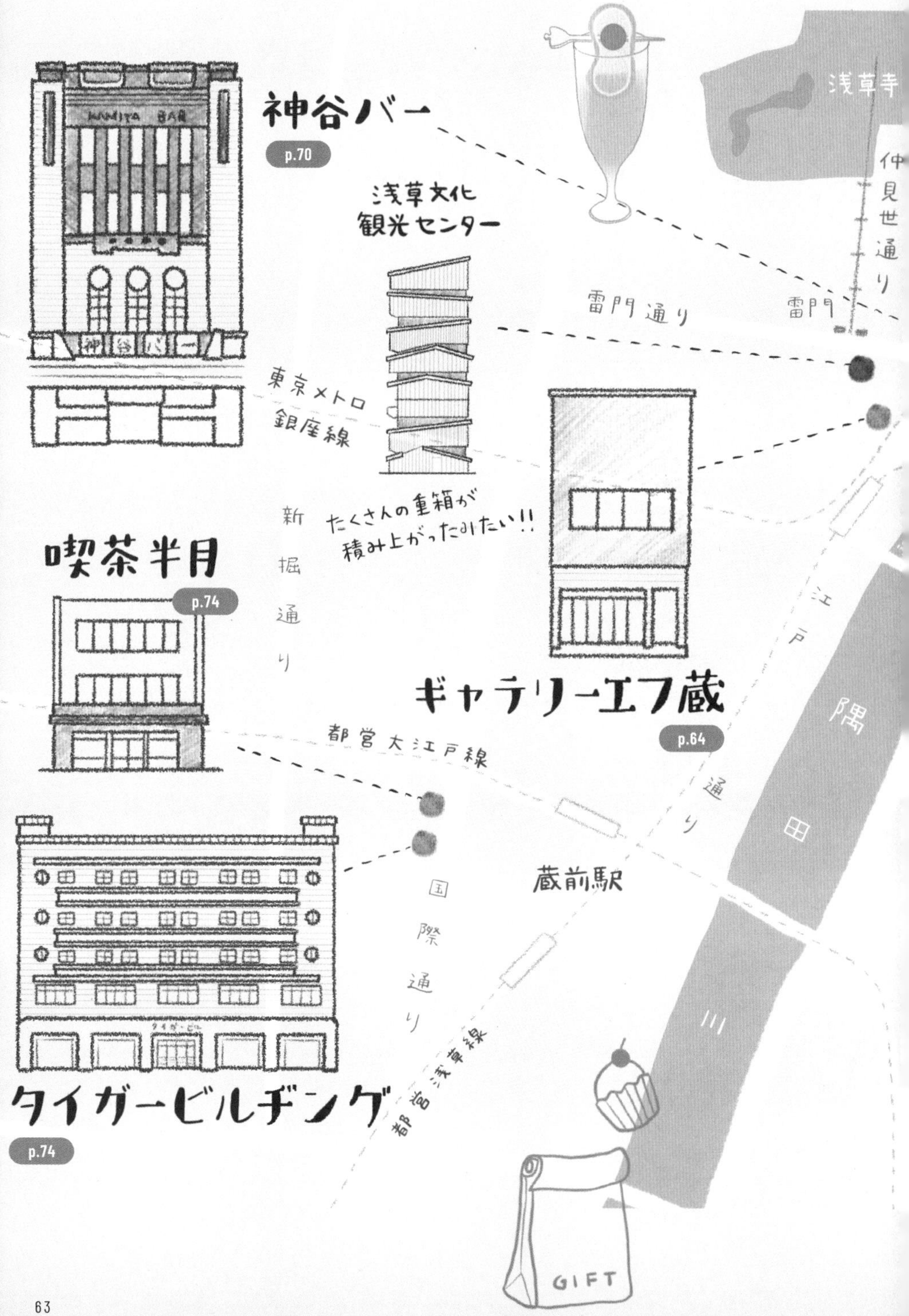
神谷バー
p.70
浅草文化
観光センター
浅草寺
仲見世通り
雷門
雷門通り
東京メトロ
銀座線
新堀通り
たくさんの重箱が
積み上がったみたい!!
喫茶半月
p.74
ギャラリーエフ蔵
p.64
都営大江戸線
江戸通り
隅田川
蔵前駅
国際通り
都営浅草線
タイガービルヂング
p.74
GIFT

GALLERY EF KURA

ギャラリー
エフ 蔵《くら》

現代によみがえった
江戸の土蔵

ASAKUSA AREA / ASAKUSA

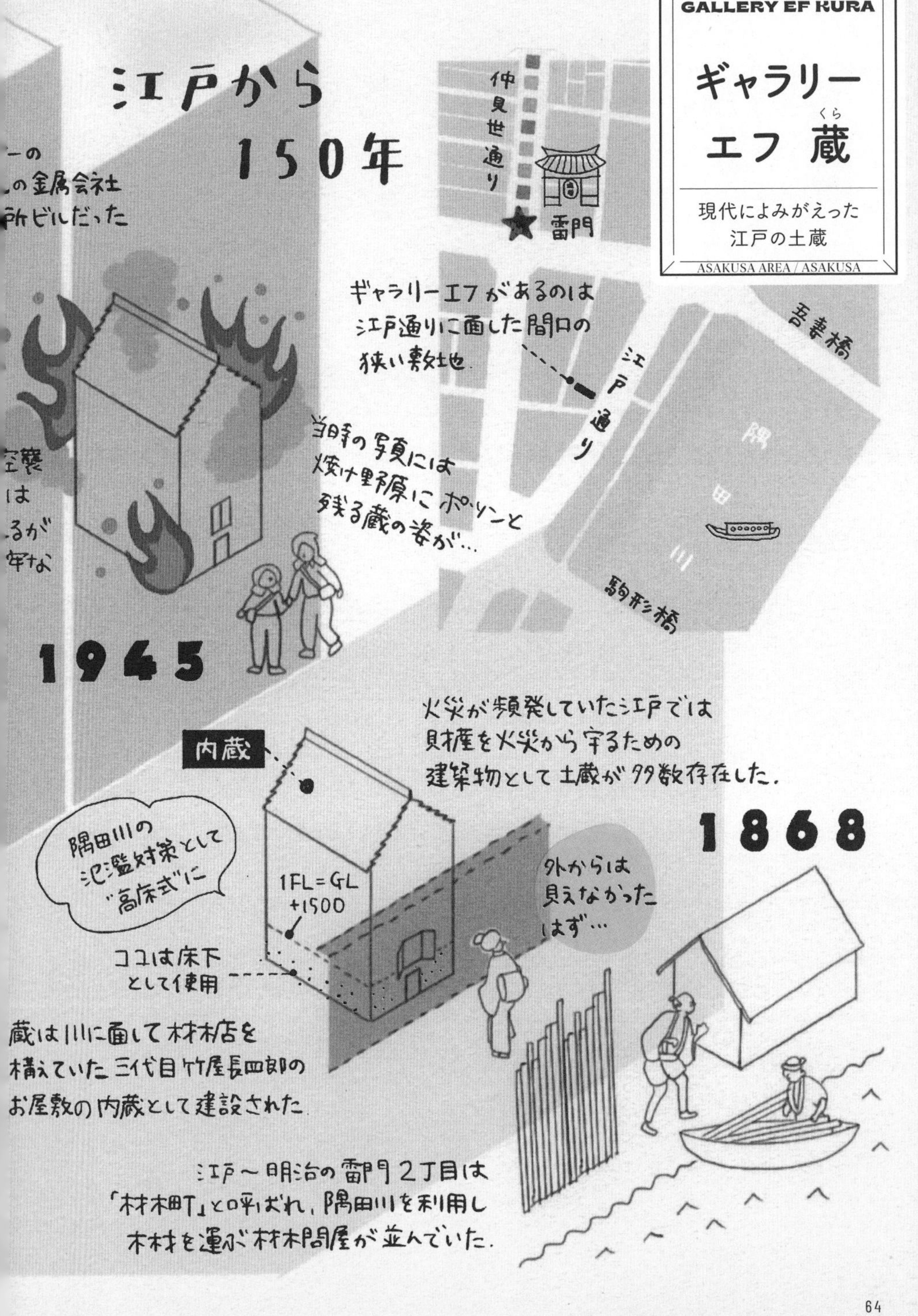
江戸から
150年
ーの
の金属会社
所ビルだった
空襲
は
るが
年な
1945
仲見世通り
雷門
ギャラリーエフがあるのは
江戸通りに面した間口の
狭い敷地
江戸通り
吾妻橋
隅田川
駒形橋
当時の写真には
焼け野原にポツンと
残る蔵の姿が…
火災が頻発していた江戸では
財産を火災から守るための
建築物として土蔵が多数存在した.
1868
内蔵
隅田川の
氾濫対策として
"高床式"に
1FL=GL
+1500
ココは床下
として使用
外からは
見えなかった
はず…
蔵は川に面して材木店を
構えていた三代目竹屋長四郎の
お屋敷の内蔵として建設された
江戸〜明治の雷門2丁目は
「材木町」と呼ばれ、隅田川を利用し
木材を運ぶ材木問屋が並んでいた.

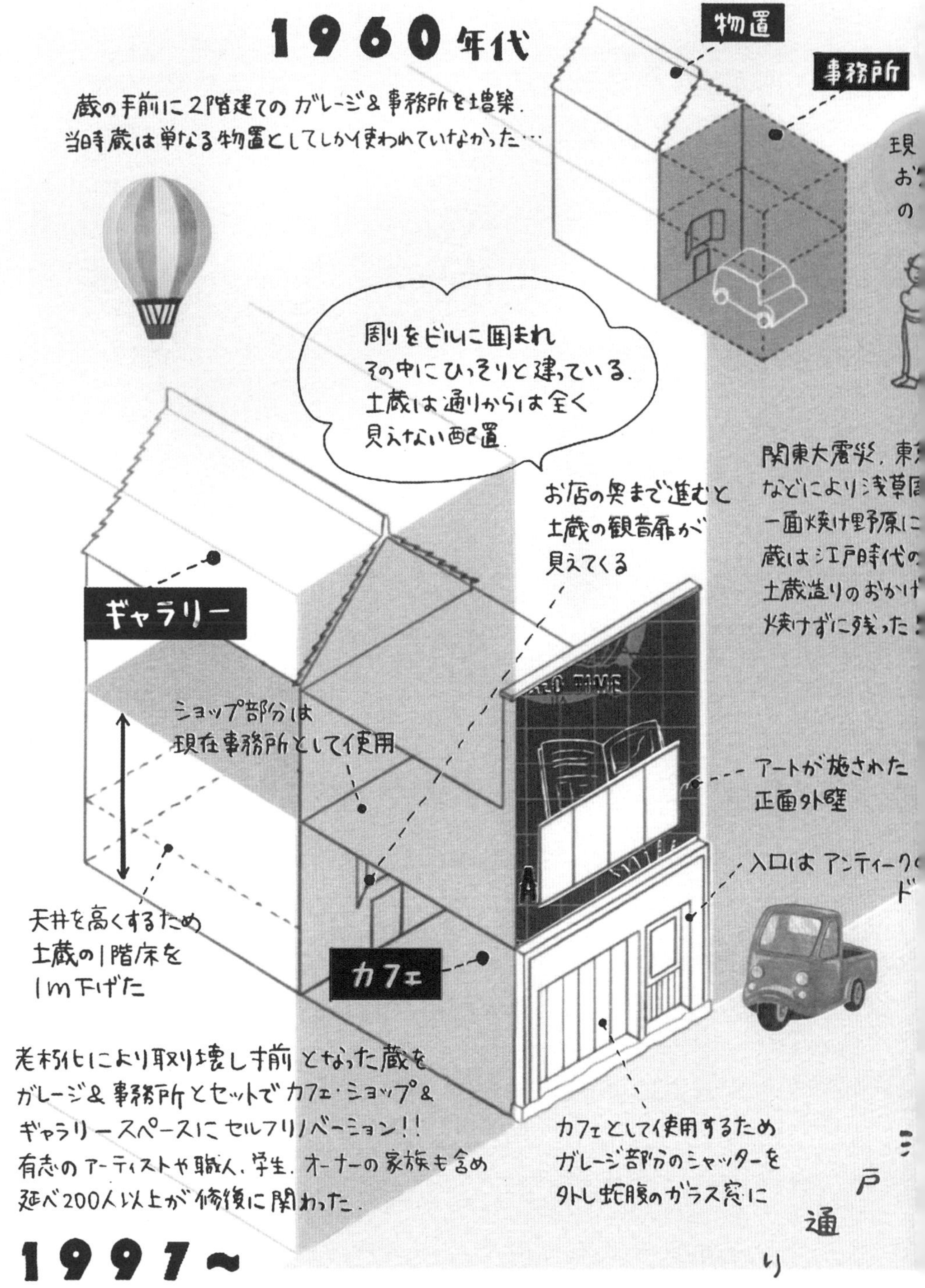
1960年代
蔵の手前に2階建てのガレージ＆事務所を増築.
当時蔵は単なる物置としてしか使われていなかった…
物置
事務所
周りをビルに囲まれ
その中にひっそりと建っている.
土蔵は通りからは全く
見えない配置.
関東大震災, 東
などにより浅草
一面焼け野原に
蔵は江戸時代の
土蔵造りのおかげ
焼けずに残った！
お店の奥まで進むと
土蔵の観音扉が
見えてくる
ギャラリー
ショップ部分は
現在事務所として使用
アートが施された
正面外壁
入口はアンティーク
天井を高くするため
土蔵の1階床を
1m下げた
カフェ
老朽化により取り壊し寸前となった蔵を
ガレージ＆事務所とセットでカフェ・ショップ＆
ギャラリースペースにセルフリノベーション!!
有志のアーティストや職人、学生、オーナーの家族も含め
延べ200人以上が修復に関わった.
カフェとして使用するため
ガレージ部分のシャッターを
外し蛇腹のガラス窓に
戸通り
1997〜

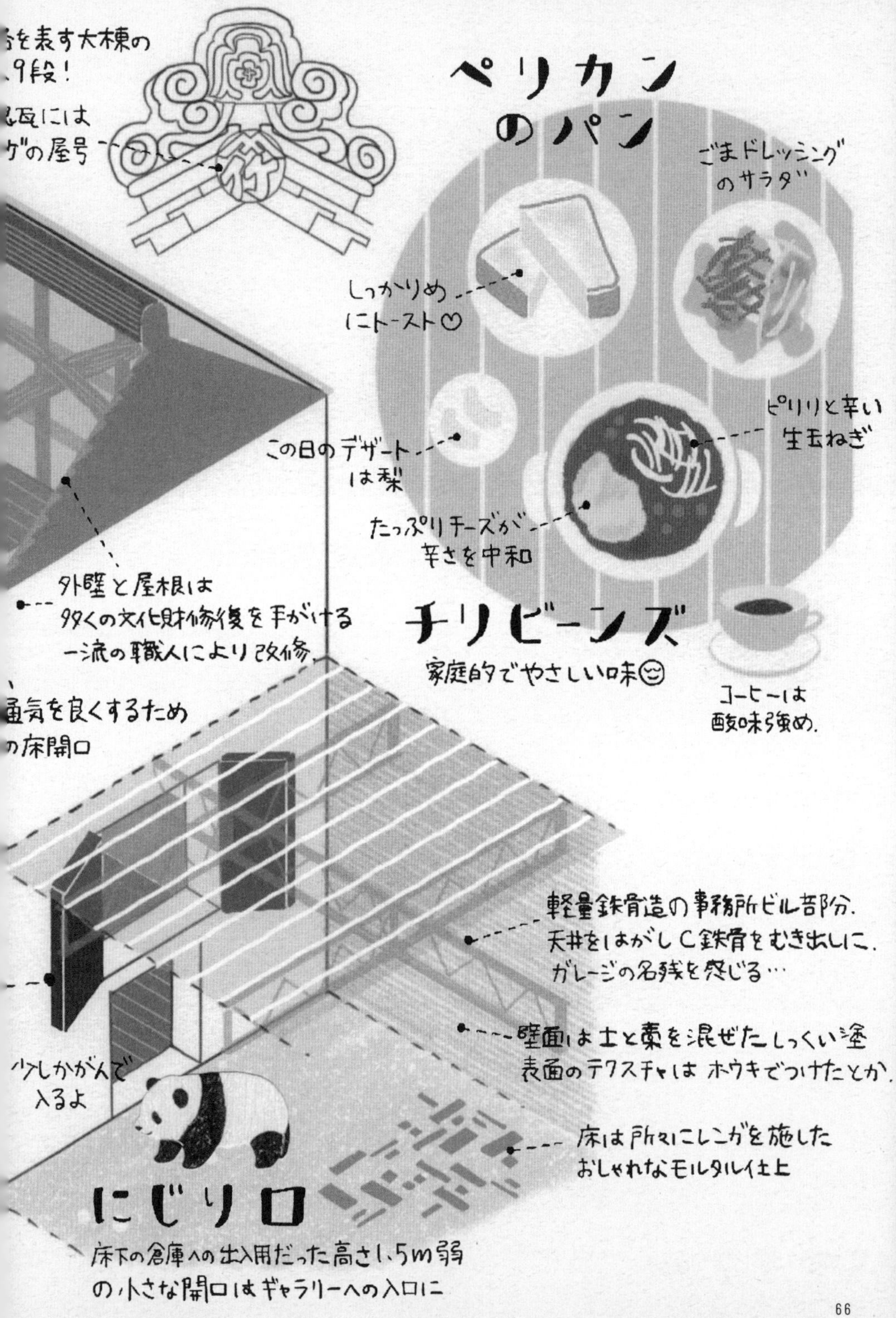

を表す大棟の
9段!
瓦には
ゲの屋号
ペリカンのパン
ごまドレッシングのサラダ
しっかりめにトースト♡
この日のデザートは梨
ピリリと辛い生玉ねぎ
たっぷりチーズが辛さを中和
チリビーンズ
家庭的でやさしい味☺
コーヒーは酸味強め。
外壁と屋根は
多くの文化財修復を手がける
一流の職人により改修。
通気を良くするため
の床開口
軽量鉄骨造の事務所ビル部分。
天井をはがしC鉄骨をむき出しに。
ガレージの名残を感じる…
壁面は土と藁を混ぜたしっくい塗
表面のテクスチャは ホウキでつけたとか。
少しかがんで入るよ
床は所々にレンガを施した
おしゃれなモルタル仕上
にじり口
床下の倉庫への出入用だった高さ1.5m弱
の小さな開口はギャラリーへの入口に

慶應四戊辰年八巳吉日
三代目竹屋長四郎
妻い勢
倅小三郎
建之
江戸時代
戊辰戦争の起きた
1868年
梁
創建の銘が墨書き
された2階の梁
見つけた時は
鳥肌が立ったそう
柱は16cm角
(一般の木造住宅の約1.5倍!)
横材の貫もせいが高く
極めて堅牢な構造
うるし
リノベ時に新たに施工.
蔵へは靴をぬいで入るので
滑らかな肌触りも感じられる
しっくいが何度も塗られた壁
は厚さなんと30cm!!!
下地の木舞も竹ではなく
太い木を用いている.
木舞
リノベ時に造った
2階への木造階段は
いっさい釘を使用せず
全て組木で構成.
濡れても腐らない"しゅろ縄"
縄が切れないよう
四面面取されている
観音扉
高さ2m.厚さ30cm
土を黒しっくいで固め
おり 動かすのには
かなり力がいる.

ギャラリーエフ 蔵《くら》

ASAKUSA AREA / ASAKUSA

GALLERY EF KURA

住所 東京都台東区雷門2-19-18
電話 03-3841-0442
営業時間 11時30分~18時（金曜・土曜・祝前日は18時~24時30分のバー営業あり）※日によって変動あり
休業日 火曜

江戸の技術と現代の知恵が結集した、歴史的建造物

江戸時代末期に建設された、土蔵をリノベーションしたギャラリー&カフェ。一見すると、黒いモルタルの外壁やガラス窓が配された現代的な建物で、中に歴史的な蔵があるとは思えません。２０１８年に築１５０年を迎えましたが、土蔵が大正12年の関東大震災や昭和20年の東京大空襲を乗り越えられたのは、厚さ30センチもの土壁のおかげと言われています。周辺の風景が変わっていくなか、１９６０年代には前面に2階建ての建物が増築されたことで、土蔵は倉庫として、なかば放置状態になっていました。やがて老朽化が進み、いよいよ取り壊し寸前となったときに声を上げたのが、有志の芸術家や職人たち。2度の猛火から土蔵を守り抜いた江戸時代の丁寧な職人仕事と、リノベーションに関わった延べ２００人の専門家や職人らの知恵と技術

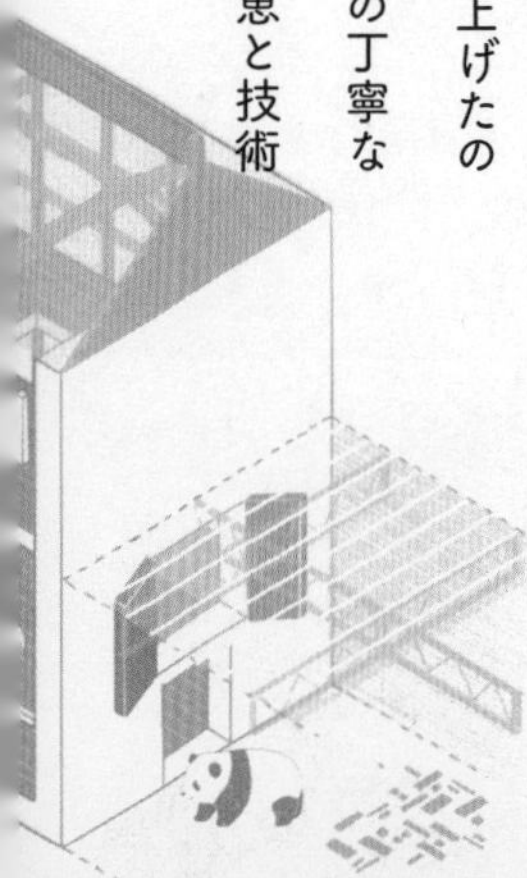

が共存し、唯一無二の価値をもつ建物へと生まれ変わりました。1998年には国の登録有形文化財となり、2018年には台東区景観重要建造物に指定されています。

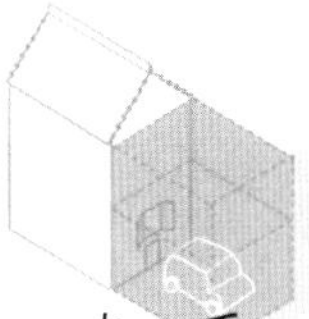

アートやグルメを楽しんだ後は、土蔵見学を

ギャラリー&カフェとしてオープンしたのは1997年。2階建ての建物のガレージとして使われていた場所がカフェになっています。ランチは、パスタやカレー、オムライスなど豊富なメニューが揃っていますが、おすすめは、チリビーンズ。オーナーの手作りのぬくもりが込められた優しい味です。セットに付いてくるパンが、浅草という土地柄のつながりなのか、老舗ベーカリー「ペリカン」のトーストなのもうれしくなります。カフェの奥に見えるのが、土蔵の入り口だった黒漆喰の観音扉。その下に設けられたにじり口の先がギャラリー空間で、展覧会やイベントなどが開催されています。

また、お店のスタッフに頼めば、食前か食後のまとまった時間に、土蔵内部を案内してもらえます。伝統的な構造や仕上げなど、本物の和のデザインにじっくり触れられる貴重な体験となるでしょう。

建築memo

150年の命を吹き込んだ職人技

文化財修復を手がける一流職人でさえ惚れ惚れした、当時の丁寧な仕事が見られる蔵。たとえば、かまどで炊いた海藻に石灰を混ぜた昔ながらの工法による漆喰。四方を面取りした"木舞"※や、厚い壁土が下がらないよう設けられた2段の下げ緒と腰巻き、寸分の狂いもない精巧な瓦組みなど。この見事な技術が江戸から今日まで多くの人を惹きつけ、蔵の修復に駆り立てた魅力だと思います。

※ 竹や木の桟を縦・横に組んだ屋根や壁の下地となるもの

神《かみ》谷《や》バー

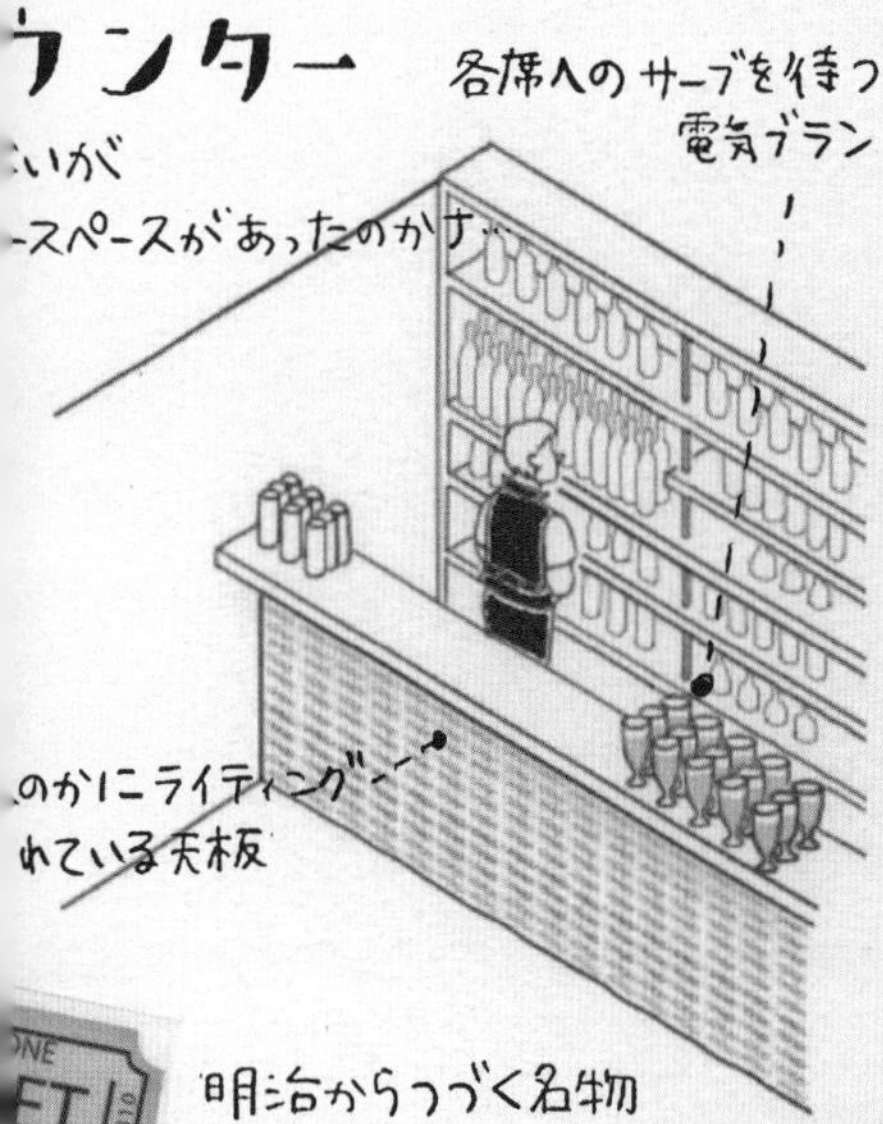

明治からつづく名物
デンキブランを使った

電気ブランサワー

一口目はオロナミンC的でほんのり甘く
見ためもデザートのように可憐♡

スライスオレンジ
→カクテルの歴史や味のヒミツはお店でもらえる蛇腹型リーフレットに詳しく記されている

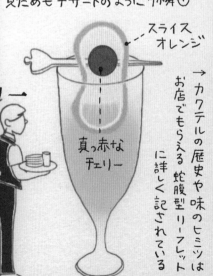

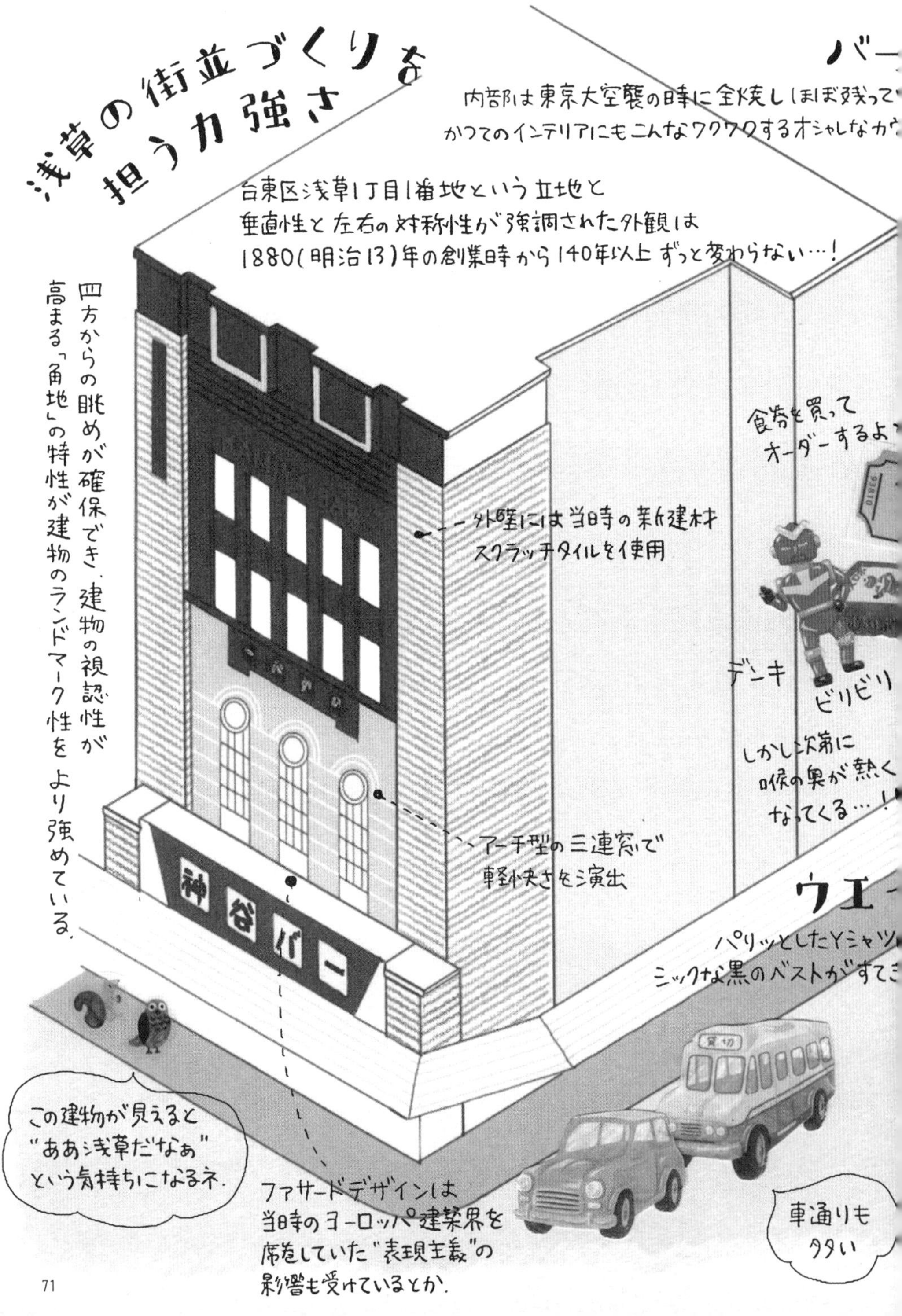
浅草の街並づくりを
担う力強さ
バー
内部は東京大空襲の時に全焼しほぼ残って
かつてのインテリアにもこんなワクワクするオシャレなカ
台東区浅草1丁目1番地という立地と
垂直性と左右の対称性が強調された外観は
1880(明治13)年の創業時から140年以上 ずっと変わらない…！
四方からの眺めが確保でき、建物の視認性が
高まる「角地」の特性が建物のランドマーク性を より強めている。
外壁には当時の新建材
スクラッチタイルを使用
アーチ型の三連窓で
軽快さを演出
神谷バー
食券を買って
オーダーするよ
デンキ
ビリビリ
しかし次第に
喉の奥が熱く
なってくる…！
ウエ
パリッとしたYシャツ
シックな黒のベストがすてき
貸切
この建物が見えると
"ああ浅草だなぁ"
という気持ちになるネ。
ファサードデザインは
当時のヨーロッパ建築界を
席巻していた"表現主義"の
影響も受けているとか。
車通りも
多い

神《かみ》谷《や》バー

ASAKUSA AREA / ASAKUSA

KAMIYA BAR

住所	東京都台東区浅草1-1-1
電話	03-3841-5400
営業時間	11時～21時
休業日	火曜

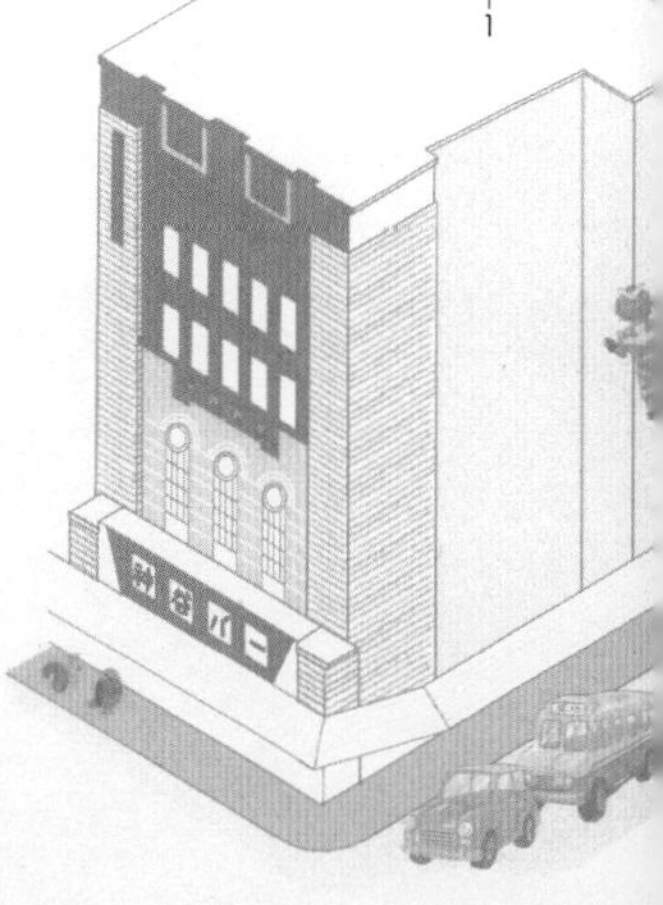

名物「デンキブラン」は明治から続く伝統の味

日本初のバー（洋風酒場）として、明治13年に創業。萩原朔太郎をはじめ、数多くの文豪たちも通い、小説にもよく出てくるお店です。「神谷バー」の名物といえば、創業から2年後に製造販売が開始され、昔からずっと受け継がれてきたカクテルの「デンキブラン」。電気が珍しかった明治時代に、最新のものは何でも〝電気〇〇〟と名付けられていたことが由来と言われています。ブランという名前が付いているように、ブランデーベースに、ジン、ワイン、キュラソーのほか、薬草も入っていますが、分量の配合は秘伝です。あたたかみのある琥珀色、ほんのりとした甘みが当時から大人気でした。でも、アルコール度数は30～40度と高く、発売当時は飲むと、口の中が電気でしびれるような感覚になると言われたほど。お酒に自信がない人は電気ブラン

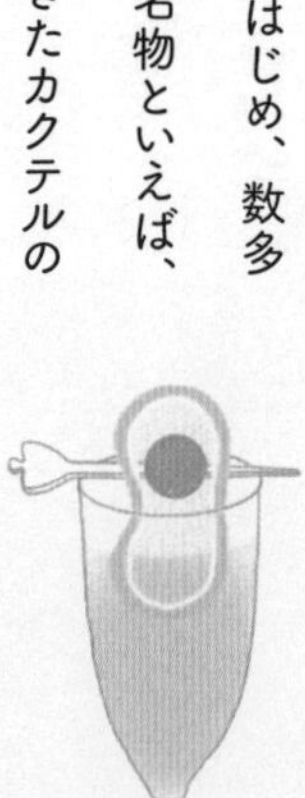

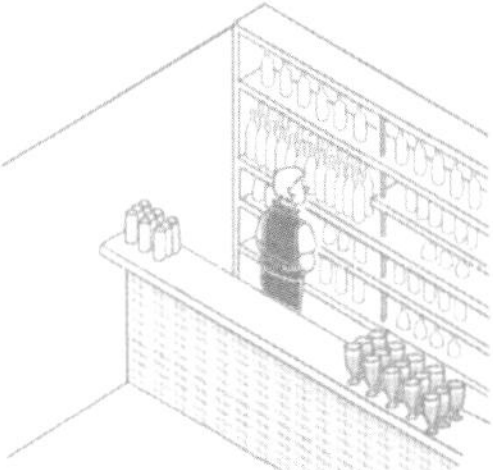

サワーがおすすめ。デンキブランのチェイサーとして生ビールを注文して、交互に飲むのがツウの楽しみ方です。

大正期のイメージを残しつつ、現代的な空間に

デンキブランと同様に、創業時から変わらないのは外観と立地。大正10年に清水組（現在の清水建設）が設計した建物が現在も使われています。昭和19年の東京大空襲で全焼した内部は当時のものがほぼ残っておらず、その後も何度か改修工事が行われていますが、大正期のイメージがずっと残されています。デンキブランが整然と並ぶバーカウンターや、それらをサーブしているウエイターのきびきびとした佇まい、食券式の注文などは、昔と変わらないのだろうと想像できます。平成25年には、柱に鉄板を巻いて太くする大きな耐震改修工事も実施されました。さらに、1階がバー、2階は洋食レストラン「レストランカミヤ」、3階は和食レストラン「割烹神谷」と3フロアに分かれ、より幅広い人たちが利用しやすいお店になっています。

建築memo

浅草の街並みをつくる酒場

交差点は人やモノの流れが交錯するため、古来より「叉路」や「辻」と呼ばれ、街の要所として特別視されてきました。神谷バーの建つ浅草1丁目1番地も、まさに特別な交差点だと言えます。それを知ってか否か、以前耳にした「街並みに貢献したいからこの場所で店を続ける」という店主の力強い言葉に、土地や建物の価値に対する深い想いを感じて、とても感動しました。

タイガービルヂング／喫茶《きっさ》 半月《はんげつ》

趣の異なる新旧2つのビルへ

TIGER BUILDING / CAFE HANGETSU

ASAKUSA AREA / KURAMAE

静かな空間

店内は躯体あらわしのドライな空間
その分、木の家具や植栽、そして
食事の存在感がとても引き立つ。

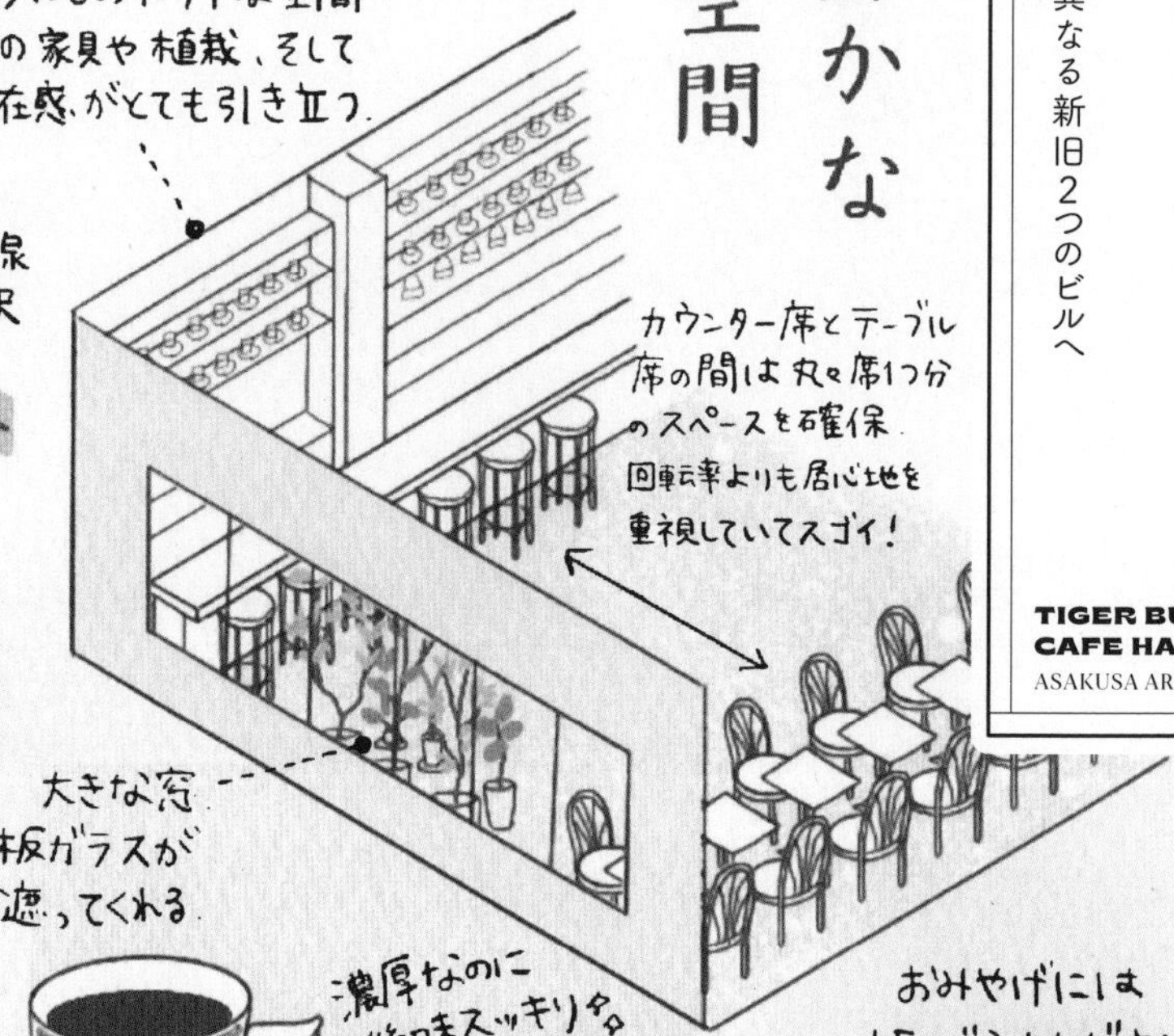

都営大江戸線
蔵前駅

カウンター席とテーブル
席の間は丸々席1つ分
のスペースを確保。
回転率よりも居心地を
重視していてスゴイ！

大きな窓
網入りの型板ガラスが
ほどよく直射光を遮ってくれる。

珈琲

濃厚なのに
後味スッキリ
季節によって果物は
変わります☺

レアチーズケーキ

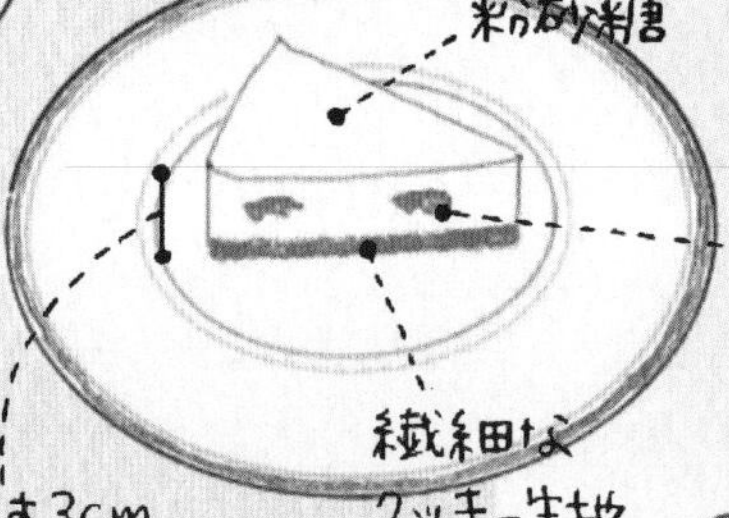

上には
粉砂糖

この日はピンクグレープ
フルーツ。甘酢っぱさとみず
みずしさがとてもさわやか

繊細な
クッキー生地

厚みは3cm
食べ応え◎

おみやげには
1Fの"シノノメ"さん
のスコーンを♪

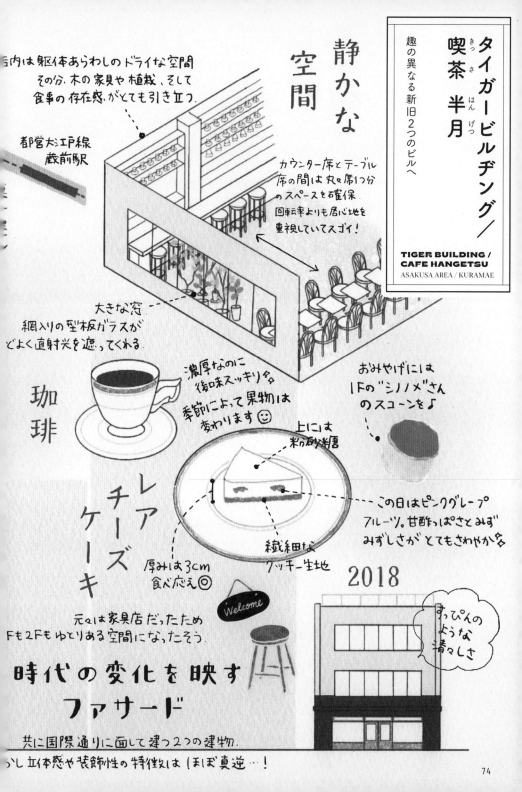

2018

すっぴんの
ような
清々しさ

元々は家具店だったため
1Fも2Fもゆとりある空間になったそう。

時代の変化を映すファサード

共に国際通りに面して建つ2つの建物。
しかし立体感や装飾性の特徴はほぼ真逆…！

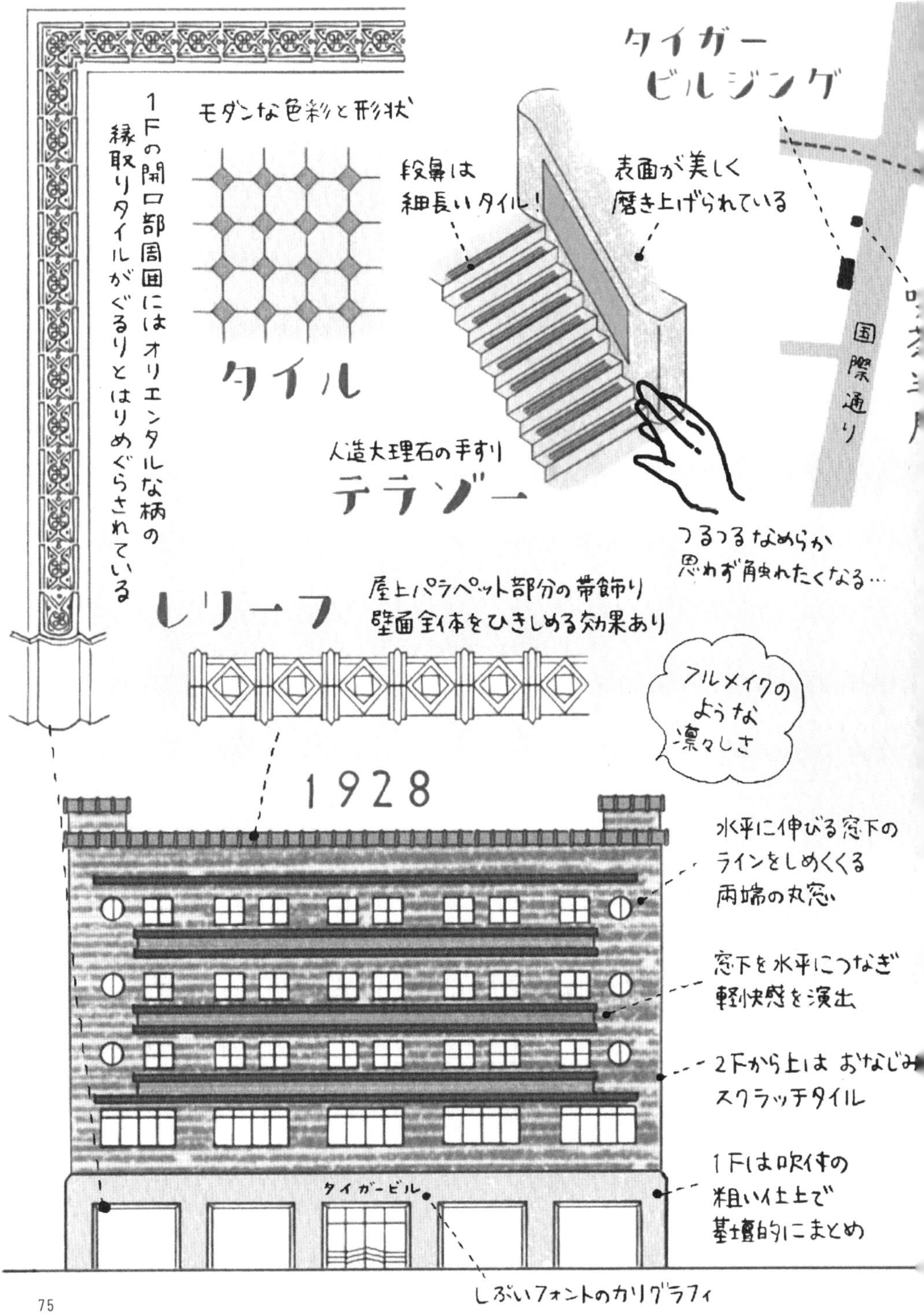
タイガー
ビルジング
モダンな色彩と形状
1Fの開口部周囲にはオリエンタルな柄の縁取りタイルがぐるりとはりめぐらされている
タイル
段鼻は
細長いタイル!
表面が美しく
磨き上げられている
国際通り
人造大理石の手すり
テラゾー
つるつるなめらか
思わず触れたくなる…
屋上パラペット部分の帯飾り
壁面全体をひきしめる効果あり
レリーフ
フルメイクの
ような
凛々しさ
1928
水平に伸びる窓下の
ラインをしめくくる
両端の丸窓
窓下を水平につなぎ
軽快感を演出
2Fから上は おなじみ
スクラッチタイル
1Fは吹付の
粗い仕上で
基壇的にまとめ
タイガービル
しぶいフォントのカリグラフィ

タイガービルヂング／喫茶《きっさ》 半《はん》月《げつ》

TIGER BUILDING / CAFE HANGETSU

ASAKUSA AREA / KURAMAE

戦火を免れた昭和初期のレトロモダンが残る外観

古い建物を改装したカフェや雑貨店などが点在し、〝東京のブルックリン〟と呼ばれる蔵前。このエリアで、ぜひ足を運びたいのが、国際通りに面して建つ2つの建物です。ひとつが、昭和初期に建てられた「タイガービルヂング」。よく見ると1階の基壇や軒の部分は複雑な形状で、バルコニーや丸窓、レリーフなどに装飾性があり、細かい部分のデザインが凝っています。当初は「金時アパート」というエレベーターを完備した高級賃貸アパートで、木造2階建ての商店が並ぶ通りでは、とても目立つ存在でした。関東大震災の復興建築ではありますが、地上5階・地下1階の頑丈な鉄筋コンクリート造だったため、その後の戦災の空襲にも耐えて今に残ります。1955年に改修され、国・区の有形文化財に指定されています。現在は、1階は店舗、2階は

タイガービルヂング

住所　東京都台東区蔵前4-30-7
電話　なし
※関係者以外立ち入り禁止

喫茶 半月

住所　東京都台東区蔵前4-31-11 2階
電話　非公開
営業時間　12時～19時
休業日　水曜

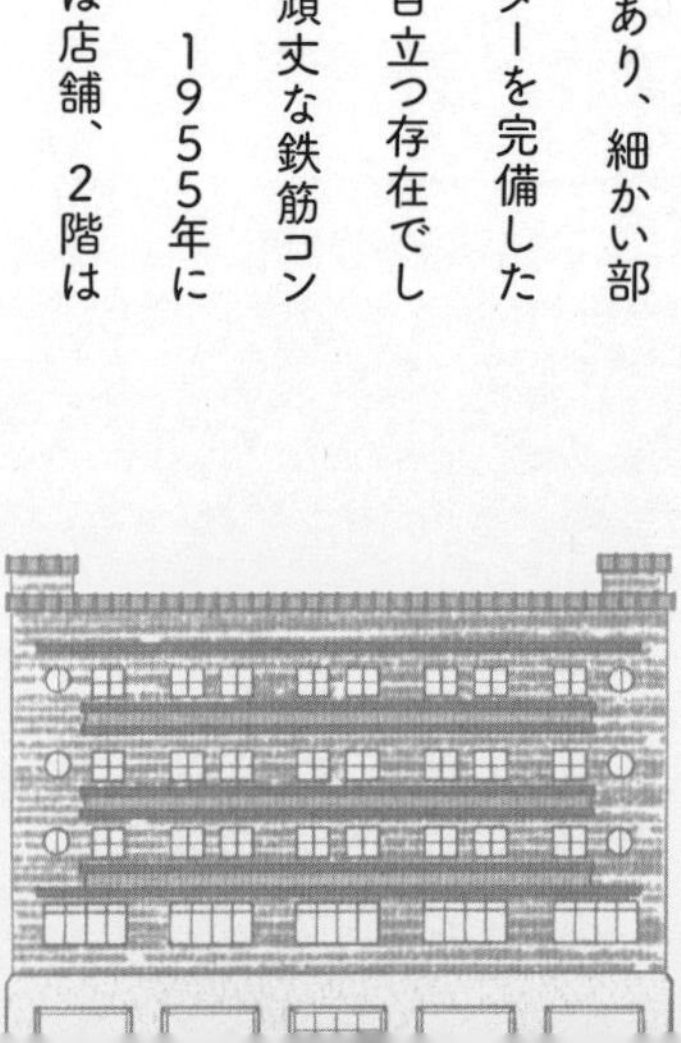

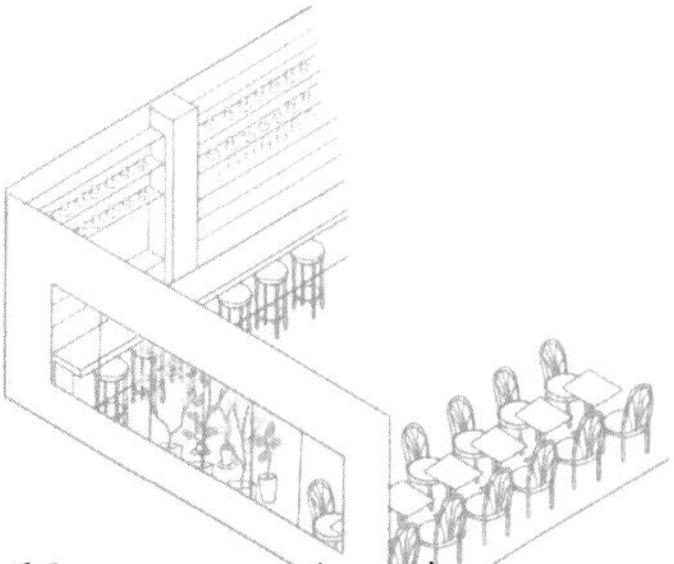

事務所、3～5階はアパートとして使われていますが、関係者以外立ち入り禁止になっています。

穏やかな味わいの生菓子に癒される

もうひとつが、タイガービルヂングから歩いてすぐの場所にある「喫茶 半月」。隅田川沿いの花屋カフェ「from afar」が週末だけオープンしていた「菓子屋シノノメ」が2018年に移転し、2階に「喫茶 半月」を併設させてオープンしました。心が癒される穏やかな味の焼菓子がそろい、毎日行列が絶えない人気店です。2階では、イートイン限定の生菓子が楽しめます。元家具屋という特性を生かした広々とゆとりのある空間で、壁沿いにずらりと並ぶカウンター席は圧巻です。生菓子は日替わりで5種類ありますが、どれも独創性があって選ぶのに悩みました。建物の外観は、タイガービルヂングに比べると装飾性がなく、単純で平滑。2つを同時に訪ねると、どちらも同じ通りに面していて街並みになじんでいるのですが、真逆の対称性があることに気づかされます。

建築memo

時代を映すファサード

国際通りに面して建つタイガービルヂングと「喫茶半月」が入った小さなビル。集合住宅と飲食店という用途の違いはあれど、建築のファサード（主要な立面）のデザインがほぼ真逆なのに驚きました。ファサードには時代の価値観が表れるといいますが、建物そのものが装飾的でシンボルとして機能した時代から、サービスを提供する場として単純でシンプルになった現代まで、90年間という時の中で建築の価値や位置づけは180度変わることを肌で感じました。

PART 4

谷根千・上野エリア

YANESEN , UENO AREA

アートと
隠れ家カフェを巡る
下町さんぽ

森鴎外記念館や朝倉彫塑館など、美術館・博物館、ギャラリーが多い谷根千エリア。何気ない路地裏にも、雑貨店やパン屋などが並び、宝探しのような楽しさが味わえます。

特に東京メトロ千代田線・千駄木駅からJR上野駅へ向かうルートは、アートさんぽにもうってつけのルートです。

また名門・東京大学の周りにも、学生達が通う名店の数々があります。

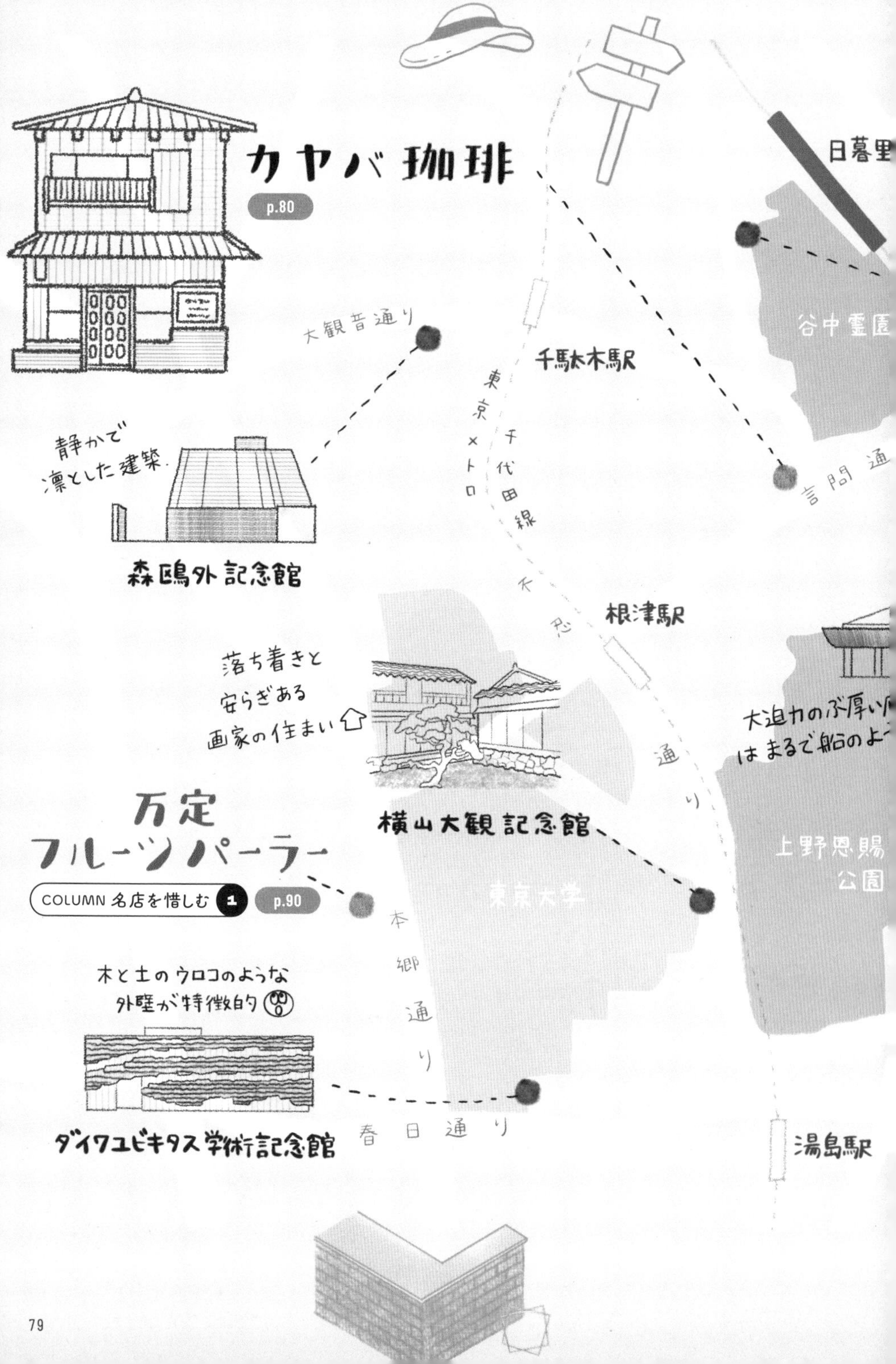
カヤバ珈琲
p.80
日暮里
大観音通り
谷中霊園
千駄木駅
東京メトロ
千代田線
静かで
凛とした建築
言問通
森鴎外記念館
不忍通り
根津駅
落ち着きと
安らぎある
画家の住まい
大迫力のぶ厚い
はまるで船のよ
横山大観記念館
万定
フルーツパーラー
COLUMN 名店を惜しむ 1
p.90
上野恩賜
公園
東京大学
本郷通り
木と土のウロコのような
外壁が特徴的
春日通り
ダイワユビキタス学術記念館
湯島駅

再生された谷中のシンボル

KAYABA COFFEE

カヤバ 珈《コー》琲《ヒー》

YANESEN , UENO AREA / NEZU

谷中らしさを今につなぐ
大切な場所

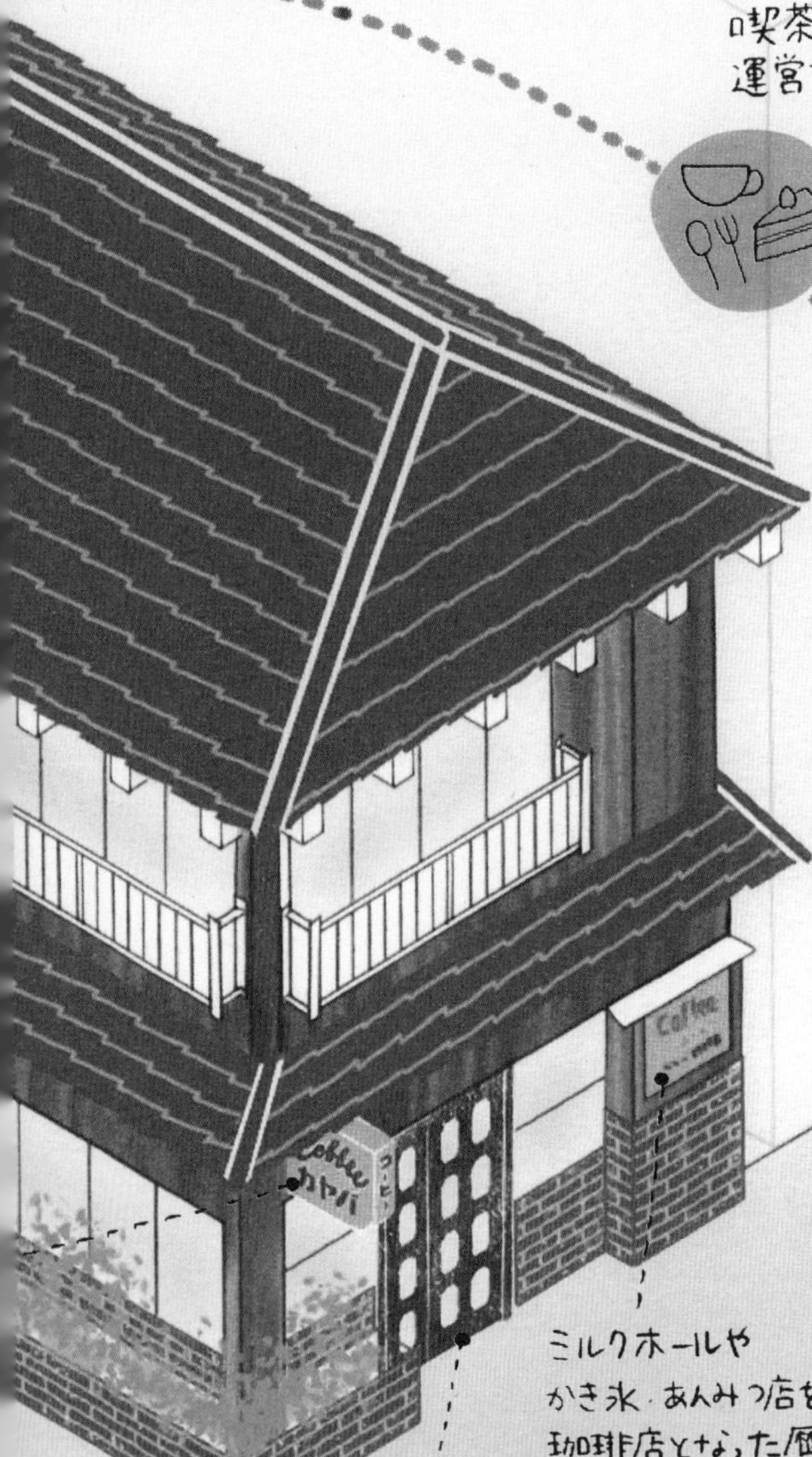

喫茶店を
運営する人

元の店主のご親族
地元の住民の方々

建設年代は1916(大正5)年頃
1938(昭和13)年にカヤバ珈琲
になってからは入口を洋風の扉、
照明入りの看板や花壇などを配して
昭和期の喫茶店らしい佇まいに。

2008(平成20)年に改修を
行っているが、外観や入口の看板、
家具や食器などは昔のまま
きちんと受け継がれている

ミルクホールや
かき氷・あんみつ店を経て
珈琲店となった歴史を
物語るサイン

入口扉

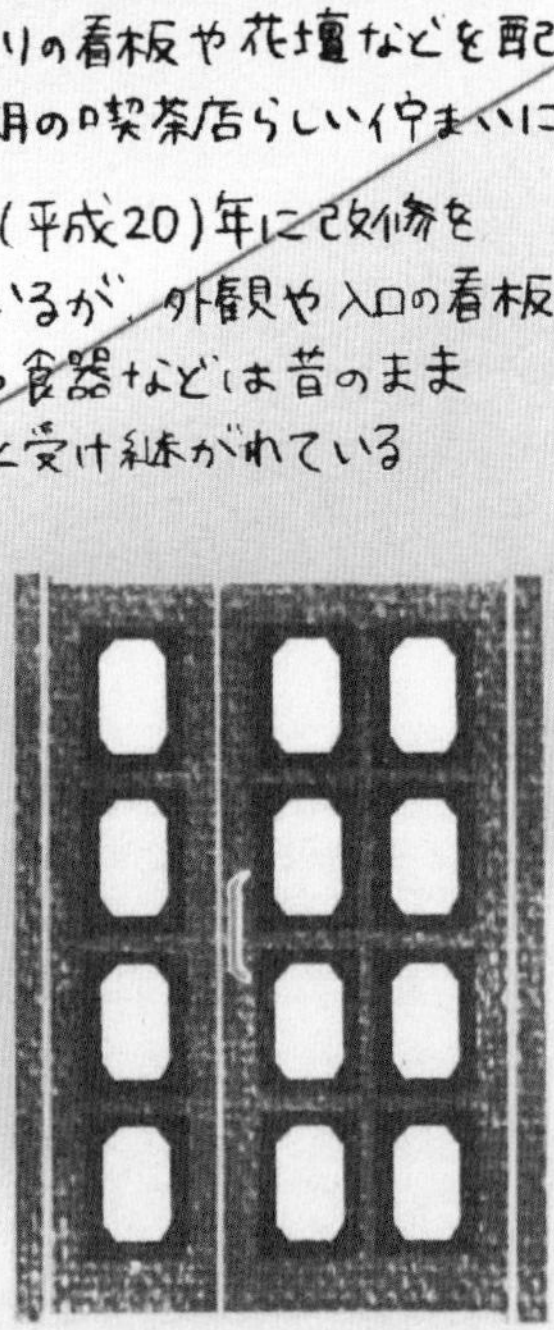

藤田嗣治や棟方志功ら著名画家の額縁なども
デザインした ご近所に住む浅尾拂雲堂さんの手によるもの。

八角形の窓が特徴的!

たくさんの人たちの手

2007(平成19)年に店主の方が亡くなった際には解体も予想され、存亡の危機に…。しかし地元で建物の保存活用などを行うNPOの方々を皮切りに企業や大学、そして地域の人々みんなで協力してお店を復活させたそう！

すてきなお話♡

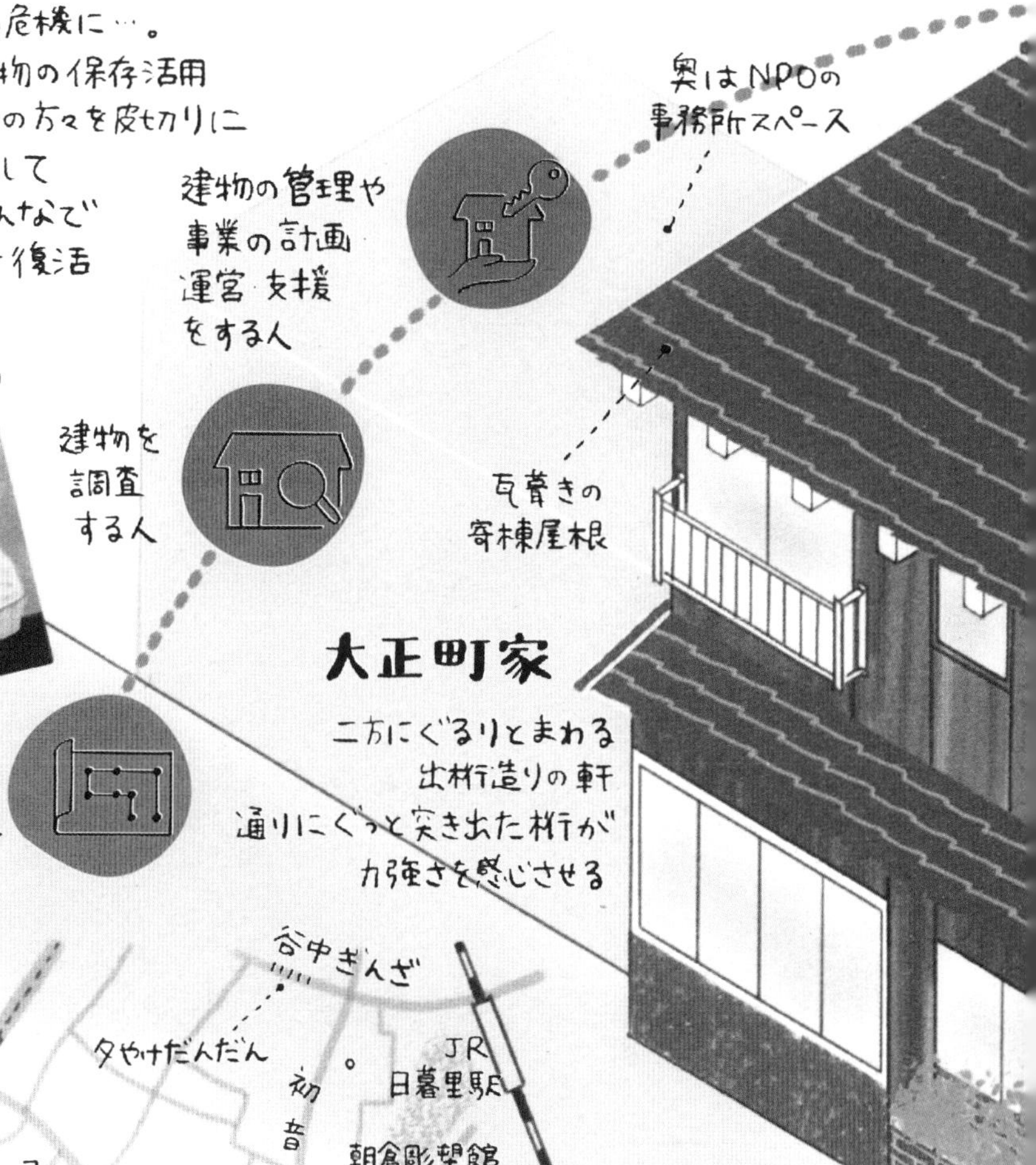

大正町家
二方にぐるりとまわる
出桁造りの軒
通りにぐっと突き出た桁が
力強さを感じさせる

看板

茶＆黄でカラーセンスもく
夜になると光るよ

言問通りの四ツ角に位置しており、東から谷中に入る際のランドマーク的存在。1999(平成11)年には台東区雑
コンクールまちかど賞も受賞している。

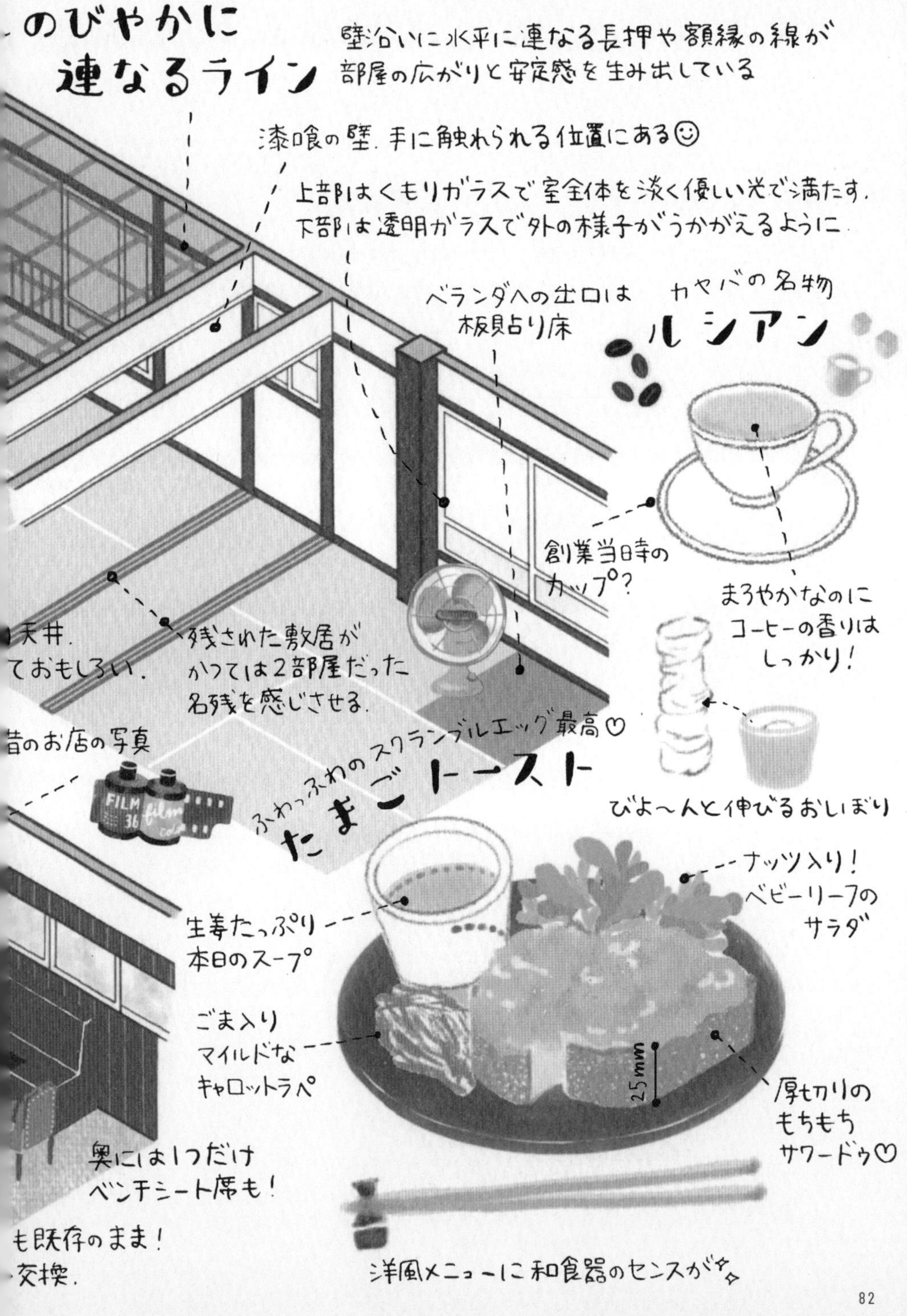
のびやかに
連なるライン
壁沿いに水平に連なる長押や額縁の線が
部屋の広がりと安定感を生み出している
漆喰の壁. 手に触れられる位置にある☺
上部はくもりガラスで室全体を淡く優しい光で満たす.
下部は透明ガラスで外の様子がうかがえるように.
ベランダへの出口は
板貼り床
カヤバの名物
ルシアン
創業当時の
カップ?
まろやかなのに
コーヒーの香りは
しっかり!
天井.
ておもしろい.
残された敷居が
かつては2部屋だった
名残を感じさせる.
昔のお店の写真
FILM 36
film color
ふわっふわのスクランブルエッグ最高♡
たまごトースト
びよ〜んと伸びるおしぼり
ナッツ入り!
ベビーリーフの
サラダ
生姜たっぷり
本日のスープ
ごま入り
マイルドな
キャロットラペ
25mm
厚切りの
もちもち
サワードゥ♡
奥には1つだけ
ベンチシート席も!
も既存のまま!
交換.
洋風メニューに和食器のセンスが☆

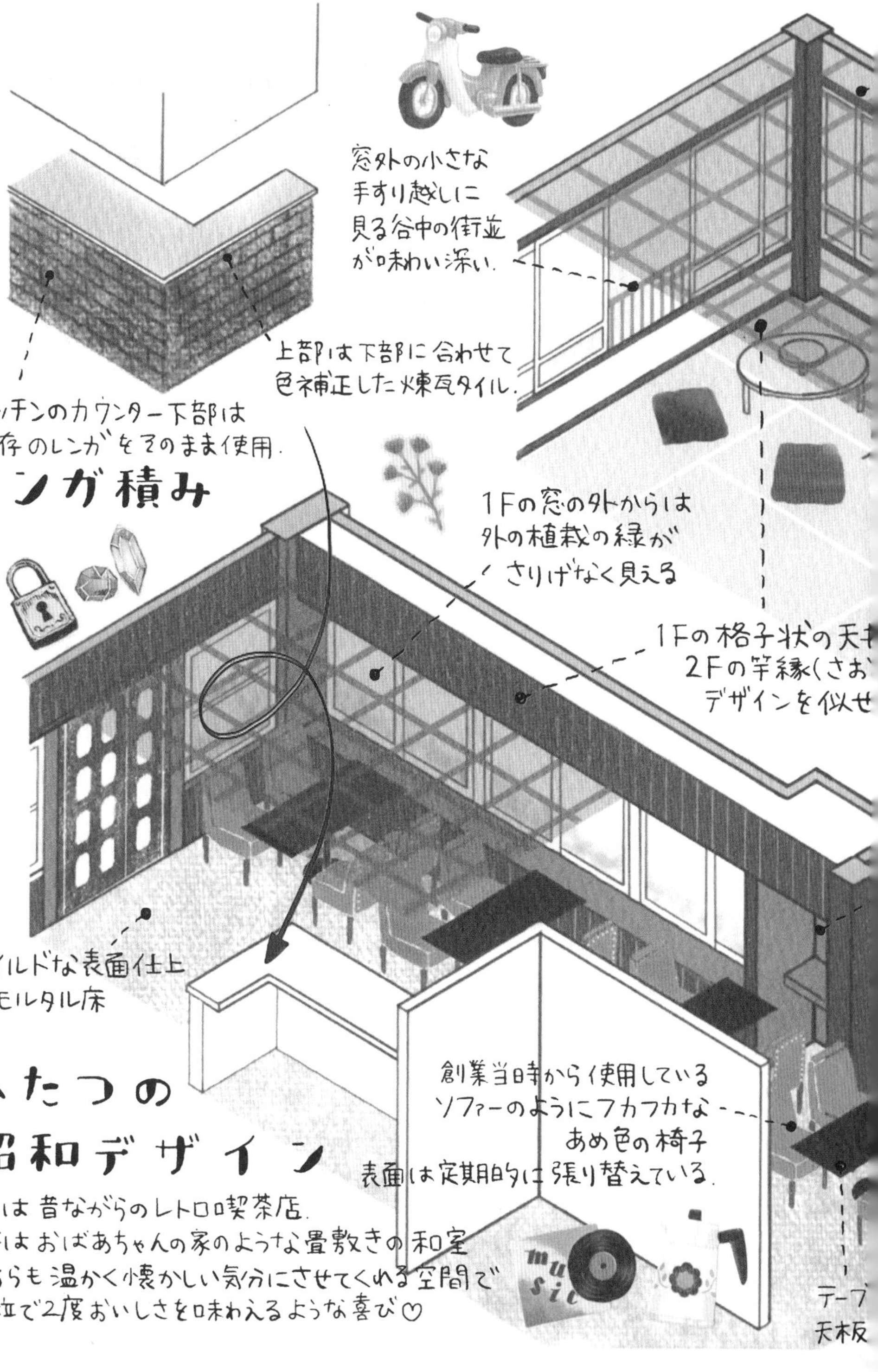
窓外の小さな
手すり越しに
見る谷中の街並
が味わい深い。
上部は下部に合わせて
色補正した煉瓦タイル。
キッチンのカウンター下部は
既存のレンガをそのまま使用。
1Fの窓の外からは
外の植栽の緑が
さりげなく見える
1Fの格子状の天
2Fの竿縁(さお
デザインを似せ
ワイルドな表面仕上
のモルタル床
創業当時から使用している
ソファーのようにフカフカな
あめ色の椅子
表面は定期的に張り替えている。
テーブ
天板

レンガ積み

ふたつの昭和デザイン

1Fは昔ながらのレトロ喫茶店。
2Fはおばあちゃんの家のような畳敷きの和室
どちらも温かく懐かしい気分にさせてくれる空間で
一粒で2度おいしさを味わえるような喜び♡

カヤバ珈《コー》琲《ヒー》

YANESEN . UENO AREA / NEZU

KAYABA COFFEE

住所　東京都台東区谷中6−1−29
電話　03−5832−9896
営業時間　8時〜18時（土曜・日曜・祝日〜19時）※日によって変動あり
休業日　無休

伝統を継ぎ、活用した空間とメニュー

昔ながらの下町風情が漂う谷中で、「カヤバ珈琲」はひときわ目立つ存在。昭和13年に創業し、初代店主の娘が後を継いでいましたが、2006年に亡くなったため同年に閉店。しかし、店の再開を望む多くの人の声が上がり、復活に向けて動き出しました。「NPO法人たいとう歴史都市研究会」が建物を借り受け、再生活用を企画。設計は、建築家・永山祐子氏が、建物の構造、看板デザインや窓枠、玄関ドアなど昔の趣を活かしながら、現代になじむような空間づくりを行いました。椅子やカウンター、テーブルの台のほか、食器も旧カヤバ珈琲のものが使われています。さらに、人気メニューだった「たまごサンド」と「ルシアン」も当時のレシピを忠実に再現。コーヒーとココアを半分ずつ混ぜたという「ルシアン」の苦み控えめで、ほんのり甘い味

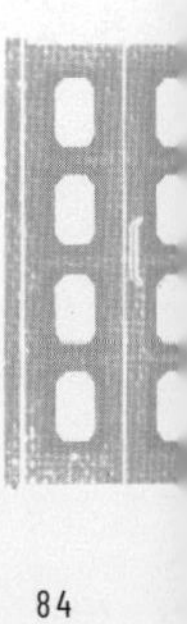

わいもクセになります。

改修を重ねても変わらないくつろぎ感

大正5年に建てられた木造2階建ての町屋の趣はそのままに、必要な部分だけ補修されています。特に、角地に建つため、2面にわたって見える出桁造《だしげたづくり》の重厚な佇まいは圧巻。まずは、目の前にある横断歩道の向こう側から、全体像をじっくり見てほしいです。2009年に復活した際は、天井一面に貼られた黒いガラスが印象的でした。2020年5月のリニューアルオープンで一新し、今どきのセンスが加えられて、より洗練された空間となりましたが、懐かしさに包まれた居心地のよさは変わりません。2階のちゃぶ台が置かれた座敷も健在。窓の外に広がる明るい風景がすがすがしく、谷根千を散策するときは、ここでモーニングを味わってから街に繰り出すのがおすすめです。

建築memo

老舗再生の舞台裏

谷中では1986年から2001年の15年間で、約30%の歴史的建造物が消失しました。理由は相続問題、安全性などさまざまですが、根本には維持費用の問題が大きくあるよう。カヤバ珈琲も同じ課題を抱えていたそうですが、地元NPOがオーナーに代わって建物を借り受け、喫茶店の運営者に貸し、その賃料から地代を支払う仕組みを考え、ぶじ再生を果たしました。華やかな建築再生の裏の、地道なまちづくりの取組みの大切さを実感します。

にしてくれる
の暗さ

下町の古民家をセルフリノベ

イリヤプラスカフェ

YANESEN , UENO AREA / IRIYA　**IRIYA PLUS CAFE**

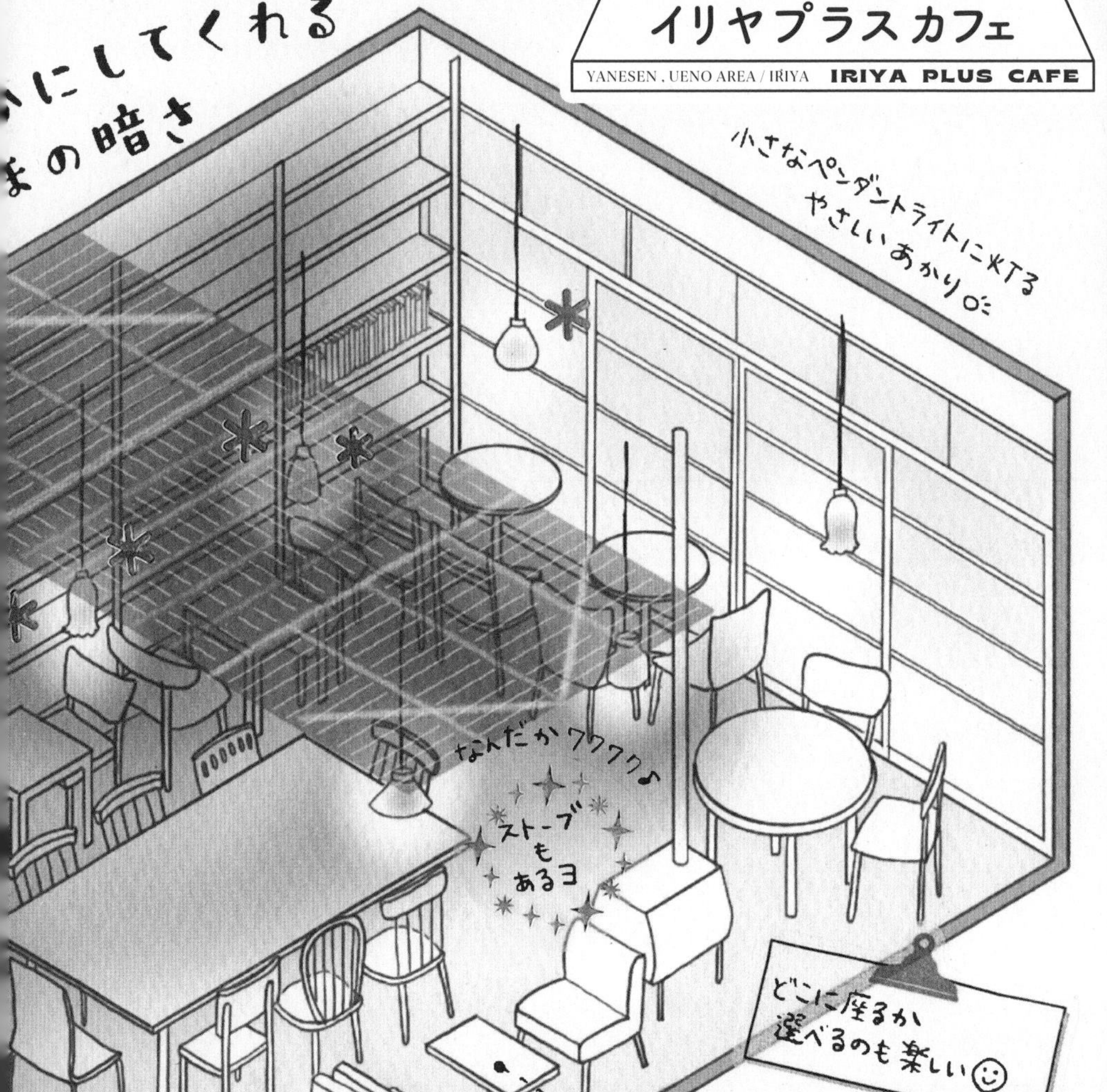

新旧デザイン家具

北欧の中古品～MUJIまで、広く大きな空間の中にヒューマンな居場所をつくり出してくれる存在。

ひろい土間と高い天井

元々の倉庫の空間構成をそのまま活かした設え。コンクリートや木あらわしの"つくり込みすぎない"大らかさが皆が各々マイペースに時を過ごせる自由な空気感を演出している。

母パン

変わらぬ下町らしさ

朝顔も有名

お店のある入谷の町は戦災被害が比較的軽く、古い建物や寺社が今でも多く残る。のんびりと歩く猫や家々に施されたガーデニングを見ると古くから変わらない生活の温度が感じられ、とてもホッとする。

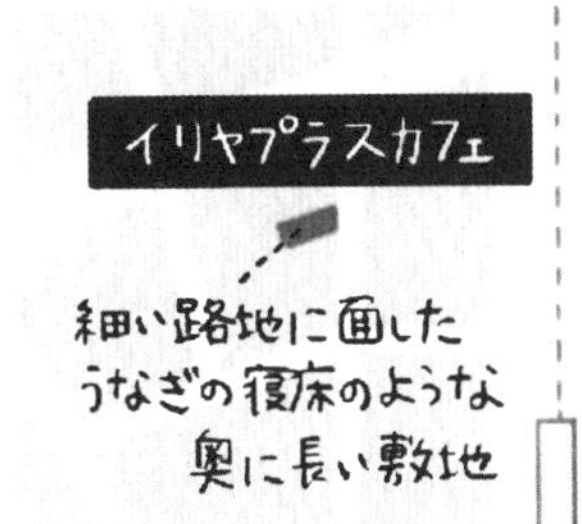
イリヤプラスカフェ
細い路地に面した
うなぎの寝床のような
奥に長い敷地
東京メトロ
日比谷線
入谷駅
入谷鬼子母神
雑司が谷と共に有名。
七夕前後には入谷朝顔を
売る店が立ち並ぶ

心を静

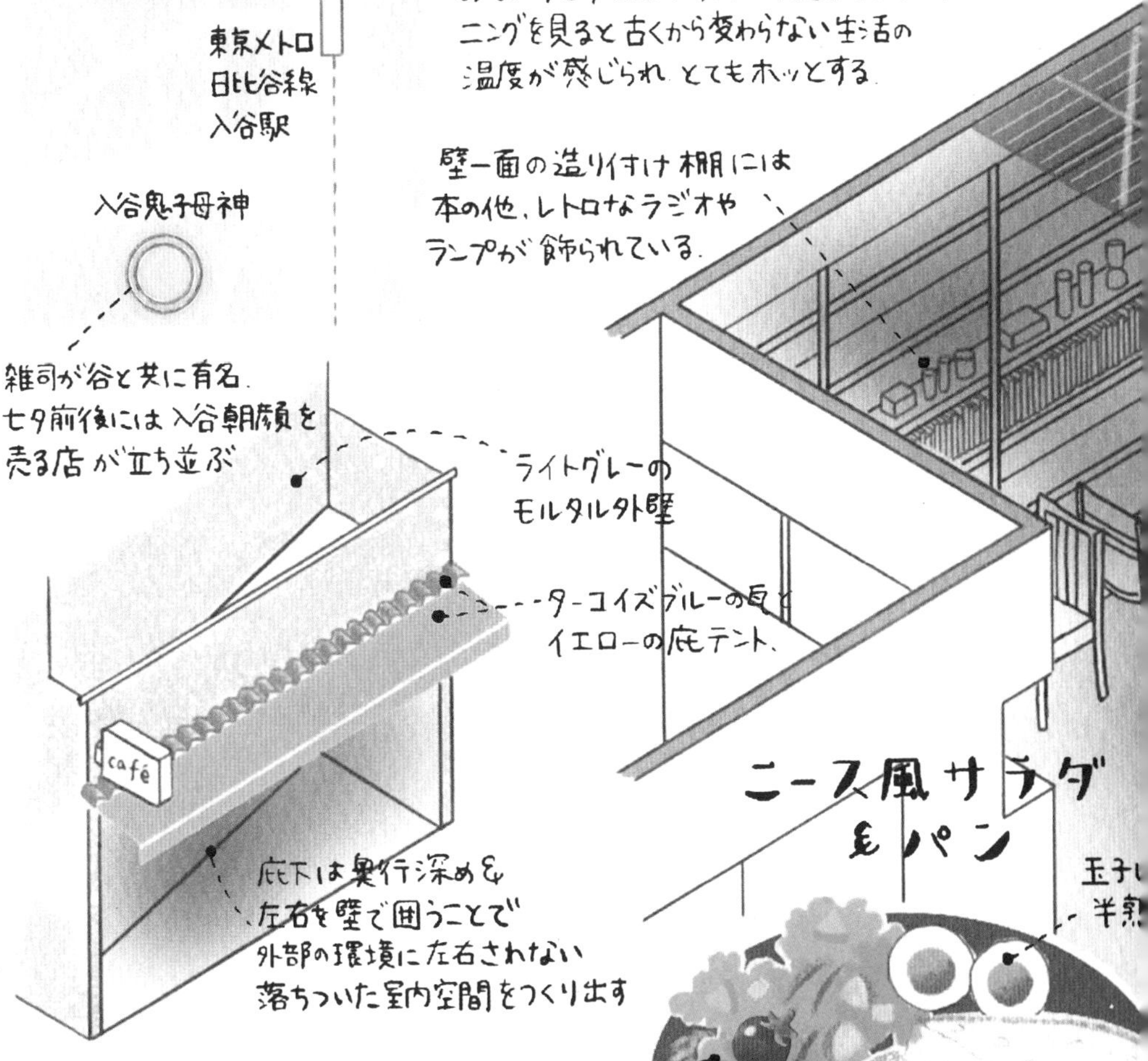
壁一面の造り付け棚には
本の他、レトロなラジオや
ランプが飾られている。
ライトグレーの
モルタル外壁
ターコイズブルーの瓦と
イエローの庇テント。
café
庇下は奥行深め&
左右を壁で囲うことで
外部の環境に左右されない
落ちついた室内空間をつくり出す

ニース風サラダ&パン

玉子
半熟
8品入った
具沢山
サラダ
栄養
満点!!
しっとり美味
自家製天

ひかえめな外観

入谷のノスタルジックな街並に
自然に溶け込むような佇まい
"cafe"と記された突き出し看板
も小さくさりげなくて上品。

イリヤプラスカフェ

YANESEN, UENO AREA / IRIYA

IRIYA PLUS CAFE

住所　東京都台東区下谷2-9-10
電話　03-6273-1792
営業時間　11時30分～20時LO（土曜・日曜・祝日11時～19時LO）
休業日　月曜

古さを活かした空間に新しいセンスをプラス

〝いかにも〟な日本家屋ではありませんが、平凡な下町の家だった建物にひと目惚れをし、店主が手に入れた古い木造家屋。築60年ほどの2階建てで、かつては電材屋の倉庫として使われていました。米国滞在経験のある店主はニューヨークのカフェをお手本に、セルフリノベーション。昭和感漂う街並みのなかで、ブルーとイエローの外観がアクセントになり目を惹きます。

店内はもともとあった土間や、構造部がむき出しの高い天井などを活かした、開放感のある空間。その中に、北欧のヴィンテージから新しいものまで、さまざまな年代のデザイン家具が置かれ、座る場所によって異なる表情を見せます。店主が大好きだった銀座の老舗ビヤホール「ピルゼン」の椅子が置かれているのも、店への愛着の表

れを感じさせます。照明は、小さなペンダントライトがさまざまに。かつての古きよき和風建築に思いを馳せたくなるような、ほのかな明るさにもほっとさせられます。

材料と焼き方にこだわった大人気パンケーキ

2008年のオープン以来、根強い人気を誇るのが、1枚1枚焼き上げた完全無添加のパンケーキ。ふわふわの生地がしゅわっと溶けていく口当たりは絶品です。ホイップやフルーツがのせられたデザートだけでなく、ハムやチーズなどを合わせた食事のようなパンケーキも供されます。そして、ミートローフやスープなど、フードメニューが充実しているのも魅力。どれも体に優しい厳選した材料が使われていて、栄養バランスにも配慮されています。また、プリンやバスクチーズケーキなどスイーツの種類も豊富で、すべて手作り。堅苦しくない自由でおおらかな空間は、どんな人も優しく受け入れてくれるような、ぬくもりに満ちています。

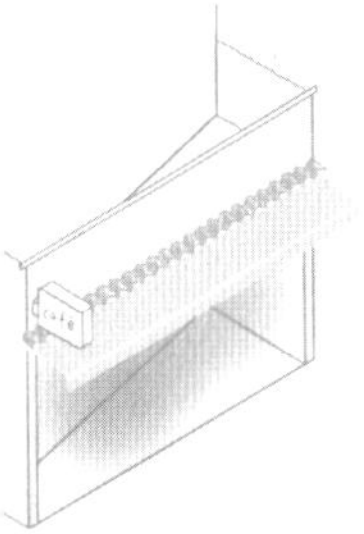

建築memo

“ほの暗さ”がもたらす落ち着き

一般的にオフィスでは、事務作業をするため部屋の隅々まで明るく照らす全般照明が用いられます。ただ休憩の時間には「もう少し暗くして落ち着きたい」と感じることも。このイリヤプラスカフェでは、一部をほんのり照らす局部照明を用いており、“明るすぎないこと”こそが、心の落ち着きをもたらすことを教えてくれます。こんな場所で仕事ができたらいいなあ。

MANSADA
FRUIT
PARLOR

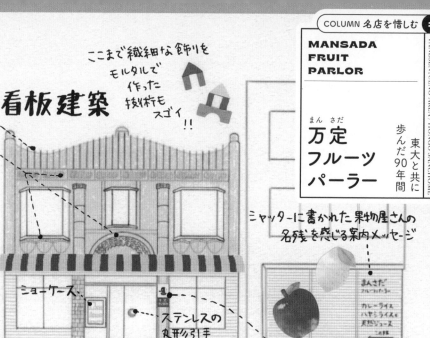

万《まん》定《さだ》 フルーツパーラー

東大と共に歩んだ90年間

ど融合した
な造形

な装飾
邸宅のよう

プーン
い…

看板建築

ここまで繊細な飾りをモルタルで作った技術もスゴイ!!

どっしりとして存在感抜群!!

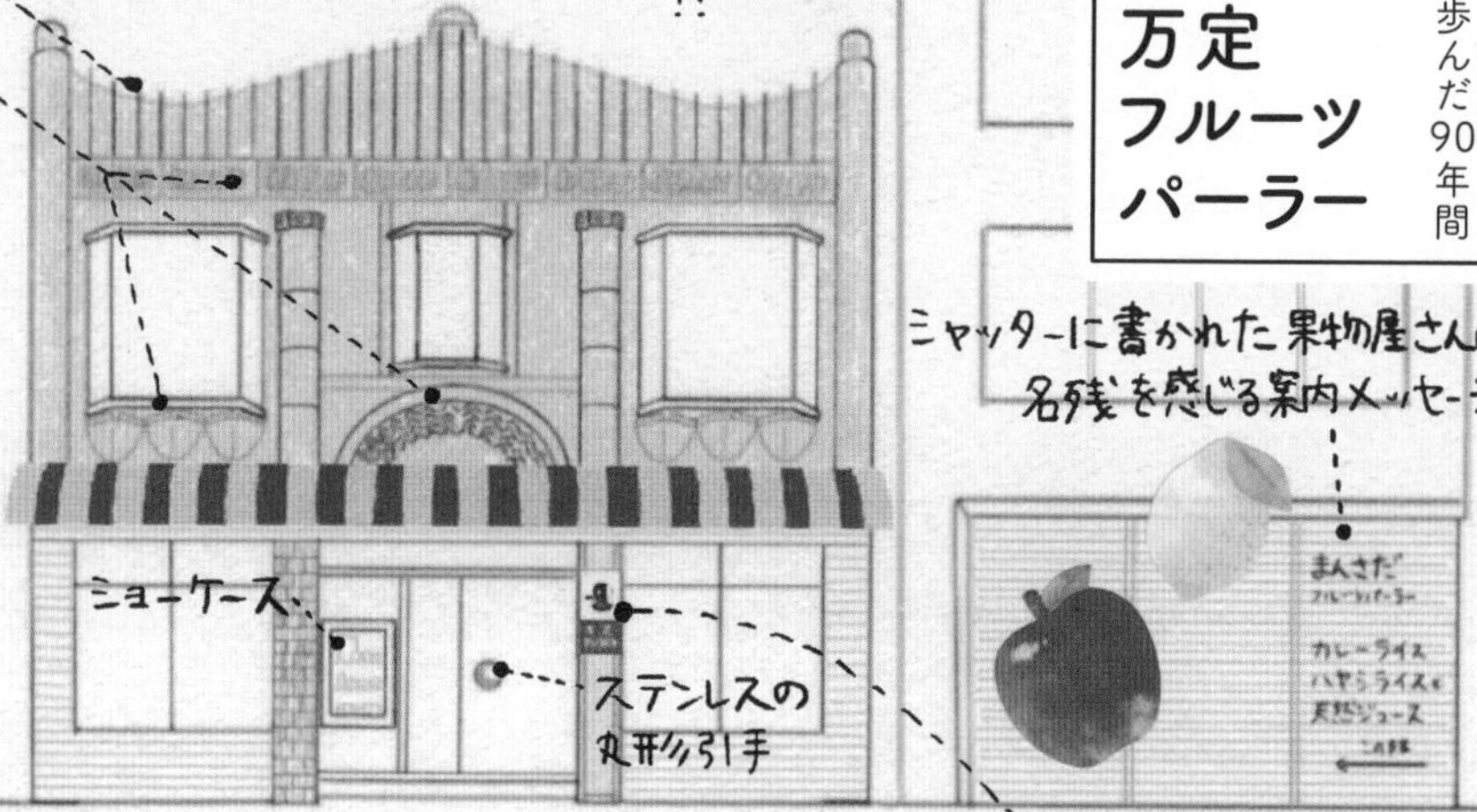

シャッターに書かれた果物屋さんの名残を感じる案内メッセージ

果物屋

お店の横にはかつてマダムのおじいさんが経営する果物屋さんがあり、その果物を使って流行りのフルーツパーラーをやろうかというのがはじまり。

でしか
円に

三面がデザインされている電飾看板

色合いもモダンだ♡

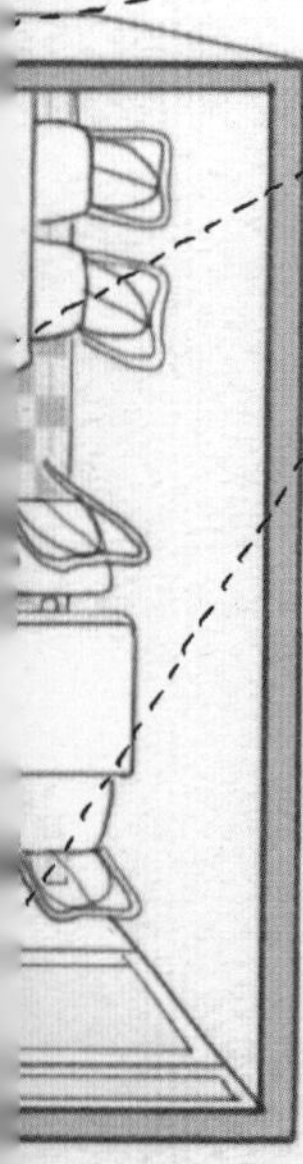

入口真正面の壁は黒でひきしめ。アイキャッチをしっかり意識

色と柄が一工夫された市松模様の床

光は通し視線は遮るモールガラス
現在は国内で生産されていない貴重なものだそう。

役！

お店は東大正門前すぐのところにある

たくさんの学生や教授に愛されて…

東大とのつながり

かつては東大病院へのお見舞時の果物を皆買っていったのだそう

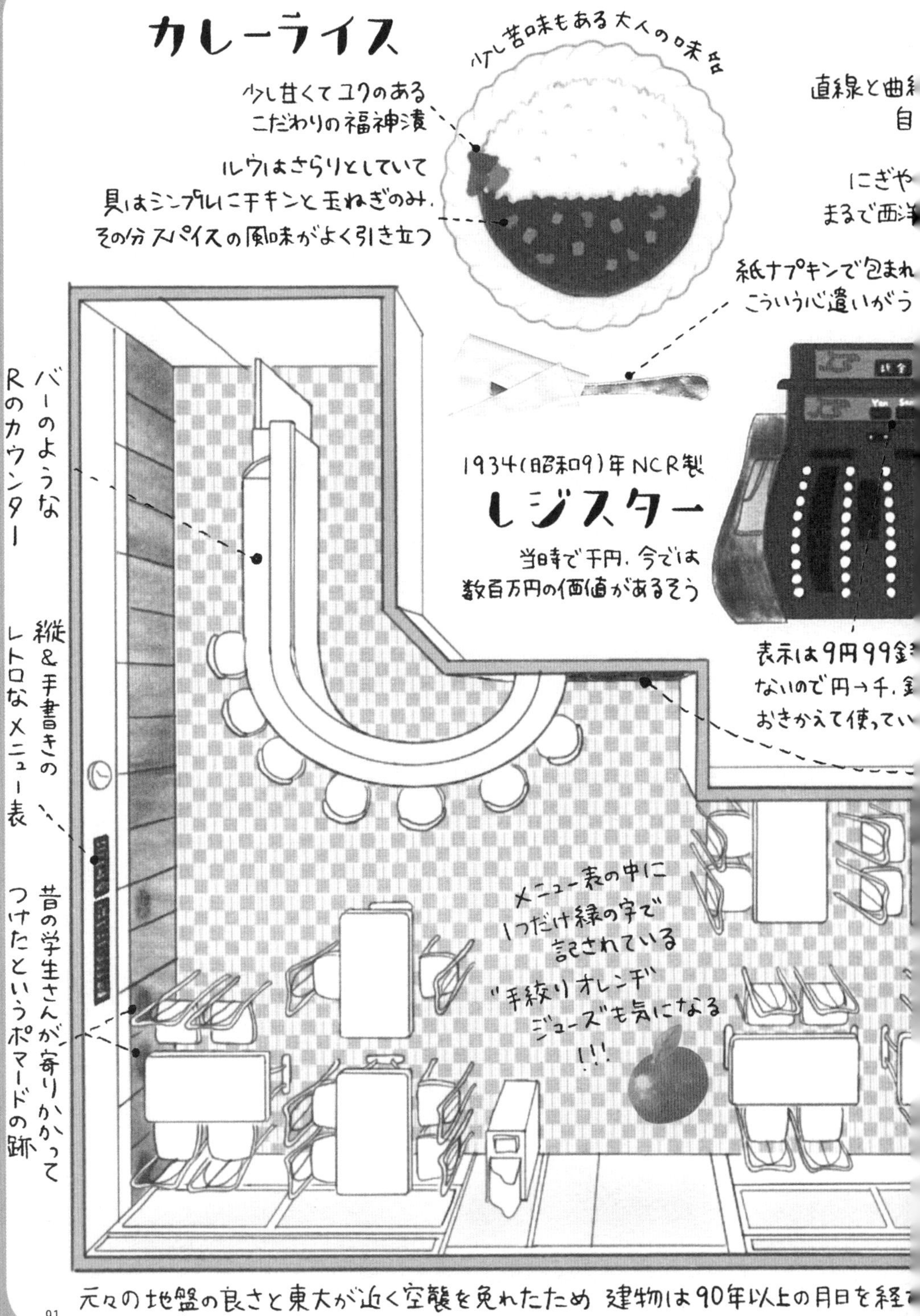
カレーライス
少し苦味もある大人の味合
少し甘くてコクのある
こだわりの福神漬
ルウはさらりとしていて
具はシンプルにチキンと玉ねぎのみ。
その分スパイスの風味がよく引き立つ
直線と曲
自
にぎや
まるで西洋
紙ナプキンで包まれ
こういう心遣いがう
1934(昭和9)年NCR製
レジスター
当時で千円。今では
数百万円の価値があるそう
表示は9円99銭
ないので円→千、銭
おきかえて使ってい
バーのような
Rのカウンター
縦&手書きの
レトロなメニュー表
メニュー表の中に
1つだけ緑の字で
記されている
"手絞りオレンジ
ジュース"も気になる
!!!
昔の学生さんが寄りかかって
つけたというポマードの跡

元々の地盤の良さと東大が近く空襲を免れたため 建物は90年以上の月日を経て

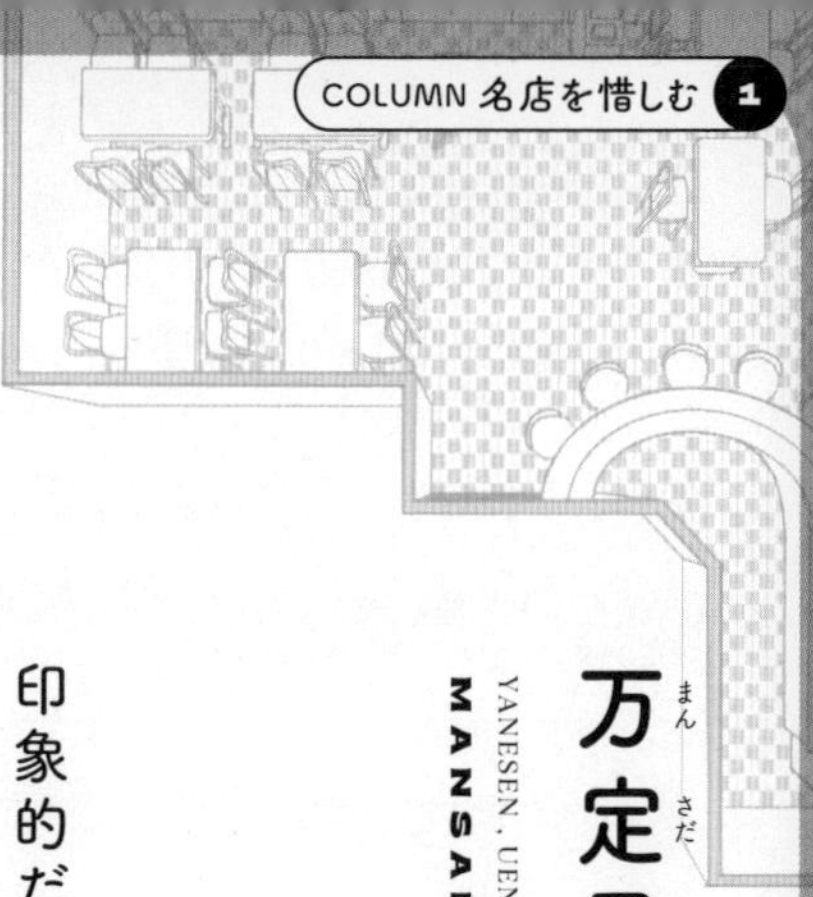

万《まん》定《さだ》フルーツパーラー

YANESEN , UENO AREA / HONGO SANCHOME

MANSADA FRUIT PARLOR

印象的だった西洋風の看板建築

老舗のフルーツパーラーが次々と閉店していますが、文京区本郷の東大正門のすぐ目の前にあった大正3年創業の「万定フルーツパーラー」も、2019年から長期休業中です。オーナーとなった3代目の女性店主は、赤いエプロンとメガネがよく似合い、電話の対応も上品な話し方がすてきなマダムでした。店名の〝万定〟は、創業した祖父が修業していたお店「万惣フルーツパーラー」(2012年閉店)の〝万〟、祖父の名前の定二郎の〝定〟を合わせたもの。建物は、昭和初期の流行と、当時依頼した大工さんのハイカラなセンスを取り入れた西洋的な造りの看板建築が印象的でした。和風の木造住宅が並ぶ街並みのなかでは、ひときわ目立っていただろうと想像できます。一方で、築90年以上もの古い建物を維持していくのはとても大変なこと。マダム

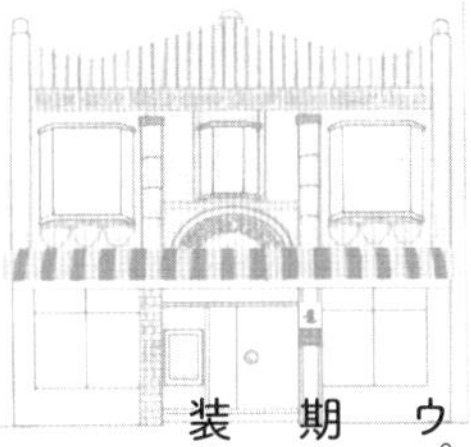

にお話をお聞きしたときは、台風の日は雨漏りがひどいので早く出勤して掃除をしなくてはならず、天井はつぎはぎでどこが悪いのかわからないと嘆きつつも、「まだあってよかった！」と言ってくださるお客のためになんとか続けているとおっしゃっていました。

名物は多くの学生たちが愛したカレーライス

創業時は、果物を使ったメニューが主流でしたが、戦後すぐの頃、学生さんたちにおなかいっぱいになってほしいと提供を始めたのがカレーライス。食いしん坊だったというマダムの夫が研究して完成させたレシピで、昭和30年代からずっと変わらない味ということでした。ポイントは、ほのかな苦みと独特のうま味、そしてさらりとしたルウ。本格的な日本のカレーライスとして大人気で、根強いファンが多くいました。長期休業となったので、再訪が叶わず残念でした。でも、凝ったデザインのレトロな内装や洒落た外観、あのカレーライスの味は忘れません。

建築memo

90年守り伝えてきた建物と食文化

店名にぴったりの明るく親しみやすい外観。昔は隣の果物屋のフルーツを使っていたという当時ハイカラだったフードメニュー、それに合うモダンなインテリアなど、長きにわたり多くの人々に愛されてきた名店。一方で「台風や地震の翌日はお店が倒壊していないか心配で朝早く出勤するの」、「カレーの仕込みなど一人でやるのは大変な時もあるわ」と、90年お店を守り続ける計り知れない苦労をほんの少しだけ話してくださった、ちょっと困ったようなマダムの微笑みが忘れられません。

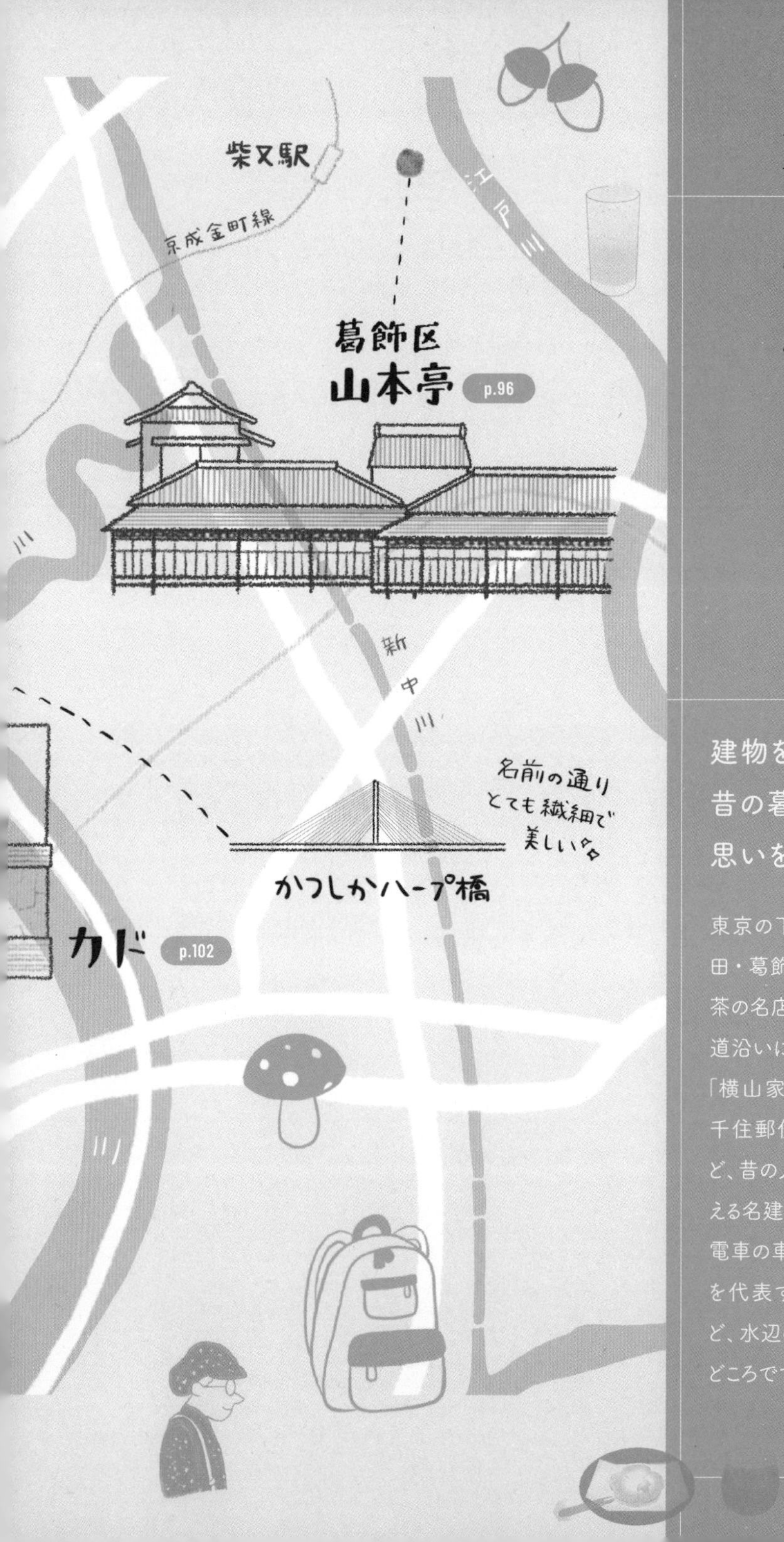

PART 5

墨田・葛飾・江東エリア

SUMIDA . KATSUSHIKA . KOTO AREA

建物を通じて
昔の暮らしに
思いを馳せる

東京の下町情緒あふれる墨田・葛飾・江東エリア。純喫茶の名店はもちろんのこと、街道沿いには銭湯「大黒湯」や「横山家住宅」をはじめ、「旧千住郵便局電話事務室」など、昔の人々の暮らしを今に伝える名建築が点在しています。電車の車窓から見える、東京を代表する隅田川や荒川など、水辺の街並みや風景も見どころです。

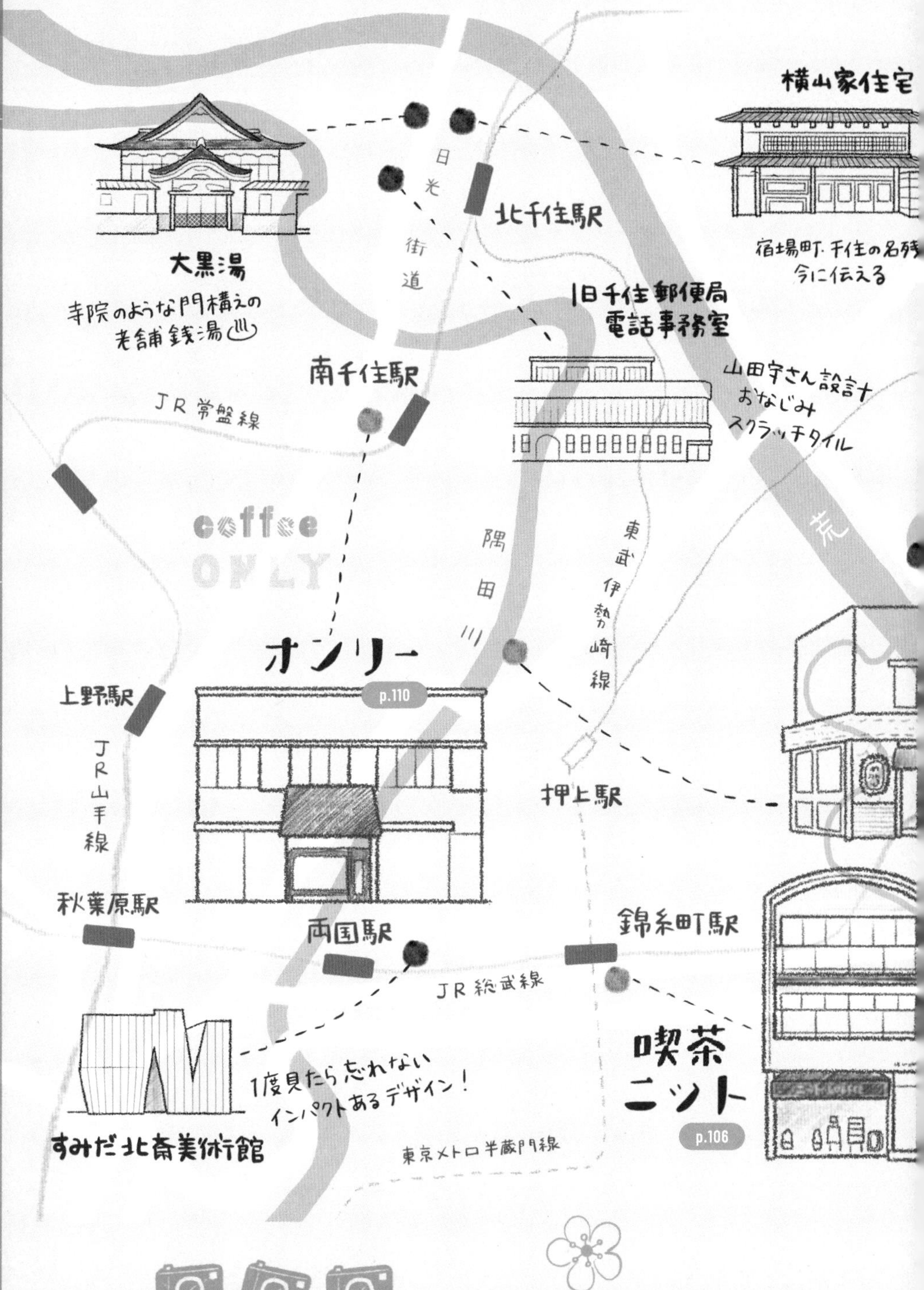
横山家住宅
宿場町・千住の名残
今に伝える
日光街道
北千住駅
大黒湯
寺院のような門構えの
老舗銭湯
旧千住郵便局
電話事務室
山田守さん設計＋
おなじみ
スクラッチタイル
南千住駅
JR常盤線
coffee
ONLY
隅田川
東武伊勢崎線
荒
オンリー
p.110
上野駅
JR山手線
押上駅
秋葉原駅
両国駅
錦糸町駅
JR総武線
喫茶
ニット
p.106
1度見たら忘れない
インパクトあるデザイン！
すみだ北斎美術館
東京メトロ半蔵門線

庭園と建築の
調和が見事

葛《かつ》飾《しか》区《く》 山《やま》本《もと》亭《てい》

KATSUSHAIKA
YAMAMOTO TEI

SUMIDA , KATSUSHIKA , KOTO AREA / SHIBAMATA

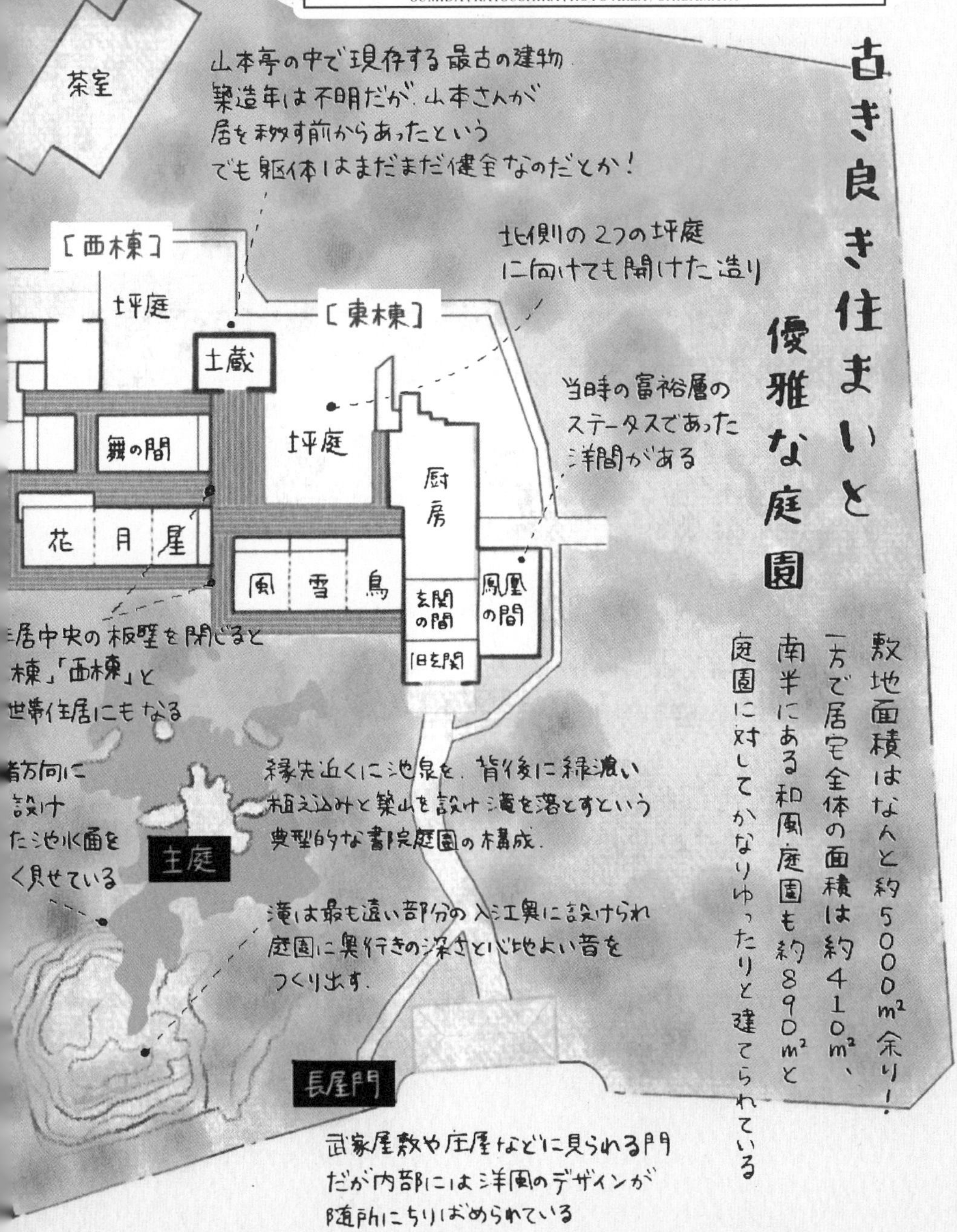

茶室
山本亭の中で現存する最古の建物
築造年は不明だが、山本さんが
居を移す前からあったという
でも躯体はまだまだ健全なのだとか！
［西棟］
坪庭
土蔵
［東棟］
北側の2つの坪庭
に向けても開けた造り
坪庭
当時の富裕層の
ステータスであった
洋間がある
舞の間
厨房
花 月 屋
風 雪 鳥
玄関の間
鳳凰の間
旧玄関
居中央の板壁を閉じると
棟」「西棟」と
世帯住居にもなる
方向に
設け
た池水面を
く見せている
縁先近くに池泉を、背後に緑濃い
植え込みと築山を設け滝を落とすという
典型的な書院庭園の構成。
主庭
滝は最も遠い部分の入江奥に設けられ
庭園に奥行きの深さと心地よい音を
つくり出す。
長屋門
武家屋敷や庄屋などに見られる門
だが内部には洋風のデザインが
随所にちりばめられている

古き良き住まいと優雅な庭園

敷地面積はなんと約5000m^2余り！
一方で居宅全体の面積は約410m^2、
南半にある和風庭園も約890m^2と
庭園に対してかなりゆったりと建てられている

音風景100選

柴又帝釈天界隈の昔ながらの
呼び込みの声、参拝客のざわめき
さらに江戸川の矢切の渡し船の
櫓をこぐ音、野鳥の鳴き声などが
環境庁により指定されている

都内で唯一残る渡し船。
橋や鉄道がない江戸時代に
地元の農民たちが対岸の
農地へ農作業にいくための
渡船として使われていた。

渡し船

風景の国宝・柴又

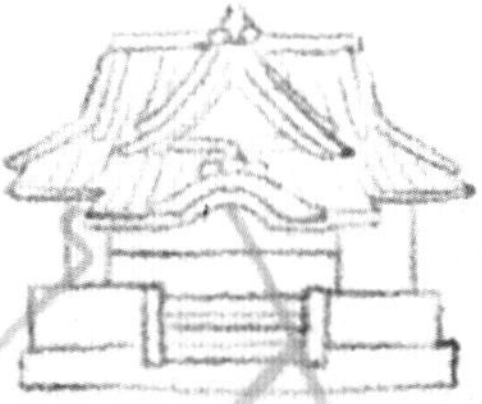

1629(寛永6)年に創建
された日蓮宗のお寺。
他の寺で見る帝釈天さんより
いでたちや表情が個性的
で親しみが湧く。

旅に出る
寅さんの姿

いくつもの要素が
重なり合って
とても奥行深く
見える

京成柴又駅から帝釈天まで
のおよそ200m余には川魚料理
や団子屋、土産物屋などが建ち並ぶ。

寅さん

参道を挟んで左右にお店
を構える「高木屋老舗」さん。
山本亭のお菓子もこちらのお店
でつくっているそうです☆

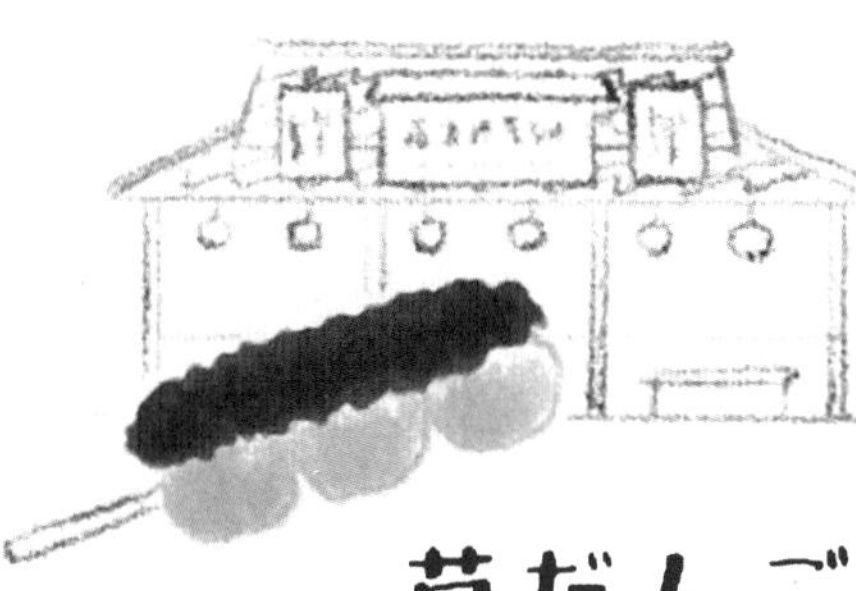

草だんご

おもちは小ぶり
あんこはたっぷり!

言わずと知れた
映画「男はつらいよ」の
主人公の故郷!

書院庭園

書院からの眺めを第一に考えた日本庭園
『花の間』の床柱を背にして眺めるのが
1番素晴らしく見えるように設計されている

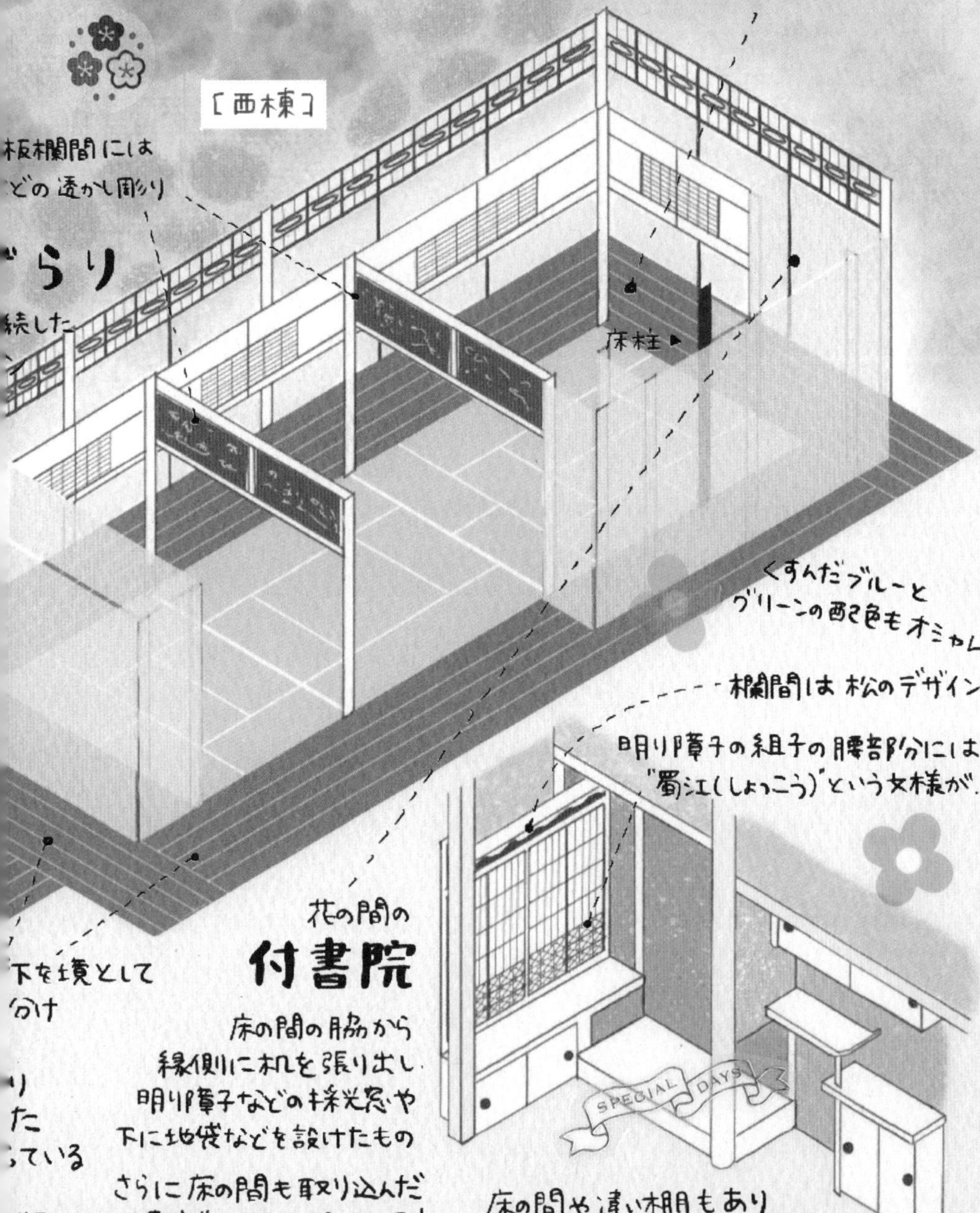
[西棟]
板欄間には
どの透かし彫り
らり
続した
床柱
くすんだブルーと
グリーンの配色もオシャレ
欄間は松のデザイン
明り障子の組子の腰部分には
"蜀江(しょっこう)"という文様が。
下を境として
分け
り
た
っている
SPECIAL DAYS

花の間の

付書院

床の間の脇から
縁側に机を張り出し
明り障子などの採光窓や
下に地袋などを設けたもの

さらに床の間も取り込んだ
"取込み付書院"タイプになっている！

床の間や違い棚もあり
最上の設えをした正規の客間

ねりきり
繊細な
色と形
ちびちび
削って食べる♪
中にはこしあん
冷抹茶
少し苦みもある
すっきりとした後味
帝釈天参道の有名店
「高木屋老舗」さんのお菓子
地元ならではの味を
楽しめるのがうれしい
部屋と部屋の
鳳凰や松竹
ガラス
楕円形の小窓
モダンなデ
［東棟］
微妙に波打っている
ガラスは当時のまま
ず〜っと向こうまで
見通せる！
中ほどを南北に走
「東棟」「西棟」二世
使うこともできる反面
東西に延びる廊下に
各部屋が結びつけら
機能的な間取りに
どの部屋からも庭園が見られるよう
和室6部屋全てが廊下を挟んで庭に面している
さらにガラス戸とガラス欄間を多用し、壁もほとんどない
開放的な意匠
ガラス窓の縁側は当時の新スタイルだったそう！

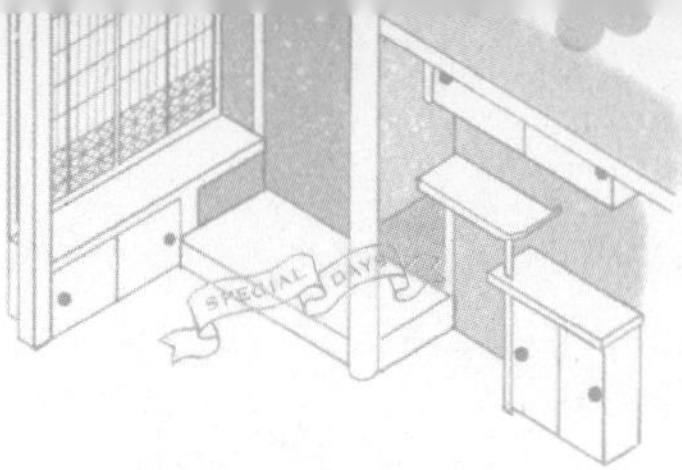

葛《かつ》飾《しか》区《く》 山《やま》本《もと》亭《てい》

SUMIDA, KATSUSHIKA, KOTO AREA / SHIBAMATA
KATSUSHIKA YAMAMOTO TEI

住所 東京都葛飾区柴又7−19−32
電話 03−3657−8577
営業時間 9時〜17時
休業日 第3火曜、12月の第3火曜・水曜・木曜
入館料 100円

大正末期から昭和の文化を伝える、貴重な住宅建築

「葛飾区 山本亭」は大正末期から昭和にかけて、地元でカメラ部品の製造会社を営む山本家が四代にわたって使用した住宅。もとは、江戸時代から庄屋を務める鈴木家が、農業の傍ら実業家として瓦工場を営んでいた場所でしたが、関東大震災で工場を閉めることになりました。同時期に、関東大震災で被災した初代経営者の山本栄之助が、新しい居を求めて鈴木家の跡地を購入し、台東区から移り住んだのがはじまりです。

山本家はこの家を取得後、大正15年〜昭和5年まで数回にわたって増改築し、現在の姿になりました。書院造の中に洋間が設けられたり、長屋門内部に洋風デザインが施されたりと、西洋建築を取り入れた和洋折衷が見どころです。土蔵は、山本

亭のなかでもっとも古い建物ですが、正確な築年数や、誰が建てたのかまでは現在も分かっていません。

和風庭園を眺めながら和菓子で一服

庭に面してゆったりと建てられた居宅で、最大の特徴は解放感たっぷりのガラス窓が連なる縁側。大正末期から昭和初期の近代和風建築の特徴をよく表しています。それ以前は、障子のすぐ向こうは外部で、濡れ縁※を設けるのが一般的でした。さらにガラス窓にすることで、寒い冬でも外の景色が楽しめます。庭園は約890㎡とさほど広くない面積ですが、奥手に滝、手前に重なる入り江を配し、奥行きを演出。人工的に手入れされ過ぎていない、自然のままの風情が魅力です。さらに、ガラス窓の額縁効果で、建物とセットで観ると庭の美しさが際立ちます。海外でも書院庭園と和洋折衷建築の調和が高く評価され、アメリカの日本庭園専門誌『ジャーナル・オブ・ジャパニーズ・ガーデニング』の日本庭園ランキングでは毎年上位にランクイン。そして、居宅の中で甘味や和菓子が提供され、趣のある空間で庭園を眺めながらゆったりと過ごせるのも、とっておきの楽しみです。

建築memo	
日本の建築と庭園	自然や、四季の移ろいを愛でる日本人ならではの繊細な美意識が反映された、山本亭の庭園と建築。庭に向かって解放された和室や縁側からは、豊かな緑や、奥の滝から池へと流れ落ちる水音、みずみずしい苔の香りなどを楽しむことができます。さらにモダンな小窓が配され、連なったガラス戸と借景の自然とが一体となって生み出された美しい風景も必見。自然と建築とが合わさることで生まれる魅力を体感できます。

※ 雨戸の外側に付けられた縁側のこと。風雨を防ぐ壁などがなく、雨水に濡れるためにこう呼ばれる

木彫り

角地にあるので"カド"
開店当時、こんな大きな開口のある建物はなく
外から丸見えだと言われたこともあったとか。

地球は、外資に勤め、英語が堪能だったという先代のデザインなのかな…？

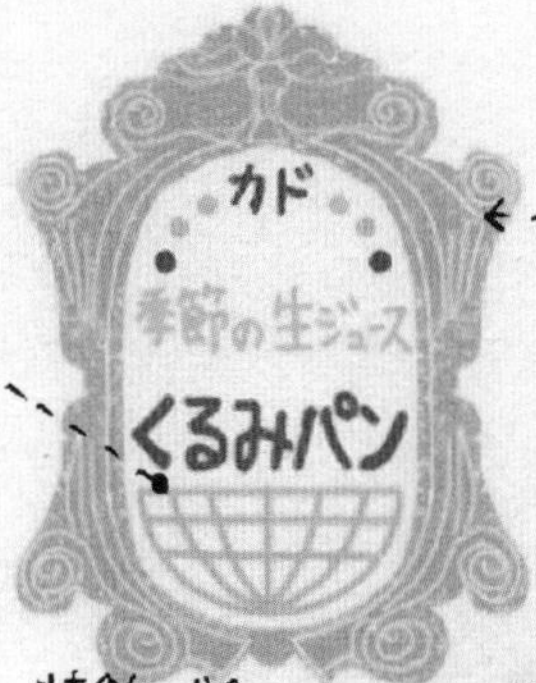

装飾が細かい…！

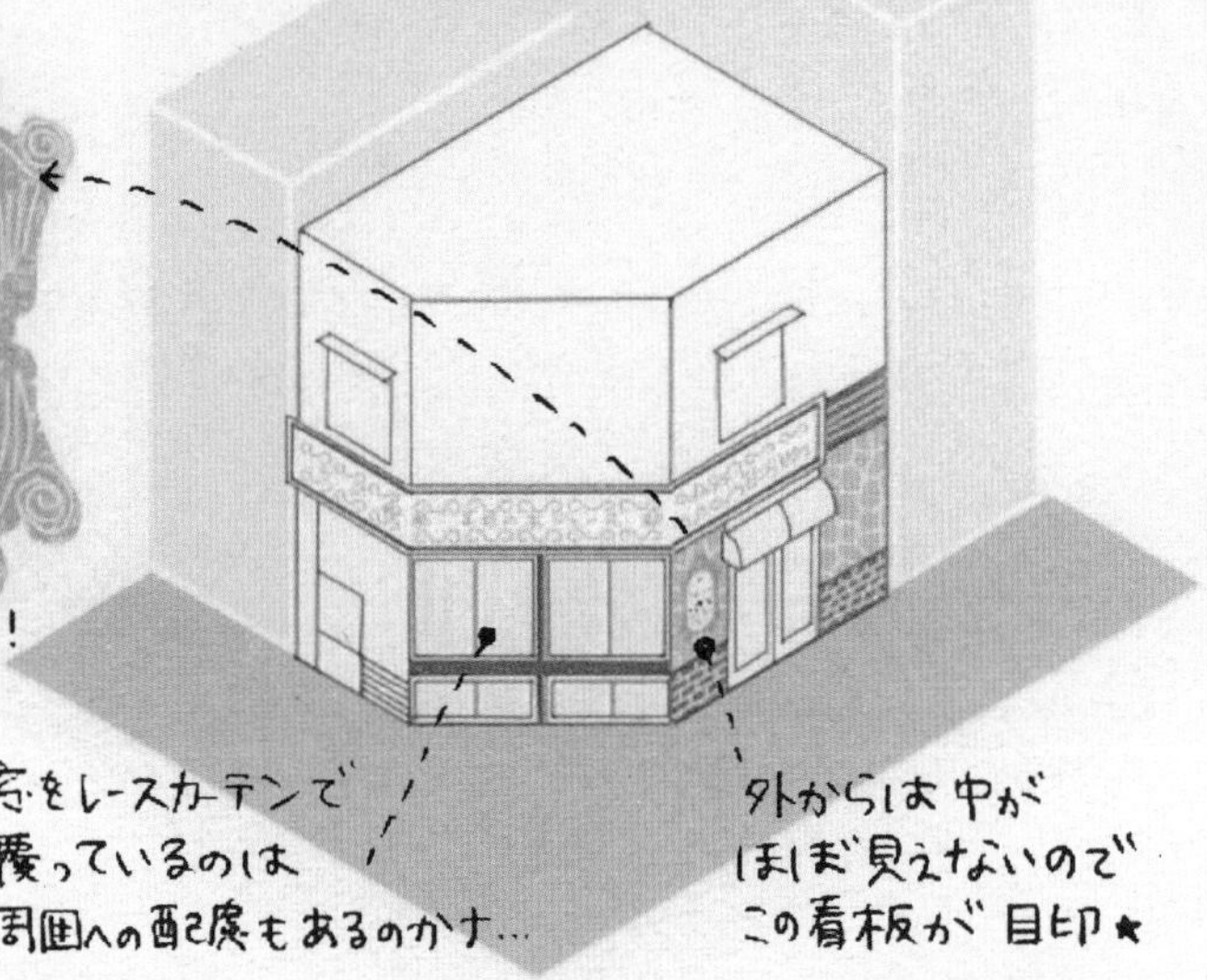

窓をレースカーテンで
覆っているのは
周囲への配慮もあるのかナ…

外からは中が
ほぼ見えないので
この看板が目印★

官

天井の花柄
ペイントは
マスター自ら
手がけた
圧巻…!!!

店内の小物たち
は明治～昭和
初期のデザイン
のもの

ミさんが手がけた。

SUMIDA, KATSUSHIKA, KOTO AREA/ HIKIFUNE

KADO

カド

洋風の美しい
美術館の趣を後世に

器用なマスター

先代から引き継いだお店の内装から壊れた小物の修理、ご自身の洋服まで何でもつくってしまいます

活性生ジュース

さわやかなセロリの香り

味をしっかり感じてもらうため冷やしすぎず供す

ミシンの脚

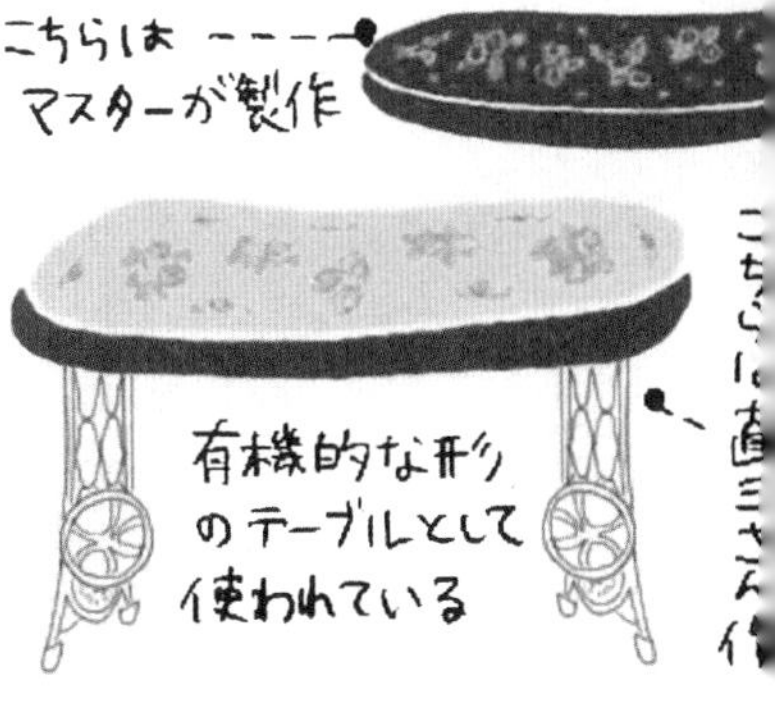

こちらはマスターが製作

有機的な形のテーブルとして使われている

こちらは直三さん作

まるで美術

壁や天井のたくさんの絵画は先代のコレクション

何十枚もあるので毎年入れ替えて使う

手書きのメニュー表

茶色に変色し時のつみ重なりを感じる

内装デザインは作家・志賀直哉さんの弟である建築家の志

カド

SUMIDA , KATSUSHIKA , KOTO AREA / HIKIFUNE

KADO

住所　東京都墨田区向島2−9−9
電話　03−3622−8247
営業時間　11時〜19時30分
休業日　月曜

栄養満点の生ジュースは創業時からの名物メニュー

昭和33年（1958）にこの店を創業した先代が1994年に急逝したため、ご子息が2代目として店を引き継いでいます。創業当時、先代は外資系企業に勤務しており、英語も堪能。ハイカラでものづくり好きだったことから、当時は最高級品だった果物のジュースの店をスタートしました。向島は、江戸時代には郊外の行楽地、明治期には多くの料亭が軒を連ねた花街として栄えたため、バブルの頃は花柳界の芸者たちでにぎわい、待ち合わせ場所としても重宝されていました。

名物は、先代が考案し、〝飲むサラダ〟といわれる「活性生ジュース」です。はちみつ、アロエ、セロリ、パセリ、グリーンアスパラ、リンゴ、レモンが絶妙なバランスでミックスされた、さわやかでやさしい味です。注文を受けてから具材をカットし、1杯1杯ミキ

サーでつくります。昔は、花街にやって来るお客さんや芸者さんたちが、栄養ドリンク代わりに飲んでいたそうです。

志賀直三氏が設計したビクトリア調の贅沢な内装

外観はデコラティブな木彫りの看板が目印。鉄格子とレースのカーテンで覆われていて、中の様子はほぼ見えません。ドキドキしながら店に入ると、そこかしこに装飾があふれた異世界の趣に驚きます。この内装のデザインは、日本を代表する作家・志賀直哉の弟で建築家だった志賀直三氏。先代が向島にあった伯母の料亭で会計事務を行っていた頃、店に遊びに来て知り合った直三氏に設計を依頼することになりました。「ロンドンパブのような雰囲気にしたい」、「志賀先生が論文を出せるような店にしてほしい」とリクエストした結果、ビクトリア調を意識した空間になりました。さらに、カウンターの奥や天井にずらりと並ぶ絵画、店内に置かれた明治〜昭和初期の真空管ラジオや時計、レジスターなど、調度品は目を見張るものばかり。まるでヨーロッパの美術館のような内観には圧倒されます。

建築memo

**非日常を醸す
ビクトリアン**

ビクトリアンとは、ビクトリア女王在位の時代を指す、時代区分のこと。左右非対称の躍動感あるデザインや、装飾を取り入れた華やかなデザインなど、複数の建築様式が含まれます。建築や工芸など、ビクトリアン時代の様式は「装飾過剰」と言われますが、非日常を演出するにはうってつけ。壁に飾られた沢山の絵画や大迫力の天井画、あらゆる時代や地域の工芸品など、店内がまるで美術館のような雰囲気を醸しています。日常の生活感から切り離され、どこか異国に来たような不思議な体験ができます。

CAFE KNIT

喫《きっ》茶《さ》ニット

SUMIDA KATSUSHIKA KOTO AREA /KINSHICHO

老若男女に愛される癒やしスポット

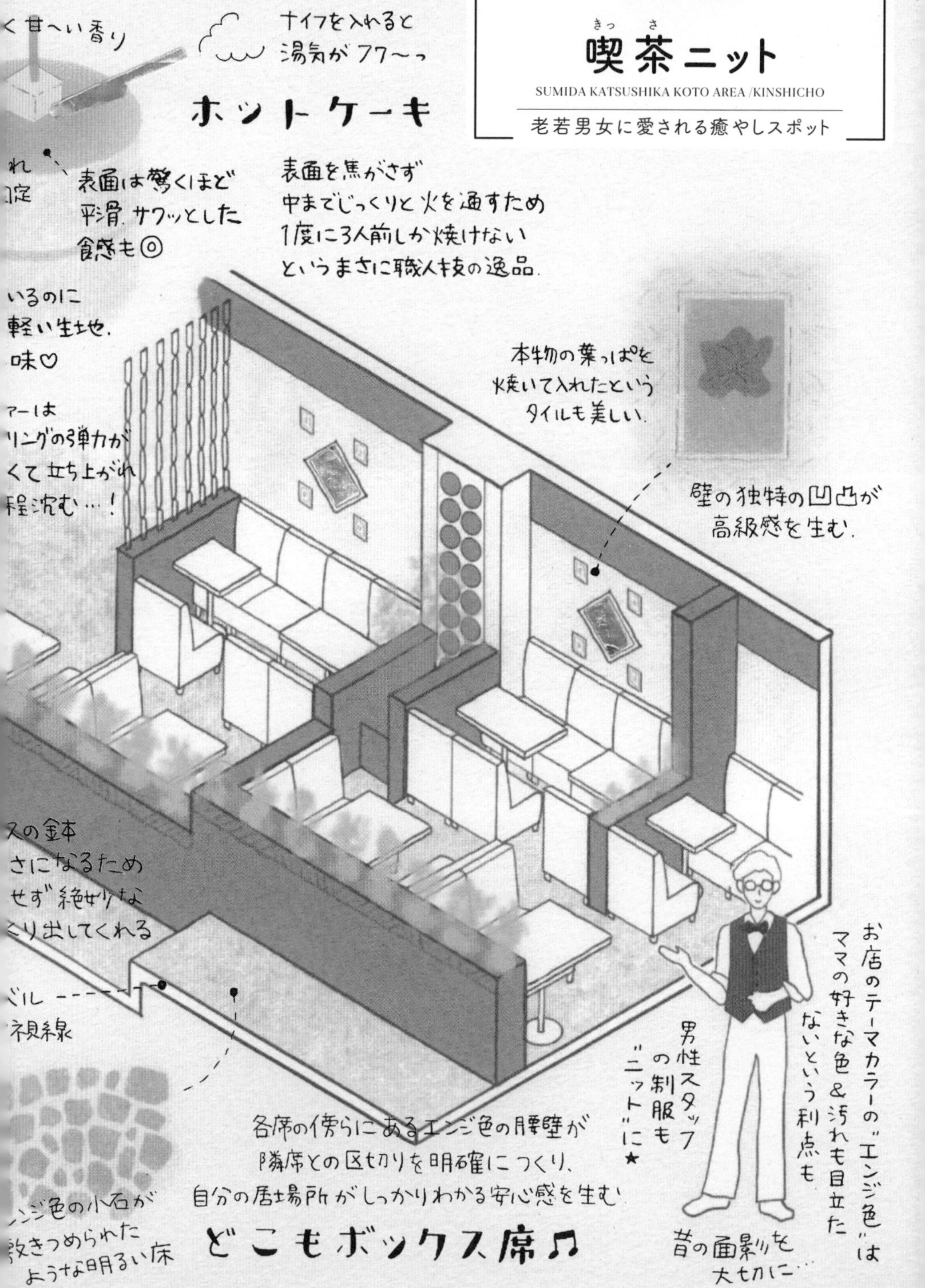
く甘〜い香り
ナイフを入れると
湯気がフワ〜っ
ホットケーキ
れ
]淀
表面は驚くほど
平滑. サクッとした
食感も◎
表面を焦がさず
中までじっくりと火を通すため
1度に3人前しか焼けない
というまさに職人技の逸品.
いるのに
軽い生地.
味♡
アーは
リングの弾力が
くて立ち上がれ
程沈む…!
本物の葉っぱを
焼いて入れたという
タイルも美しい.
壁の独特の凹凸が
高級感を生む.
スの金本
さになるため
せず絶妙な
くり出してくれる
ビル
視線
お店のテーマカラーの"エンジ色"は
ママの好きな色&汚れも目立た
ないという利点も
男性スタッフ
の制服も
"ニット"に★
各席の傍らにあるエンジ色の腰壁が
隣席との区切りを明確につくり、
自分の居場所がしっかりわかる安心感を生む
ンジ色の小石が
敷きつめられた
ような明るい床
どこもボックス席♫
昔の面影を
大切に…

本所七不思議の題材
があったとされるスポット！

近くに病院ができてからは
子供からお年寄まで来やすい店づくりに

元々この場所にはお店のママの父が営む
モメリヤスの工場があったが
アジアの安い製品に押され斜陽化した
ため新たに喫茶店をスタート.
錦糸町は戦前から一大興行街として
栄えており. 昔は映画監督や
キャバレーのお姉さんたちも
良く来たそうです.

バターは
ぴしっとカ
つまようじで

しっとり
ふんわ
冷めて

もちろん
緑の癒し効果も

緑ずらり

腰壁の上には
座ると丁度目線
周りの視線を気
プライベート感を

奥の席は20cmほど
を上げることでゆるや
の抜けをつくり
閉塞感が生じない
ようにしている

ひと呼吸
おけるネ

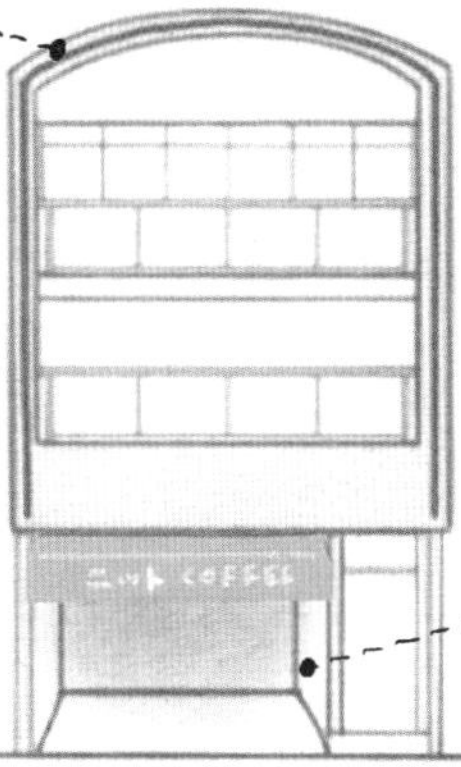

カーブのついた門型デザインもかわいい

入口を通りから
少しセットバック
させることで
落ちつきが生まれる

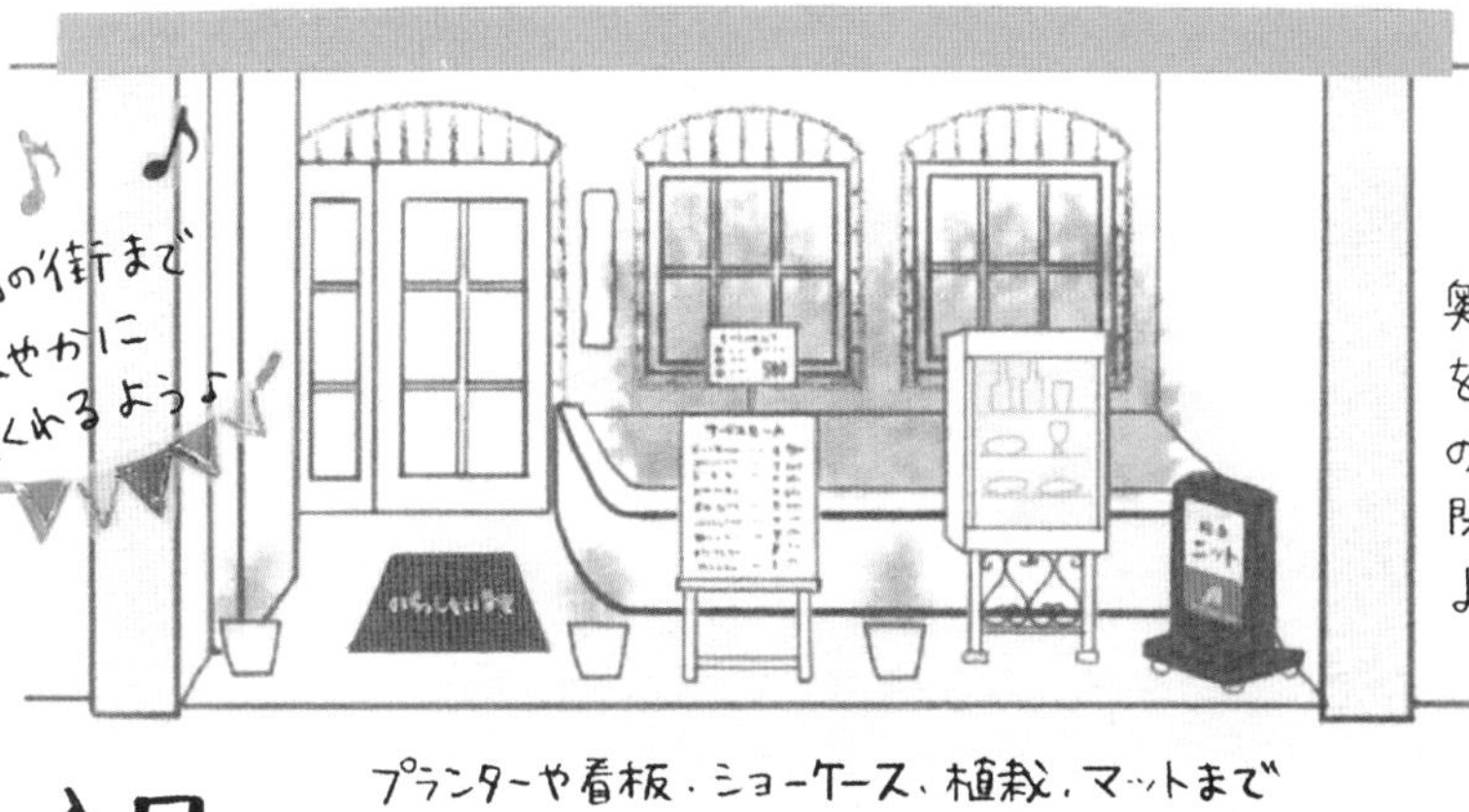

周囲の街まで
賑やかに
してくれるよう♪

入口

プランターや看板・ショーケース、植栽、マットまで
入口を活き活きとさせる仕掛けがいっぱい

喫《きっ》茶《さ》ニット

SUMIDA . KATSUSHIKA . KOTO AREA / KINSHICHO

CAFE KNIT

住所　東京都墨田区江東橋4−26−12
電話　03−3631−3884
営業時間　9時〜20時
休業日　日曜

女性店主の思いをたっぷり詰め込んだ内装

昭和40年に喫茶店がオープンする以前は、毛メリヤスのニット工場があった場所。そのため、名前だけでも残しておきたいという思いから、「喫茶ニット」と名付けられました。当時は一大歓楽街の錦糸町という街柄もあり、女性ひとりでは入りづらいきらびやかで豪華な店でした。その後、店主の父が亡くなられたり、地震での被害もあったりしたことで、昭和50年頃に改築されたのが現在の3階建てのビルです。内装は、横浜国立大学出身で、店主自らが「センスがよい」と感じたインテリアデザイナーに依頼。店主と一緒に青山や赤坂、銀座などのいろいろな物件を見学しながら、ロマンチックな感じにしたい、レンガや緑を多く使いたいと空間のイメージを固めたそうです。まず目を引くのが、前面道路から大きく後退しているエントランス。ここで

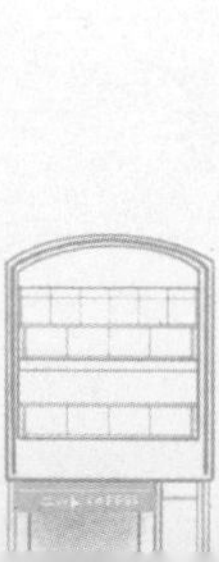

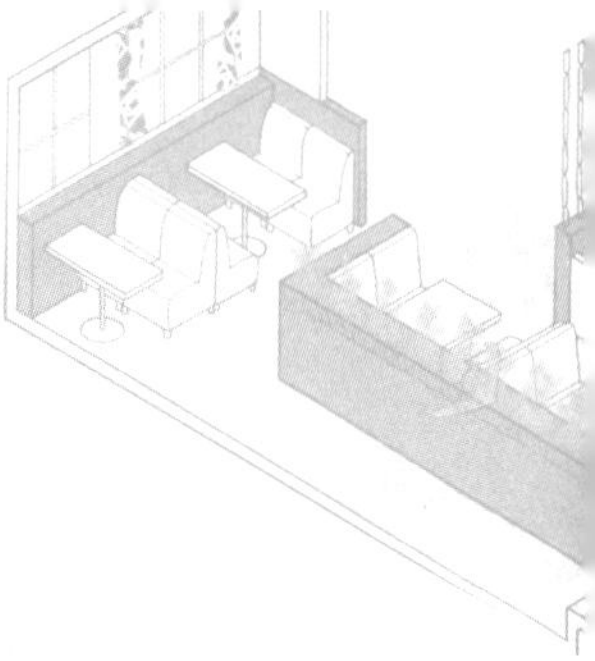

気持ちの切り替えができるほか、ちょっとした待ち合わせにも使える便利なスペースです。また、このように店構えにいろいろな工夫を凝らすことで、街並みの活性化という新たな効果も生まれます。

空間にもメニューにもあたたかな気遣いがいっぱい

店内は元工場らしい広々とした空間に、レトロな革張りのソファがズラリ。人気店なので平日の昼間でも満席に近い状態なのですが、目線の高さに配置されたポトスという植物やスキップフロア※などの工夫で、人目を気にせずくつろげる空間になっています。また、純喫茶時代にはなかったのですが、現在はお客の要望から生まれたというホットケーキが看板メニュー。店主の伯母さんが住む街にある、おいしいホットケーキ店のレシピを教えてもらって、ようやく完成させました。極上の食感は感動もの。勤続40年のスタッフが丁寧にじっくりと作り上げるフォルムは、芸術品のようです。注文から25分ほど待つため、コーヒーをサーブするタイミングを事前に聞いてくれる心配りにも、心があたたかくなります。

建築memo

心安らぐ室内の緑

室内に自然を取り入れる工夫のひとつとして、インドアプランツ（室内植物）を用いる方法があります。植物の緑は目に新鮮さを与え、気分を落ち着かせる効果があります。店主もそれをとても大切にし、緑溢れる設えが生まれました。一方で、屋外に庭を作るよりも手間やコストがかかり、手入れを怠れば枯れてしまうため、植物を維持するのは大変では……と尋ねると「出来るだけ手のかからない種類にしているし、専門業者さんの協力も得ているから大丈夫よ」と爽やかな笑顔で応えてくれました。そんな店主の、花のようなおおらかな姿勢も、とても素敵でした。

※ 床面の一部に高さを変えた部分を持たせた構造のこと

70年代のレトロポップが健在

ONLY
オンリー

SUMIDA , KATSUSHIKA , KOTO AREA / MINAMI SENJU

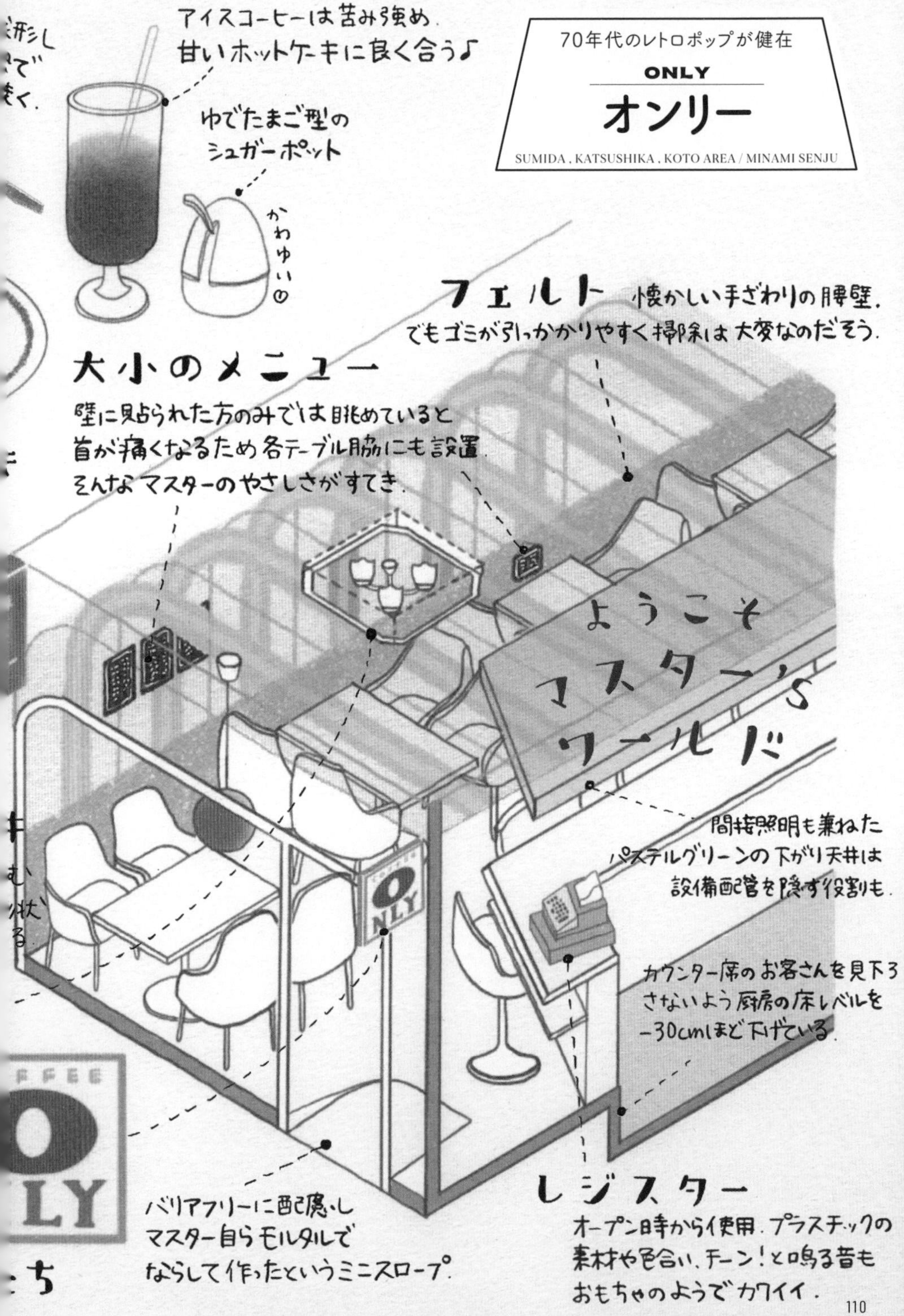

アイスコーヒーは苦み強め。
甘いホットケーキに良く合う♪
ゆでたまご型の
シュガーポット
かわゆい☺
フェルト 懐かしい手ざわりの腰壁。
でもゴミが引っかかりやすく掃除は大変なのだそう。
大小のメニュー
壁に貼られた方のみでは眺めていると
首が痛くなるため各テーブル脇にも設置。
そんなマスターのやさしさがすてき。
ようこそ
マスター's
ワールド
間接照明も兼ねた
パステルグリーンの下がり天井は
設備配管を隠す役割も。
カウンター席のお客さんを見下ろ
さないよう厨房の床レベルを
−30cmほど下げている。
レジスター
オープン時から使用。プラスチックの
素材や色合い、チーン！と鳴る音も
おもちゃのようでカワイイ。
バリアフリーに配慮し
マスター自らモルタルで
ならして作ったというミニスロープ。

かつてはプロ野球場、
明治時代には日本初の毛織物工場
があった深い歴史のある土地なのです

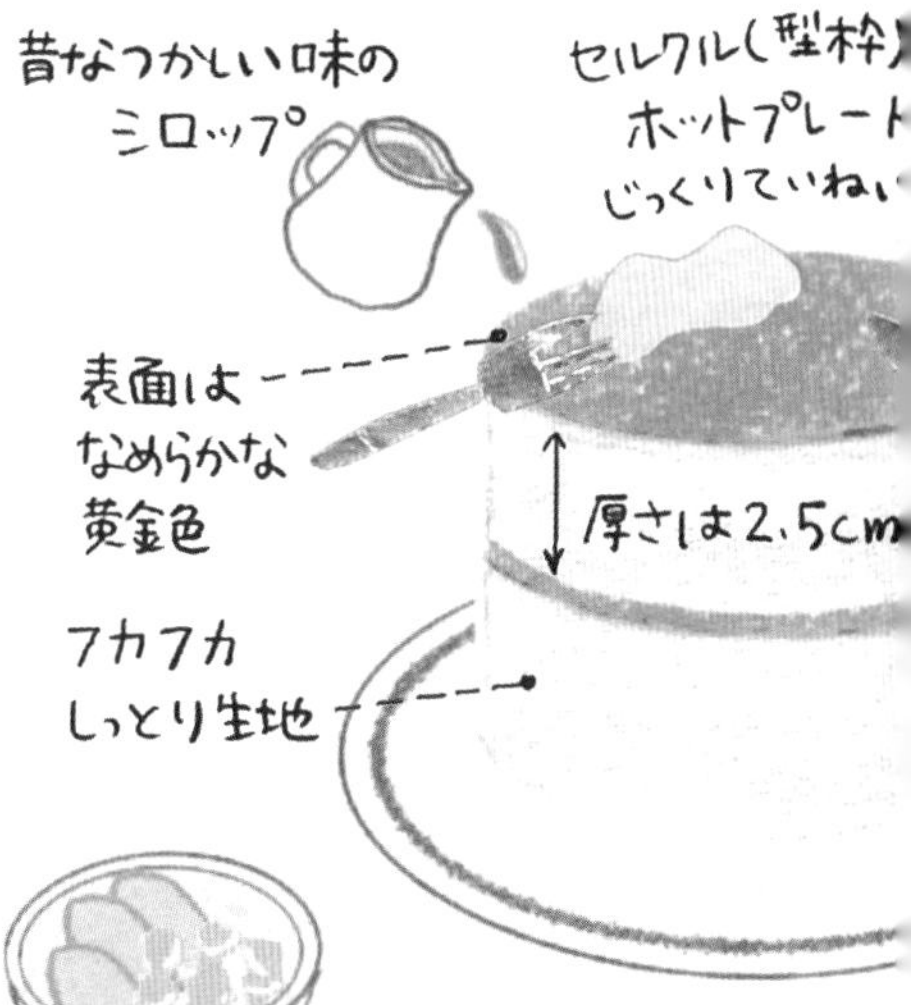

お口直し＆箸休めに
うれしいミニサラダ

ホットケー

マスターが焼き具
何度も確認!!

coffee
ONLY

Coffee Bar
オンリー
Only

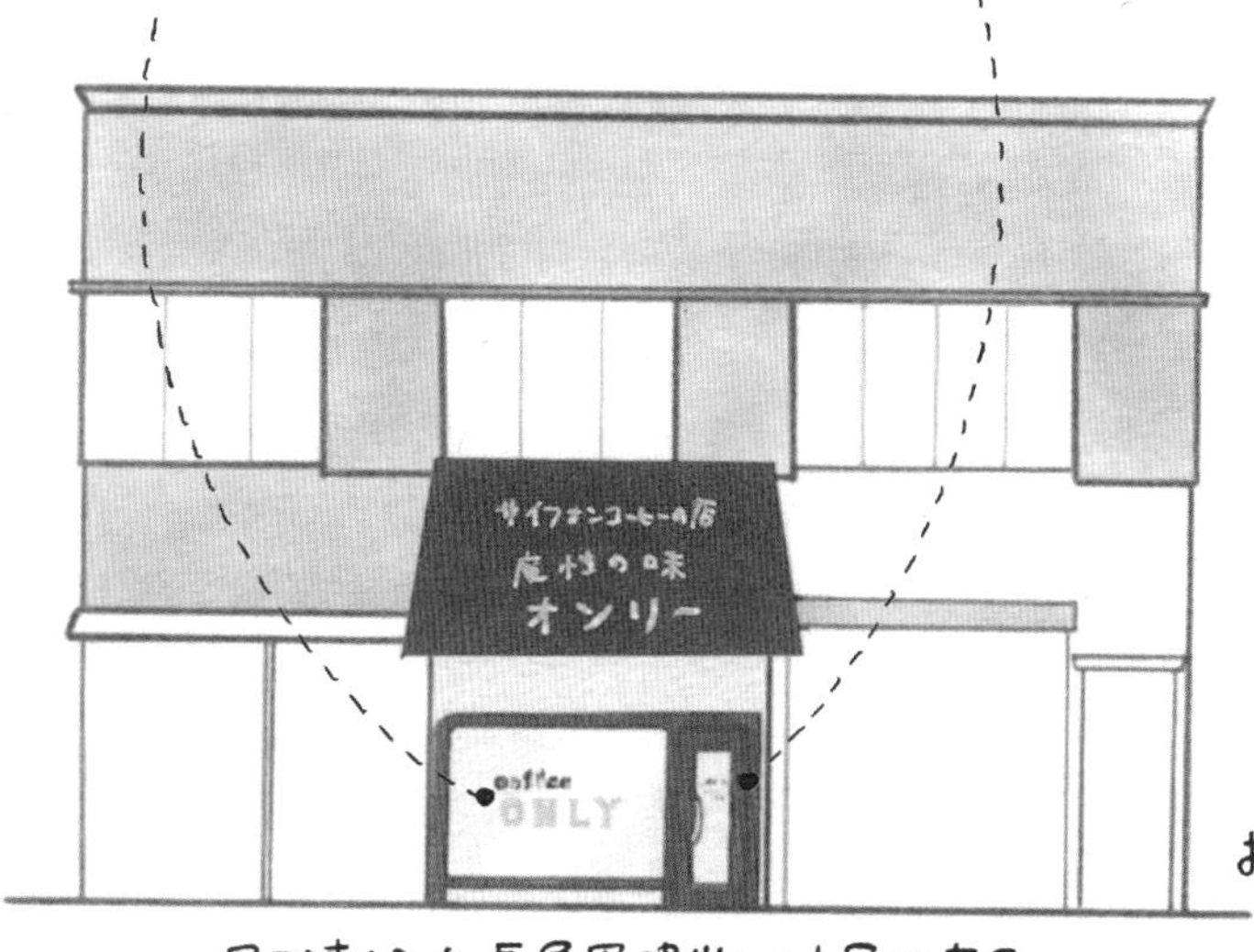

3つ連なった長屋風建物の1Fにある

Rの

空間に柔らかさと遊び心
と共にストライプ柄がその
と奥行き感をより強調して

配管ルートとなっている天井
ところの段差を利用した
掘り込み型照明.

カタカナやアルファベットを
ユーモアいっぱいにアレンジ.
お店の世界観が感じられる.

ポップなロ

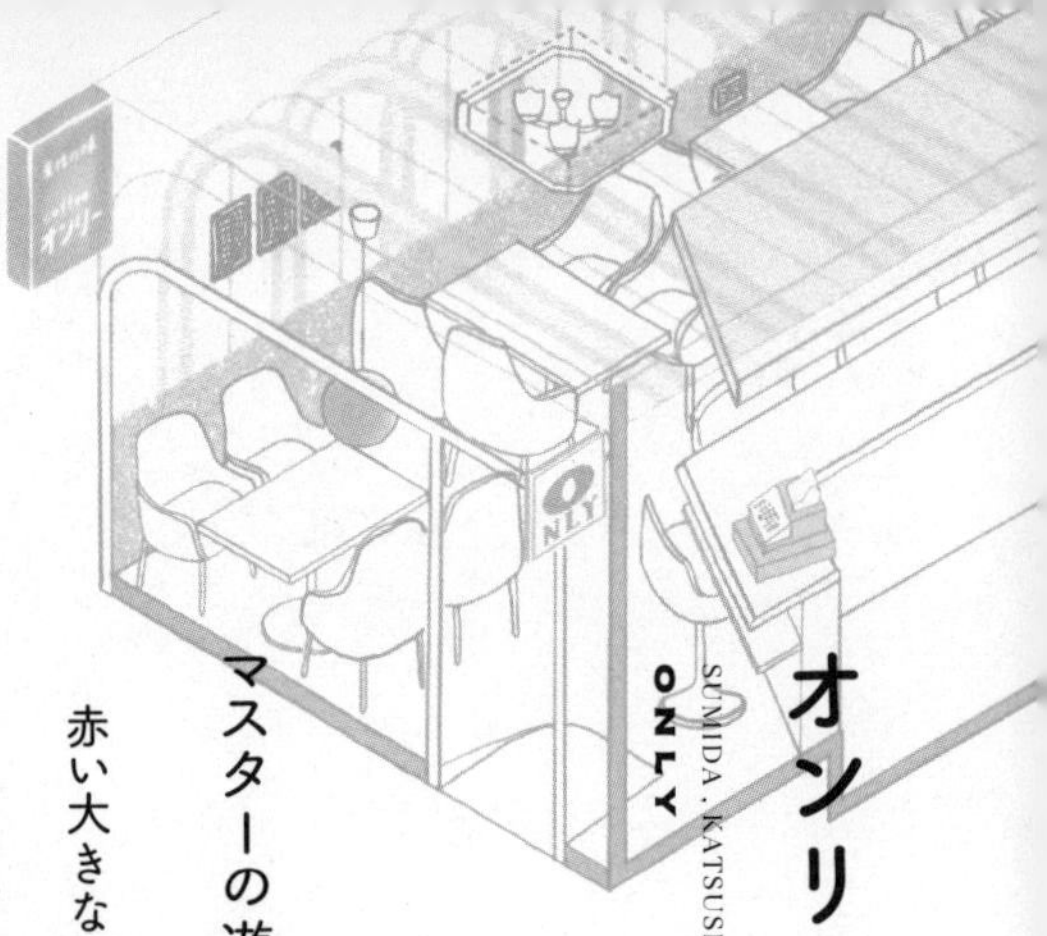

オンリー

ONLY

SUMIDA . KATSUSHIKA . KOTO AREA / MINAMI SENJU

住所	東京都荒川区南千住5-21-8
電話	03-3807-5955
営業時間	9時〜19時
休業日	日曜

マスターの遊び心と優しさがあふれる空間

赤い大きなテント看板に記された〝魔性の味〟というキャッチフレーズと、アルファベットをアレンジしたポップなロゴ。ユニークなデザインが散りばめられていて、見ているだけでわくわくする当店は、浅草に2店舗ある「オンリー」の3店舗目として、昭和45年にオープンしました。当時は、近くにプロ野球の球場があり、観戦帰りのお客を取り込む狙いだったそうです。70年代の喫茶店ブーム全盛期で、アメリカン的レトロな雰囲気のお店があちこちに登場。当店も、喫茶店を専門に扱う造作大工とマスターとで、当時の流行を取り入れた店づくりが行われました。マスターはもともと写真関係の仕事をしており、はじめは喫茶店と2足のわらじでしたが、途中から喫茶店運営に専念。水彩画もたしなまれていて、パステルグリーンの下がり天井や、クロスのストライプ柄など、随所に配色センスのよさがうかがえます。また、約8坪の店内はひとりで動くのに最適な広さで、食事もさっと出せるものを提供するなど、空間とサービスにマスターの等身大の人格と美学が表れています。

名物は〝魔性の味〟のコーヒーとホットケーキ

内装は、オープンからほとんど変わっていません。店頭に置かれた看板と同じ、手書き風の店名が印刷されたグラスやカップ、お皿、今も現役で活躍しているレジスターも当時のまま。時が止まったような空間ですが、週末になると、極厚のホットケーキを求めて、遠方から若者たちが訪れます。ふかふかで、ナイフを入れる時のしっとりとした弾力感は感動ものです。注文を受けてから粉を合わせ、焼け具合を何度も確認しながら丁寧に仕上げるのがコツ。浅草のお店のお客さんが、看板どおり「毎日味わいたくなる魔性の味」と褒めたという、オリジナルブレンドのコーヒーともぴったりです。サイフォンでゆっくりと抽出されるのですが、出来上がりを待つまでの時間も心地よく思えます。

建築memo

「遊び心」の必要性

昨今は、機能性や効率のよさが重視され、設計では建物の設えすべてに理由が必要とされる場合も少なくありません。一方で、ポップな店名ロゴにストライプ柄のR天井、フェルト仕上げの腰壁、レトロなレジスターなど、レトロフューチャーな内装のオンリーは、理屈だけではない、店主の遊び心が詰まった空間だと感じます。だからこそ、店内全体に味があり、設えの端々にも深みを感じました。建物に適度な遊び心やユーモアを持たせることが、その場所、その人にしか生み出せない個性ある空間づくりにつながるのだと思います。

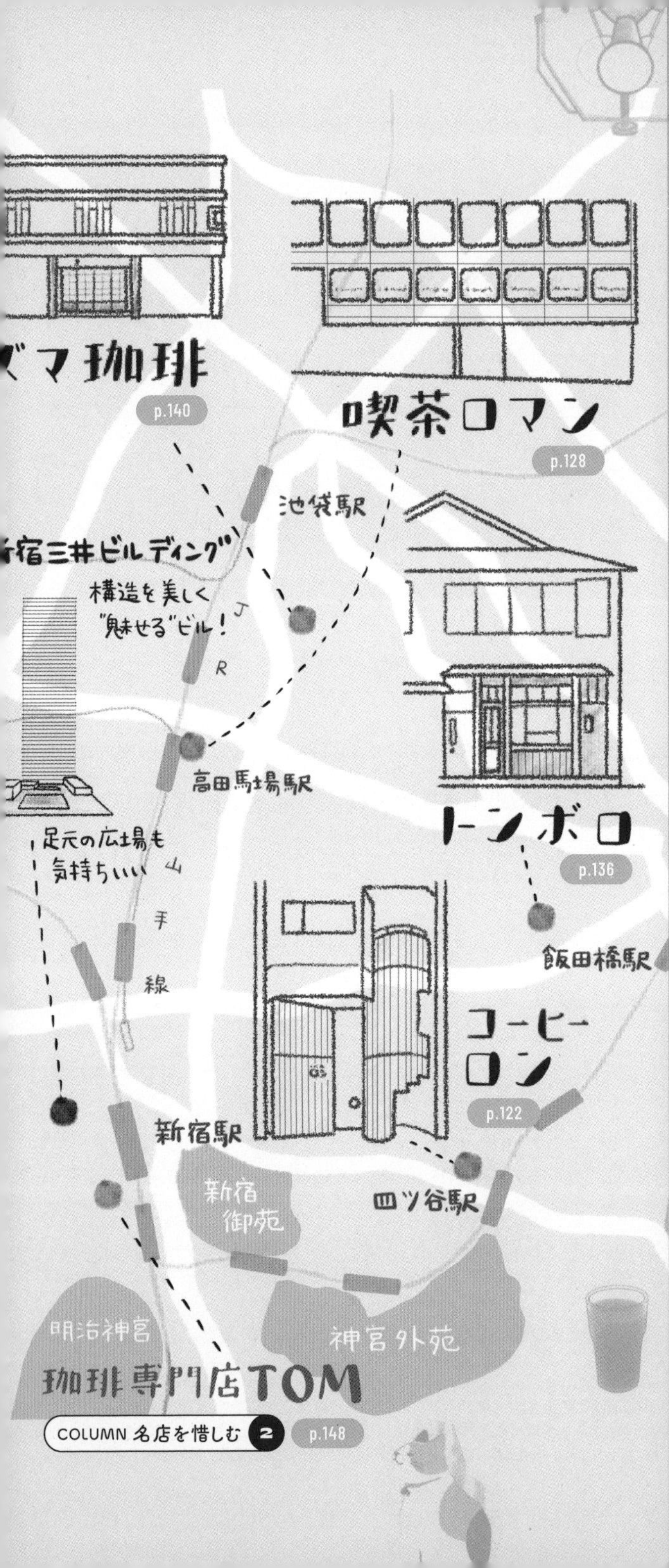

PART 6

新宿周辺エリア

SHINJUKU AREA

都会のビル群や家々の狭間に素敵な建物が点在

新宿を起点に足を延ばせば、大都市の周辺にも、味わい深い建物が多く見つけられます。街に眠る宝飾品のように保存された純喫茶や、ビルの合間を縫って建つ隠れ家のようなカフェは、秘密にしておきたい都会のオアシスです。

芸術家や文豪らが居を構えていた街も多く、文化的な雰囲気も楽しめます。

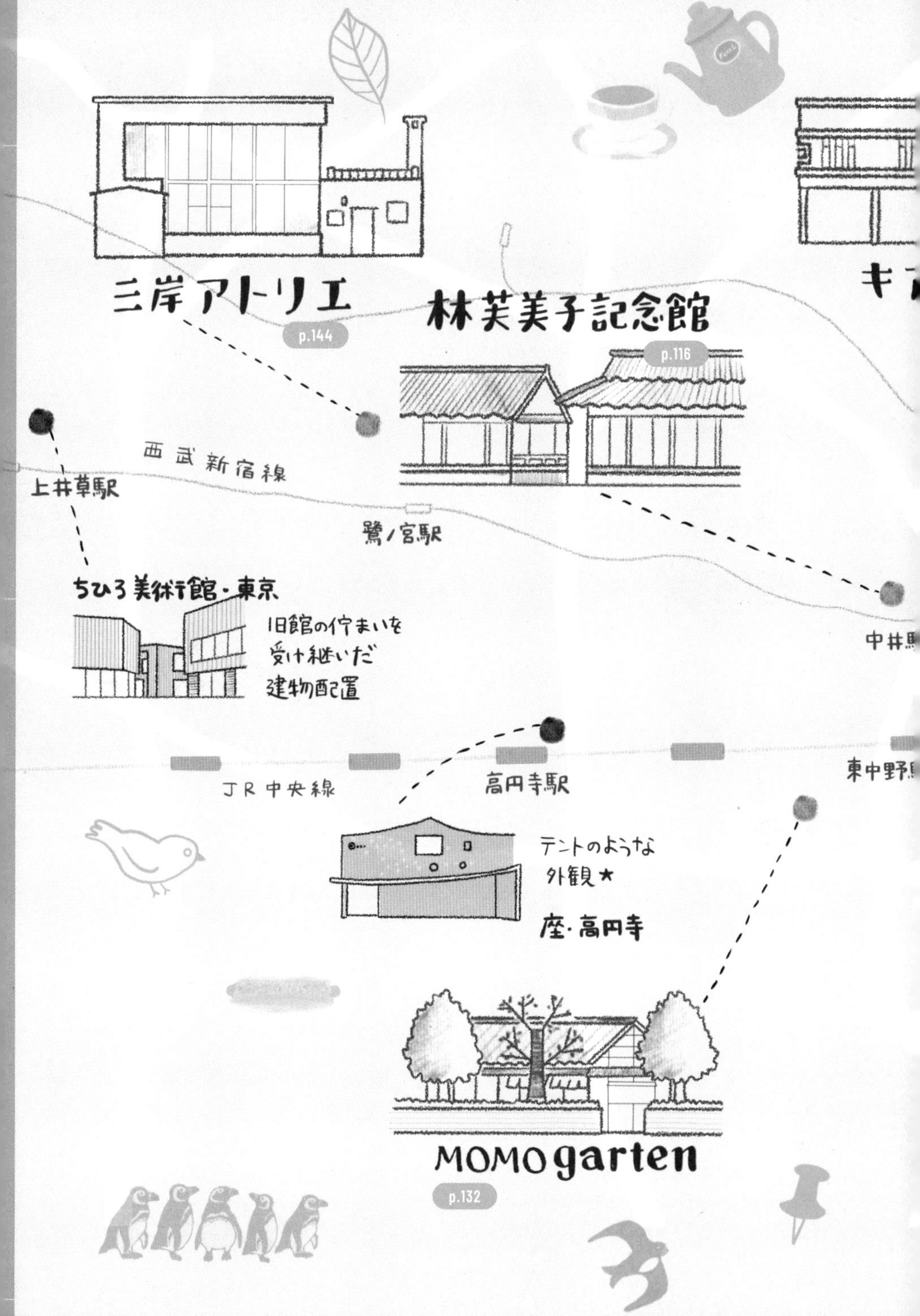
三岸アトリエ
p.144
林芙美子記念館
p.116
西武新宿線
上井草駅
鷺ノ宮駅
ちひろ美術館・東京
旧館の佇まいを
受け継いだ
建物配置
JR中央線
高円寺駅
テントのような
外観★
座・高円寺
MOMO garten
p.132

さわやかな暮らしに
思いを馳せる

林《はやし》芙《ふ》美《み》子《こ》記《き》念《ねん》館《かん》

SHINJUKU AREA / NAKAI

HAYASHI FUMIKO MEMORIAL HALL

家を建てるにあたり
200冊以上の参考書
を読み、大工と設計者
を連れて京都郊外の
民家見学、自ら木場
へ材木選定にも
行ったとか。

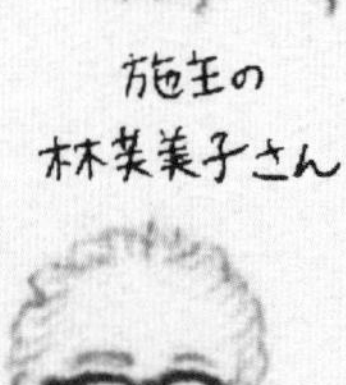

施主の
林芙美子さん

北海道十勝産
の小豆を使用。
はちみつ入で
ぎゅっと濃密な味

［どらやき］

作家が暮らす家

大工棟梁の父を持ち、既に近代
建築の旗手の1人として知られていた。
芙美子さんとほぼ同い年で同時期
に洋行経験もあったことから
依頼を引き受けたのかもしれない。

設計者の
山口文象さん

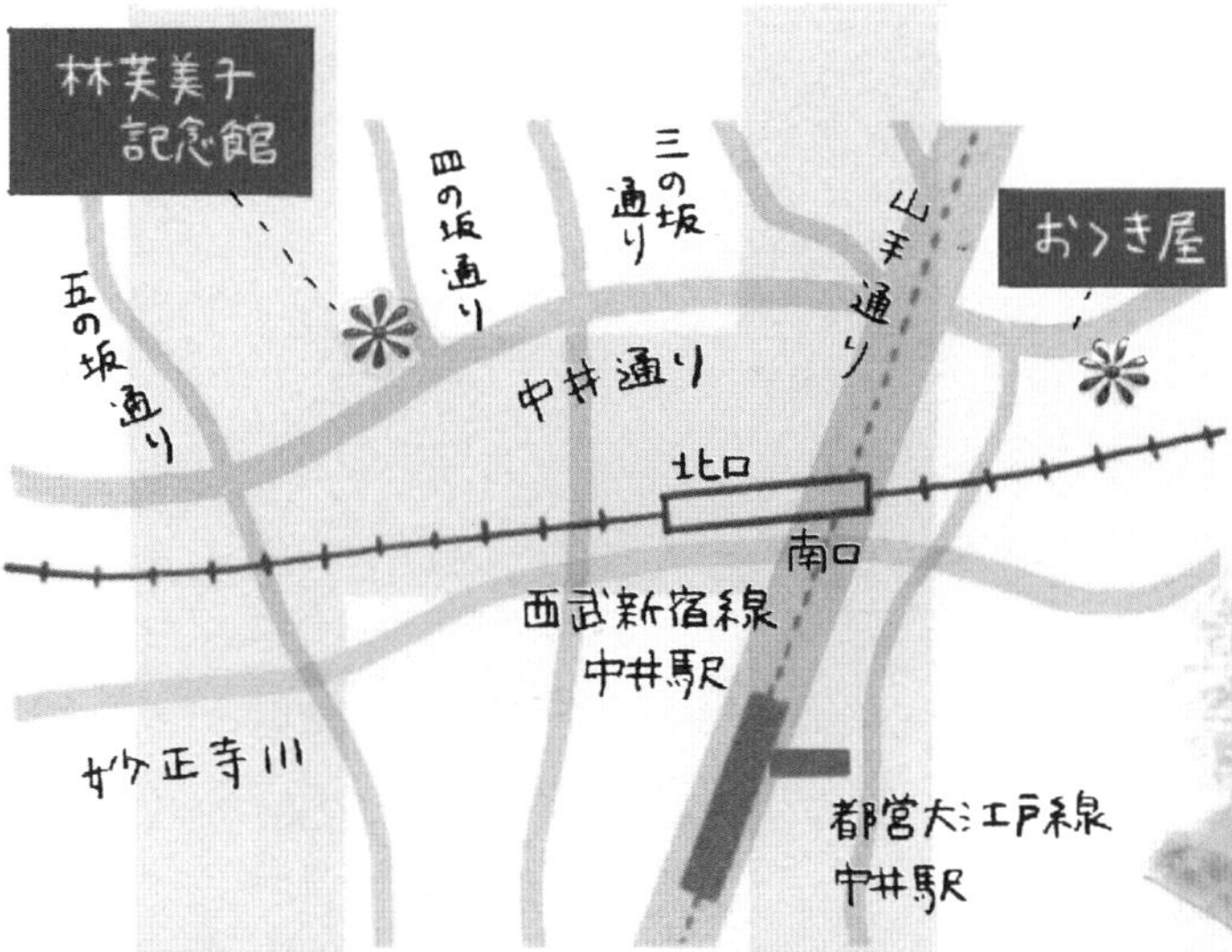

中井は新宿にほど近く、閑静な住宅地が広がる街。一方で地場産業として伝統文化でもある江戸小紋や手描友禅に代表される染色業で栄えた歴史も持つ。

2021年で創業60周年を迎えるという地元の人気和菓子屋さん。決して大きくはない店内にたくさんの種類の商品がズラリと並んでいる様子は眺めるだけでワクワク♪

おゝき屋のおみやげ

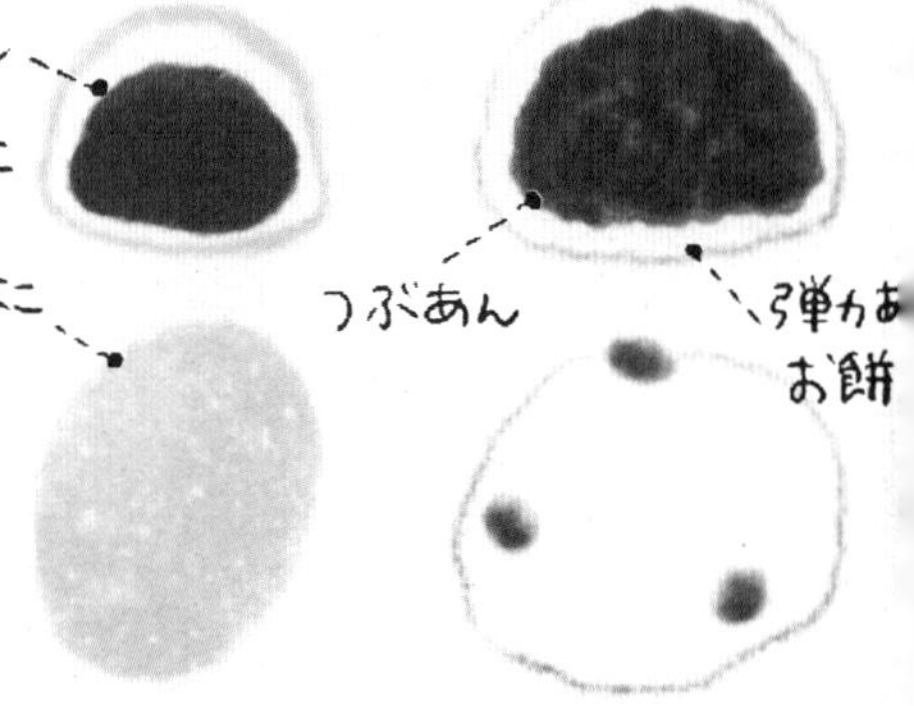

［うぐいす餅］
1月中旬〜3月中旬の販売

［豆大福］

庭の木々に
なじむ平屋建

南側の庭から見る瓦葺き
長い庇が庭に溶け込んで
いる佇まいも美しい。

建物を高台側に
南側に庭を配置することで
日当たり、風通しの良い環境
をつくり出している。

南斜面の高台

四季の和菓

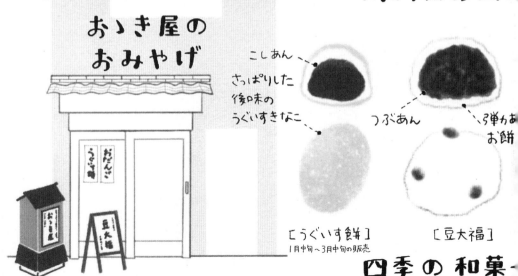

芙美子さんは料理が得意だったそう!
使い勝手の良さそうな台所には
そのセンスが現れている気がする✧

茶の間

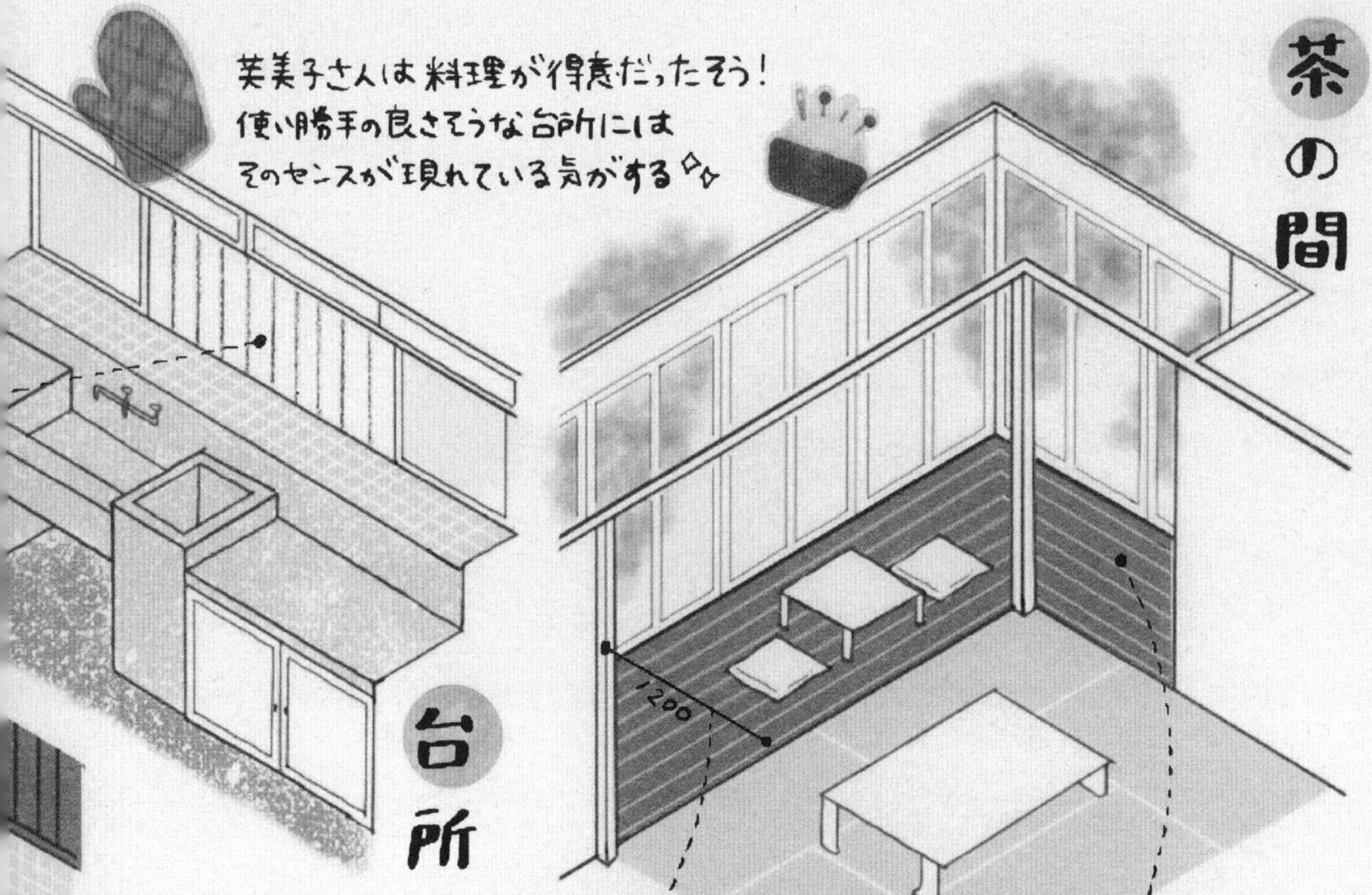

台所

西向きの浴室。
こちらも西日を取り入れる
大きな窓があり
冬でも暖かい。

広縁の幅は1200mmで
6畳の茶の間に対しかなり広め。
しかしここに小卓を出してお子さん
と食事を楽しむ芙美子さんの写真も
残されていることから、茶の間の延長
として使われたようである

茶の間に面した
L字型の開口と広縁が
空間の広がりと奥行を
生んでいる

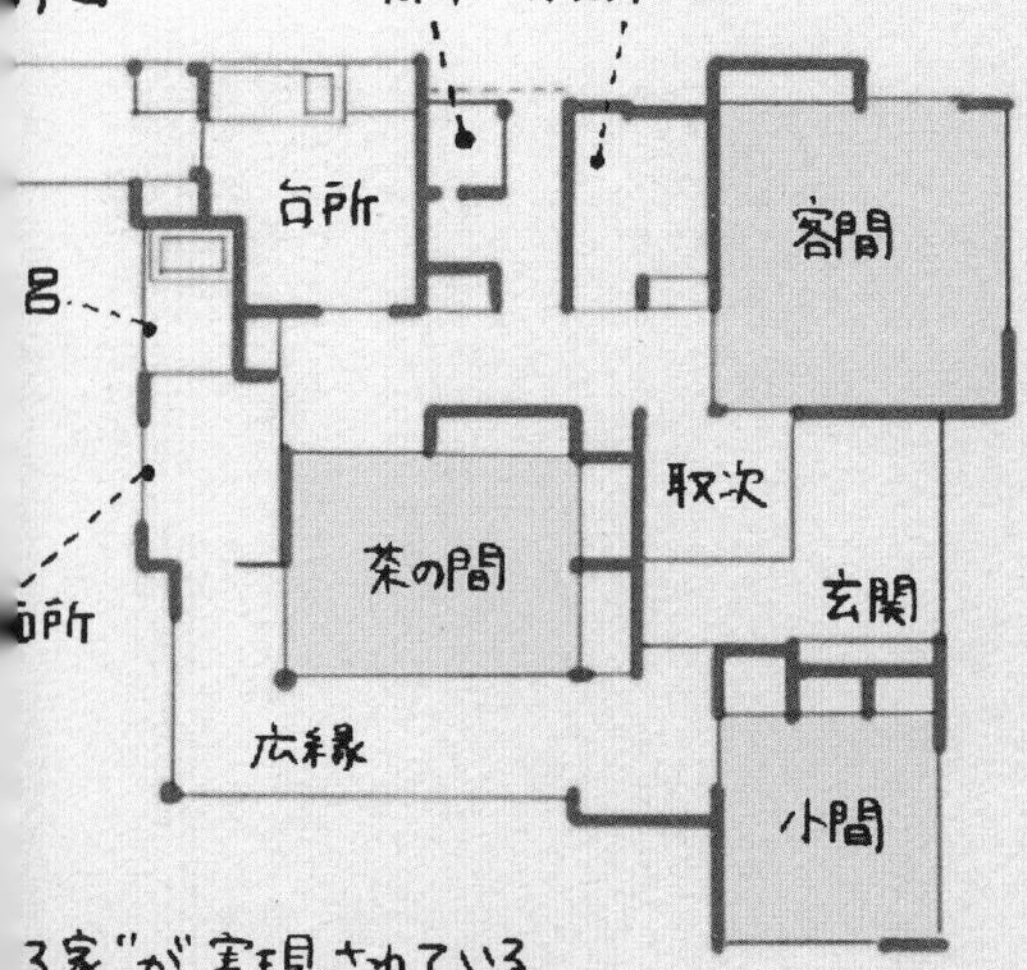

る家"が実現されている。

和モダン取手

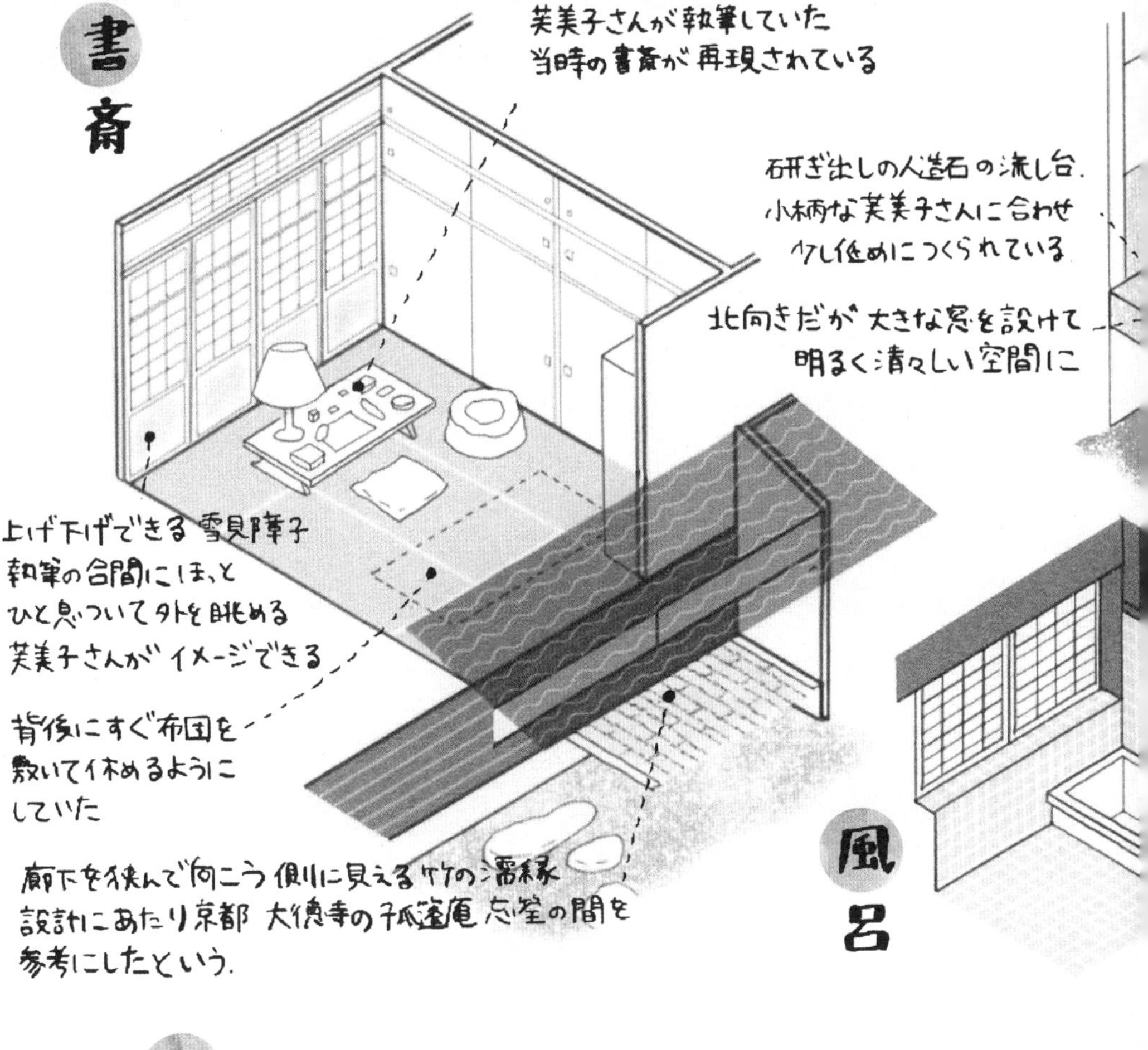
書斎
机や筆記用具など
芙美子さんが執筆していた
当時の書斎が再現されている
研ぎ出しの人造石の流し台。
小柄な芙美子さんに合わせ
少し低めにつくられている
北向きだが大きな窓を設けて
明るく清々しい空間に
上げ下げできる雪見障子
執筆の合間にほっと
ひと息ついて外を眺める
芙美子さんがイメージできる
背後にすぐ布団を
敷いて休めるように
していた
廊下を挟んで向こう側に見える竹の濡縁
設計にあたり京都 大徳寺の孤篷庵 忘筌の間を
参考にしたという。
風呂

レトロなあかり

当時のまま残されている書庫の照明

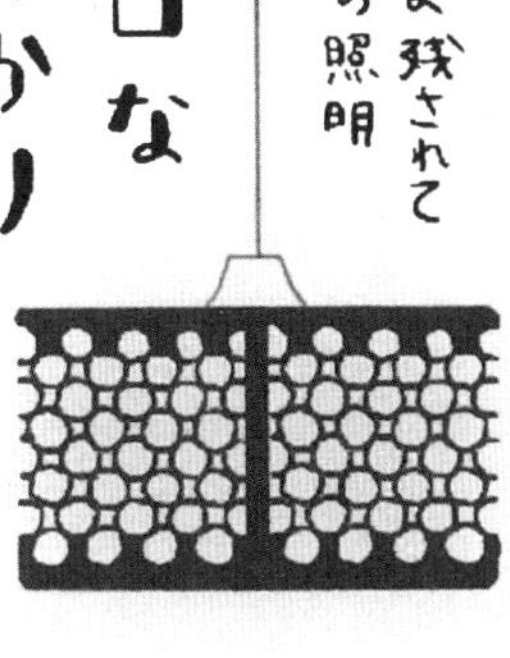

アトリエ
書斎
書庫
次の間
寝室

風の吹き抜ける家

ほとんどの部屋に2か所以上の出入口があり、
芙美子さんの家づくりの信念"東西南北、風の吹き

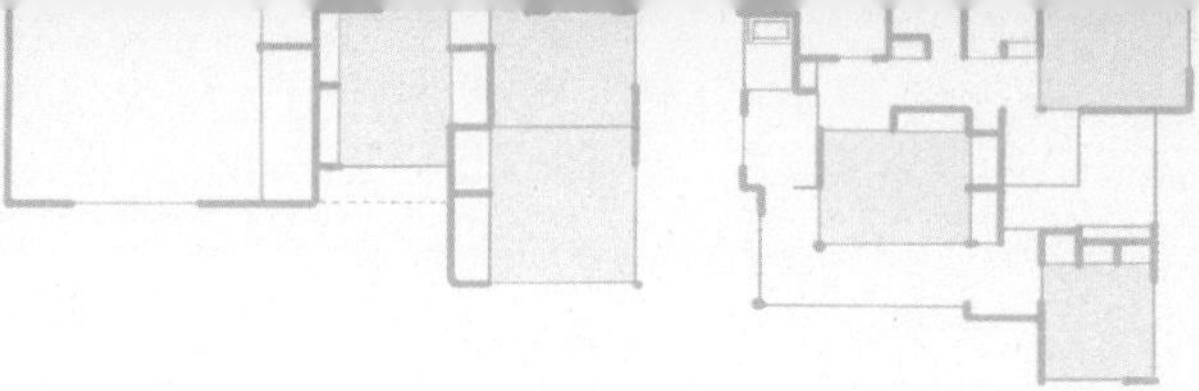

林《はやし》芙《ふ》美《み》子《こ》記《き》念《ねん》館《かん》

SHINJUKU AREA / NAKAI

HAYASHI FUMIKO MEMORIAL HALL

林芙美子記念館

住所　東京都新宿区中井2−20−1
電話　03−5996−9207
営業時間　10時～16時30分
休業日　月曜

おゝき屋

住所　東京都新宿区中落合1−17−5
電話　03−3951−1776
営業時間　9時～19時
休業日　木曜

文化人がこよなく愛した街・中井を歩く

中井駅前に流れる妙正寺川を挟み、北と南に標高が上がっていく坂の街。一の坂から八の坂まであり、四の坂通りという表示のある坂道の途中に、「林芙美子記念館」があります。『放浪記』や『浮雲』などで知られる作家・林芙美子が、昭和16年から昭和26年に亡くなるまで暮らしていた家が公開されていて、当時の暮らしぶりを垣間見ることができます。中井は、マンガ家の赤塚不二夫が長く住んでいた街としても有名です。彼がよく通っていたという老舗和菓子店「おゝき屋」が中井駅のすぐ近くにあり、来店時はいつも酔っていて、当初の注文より多く購入していったというエピソードが語り継がれています。記念館を訪れたあとに、ぜひ立ち寄りたいお店です。

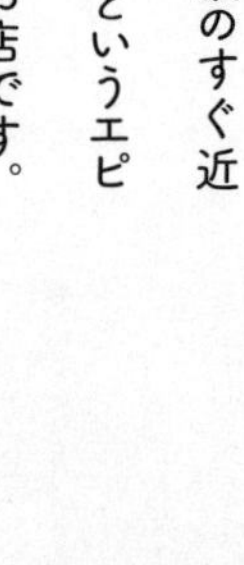

林芙美子が徹底的にこだわった家づくり

林芙美子邸は、庭を含めて約530坪もの広大な敷地でしたが、建設当時は戦時統制下にあり、住宅の規模は一棟30坪（約100㎡）以内に制限されていました。そのため、芙美子名義の生活棟と夫・緑敏名義のアトリエ棟に分けて建設され、その後で勝手口と土間で2棟がつなぎ合わされました。規模が小さいため、空間全体に目が行き届く安心感がありますが、冷たく暗い〝裏〟のような場所ができないように考え抜かれて設計されています。また、林芙美子自身も家づくりに確固たる信念と格別な思い入れをもっていました。「東西南北　風の吹き抜ける家と云うのが私の家に対する最も重要な信念であった。客間にはお金をかけないことと、茶の間と風呂と厠と台所には十二分に金をかけることと云うのが私の考えであった」（自著『家をつくるにあたって』より）という文章が残されています。建築家・山口文象ならではのこまやかな数寄屋づくりに、女流作家の格別な思いが合わさることで、さらによいバランスが生み出されています。

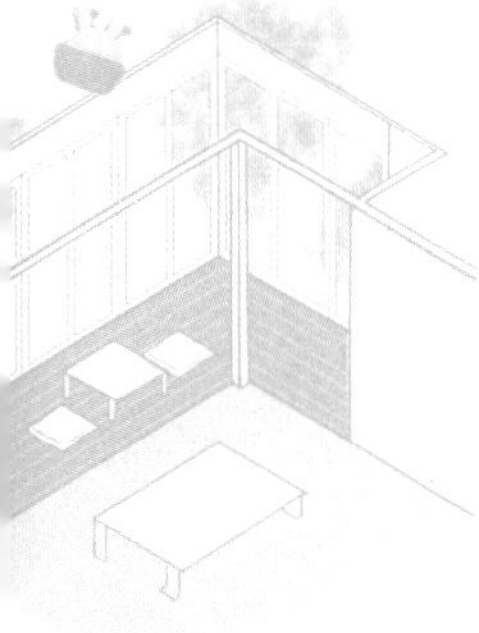

建築memo

作家業も主婦業も快適に行える家

“東西南北 風の吹き抜ける家”というコンセプトの元に生まれた林芙美子邸。台所や書庫など、閉鎖的になりやすい場所にも開口部が多く、間取りも機能的。北側の水廻りや収納スペースにも十分な採光や通風が確保され、隅々まで手を抜かない設計がなされています。林邸が体現する通り、台所が快適ならば、料理や食事の時間が充実するし、書庫がよい環境ならば、仕事も効率的に捗ります。居間や食堂、寝室などメインの居室スペースと、台所や納戸など生活を支える裏方のスペース。住まいを設計する上で、両方を考え、大切にすることの重要性を改めて体感できました。

控えめなのに印象的な純喫茶

コーヒーロン

COFFEE LAWN

SHINJUKU AREA / YOTSUYA

イリッシュな
たずまい
ンクリート打放し。
こく看板も控えめ。
入口のドアノブは
職人の技が光る逸品。
思わず
ナデナデしたくなる
質感
シャレな看板
わったから
芝生!?
りから
ような
デザイン
ADE
目じる
こだわりのコーヒーは
香りと味にこだわった
コーヒーはネルドリップ
で入れる
1~2Fが喫茶店
3~4Fが住宅
という構成みたい。
1~2F間に切れ目のない
入口の縦長ガラス開口。
ナイフでスッと切り込みを入れ
たようなスマートな形状と
そこからさりげなく外を見せる
デザインセンスがカッコいい…!
外に顔を出すらせん階段。
実は建物全体を支える役割
を担っており。これのおかげで
内部に柱のない構造を実現
できている。
どうやら
welcomeらしいよ
入口横の壁は少し内側に傾いており
"中へどうぞ"と語りかけているよう。

実は道路拡張時
にできた空地部分を
使って建築したとか。
工事で幅員は
"倍"になったそう!

巨大な道路 MAP

お店の前を通る新宿通りは国の都市計画
により20年以上も拡幅工事が行われた末、
現在のような大きな通りになった。

新旧のロン HISTORY

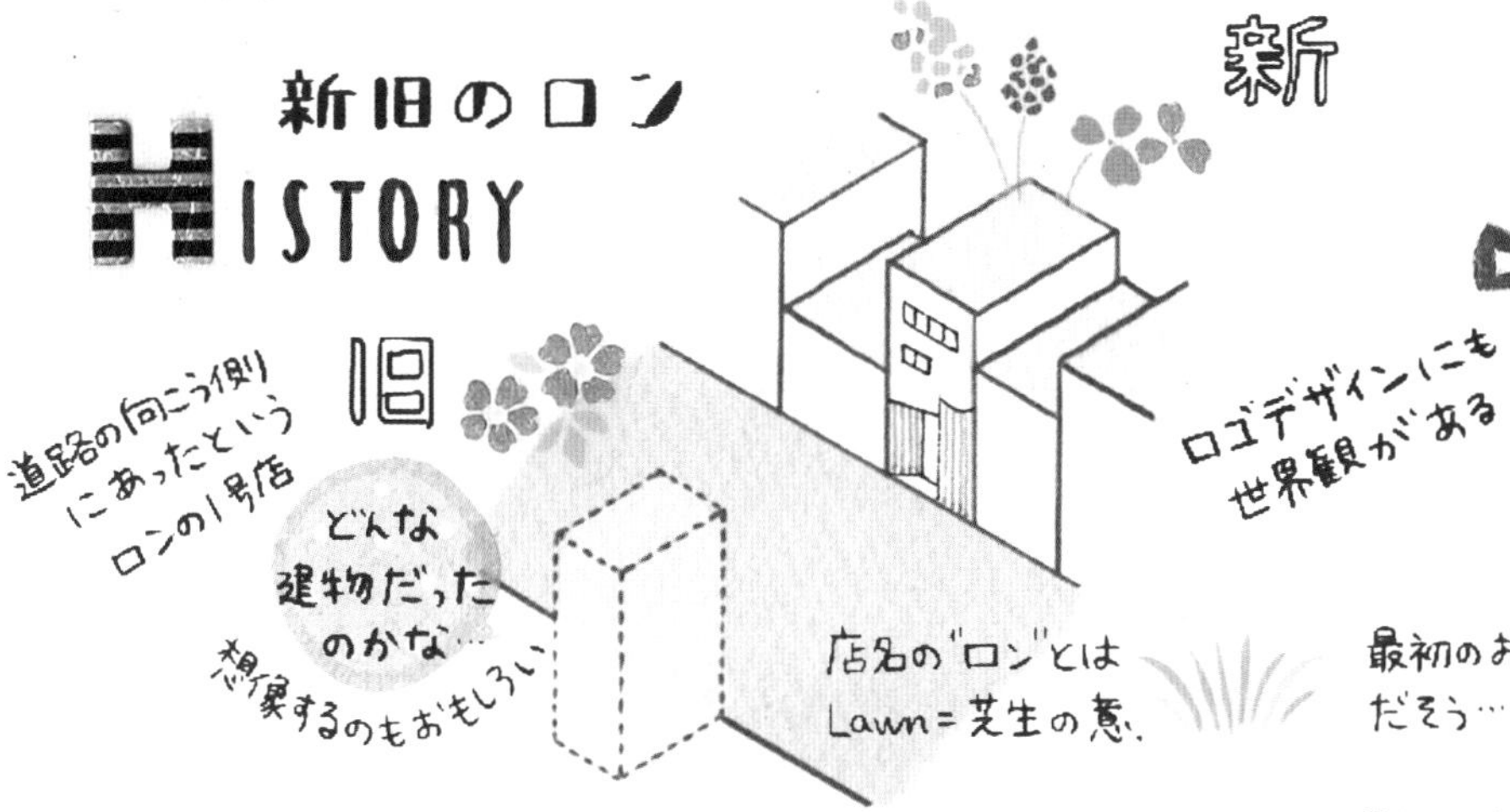

ロンの創業は1954年だが
現在の建物は1969年完成。
そこにタイムラグがあるのは、昔 新宿通りを狭んだ
向こう側にもロンがあったから。
旧ロンは第一工房の高橋靗一さん、新ロンは事務所の所員
だった池田勝也さんが独立第1作目としてデザインされたそう

外壁は
開口は

切り文字

最初のお店に芝生
だそう…エッ!?店

やたらと幅広く忙しない新
敢えて距離をつくる
ファサ

まちし

くない.
のおかげで広々と感じる.

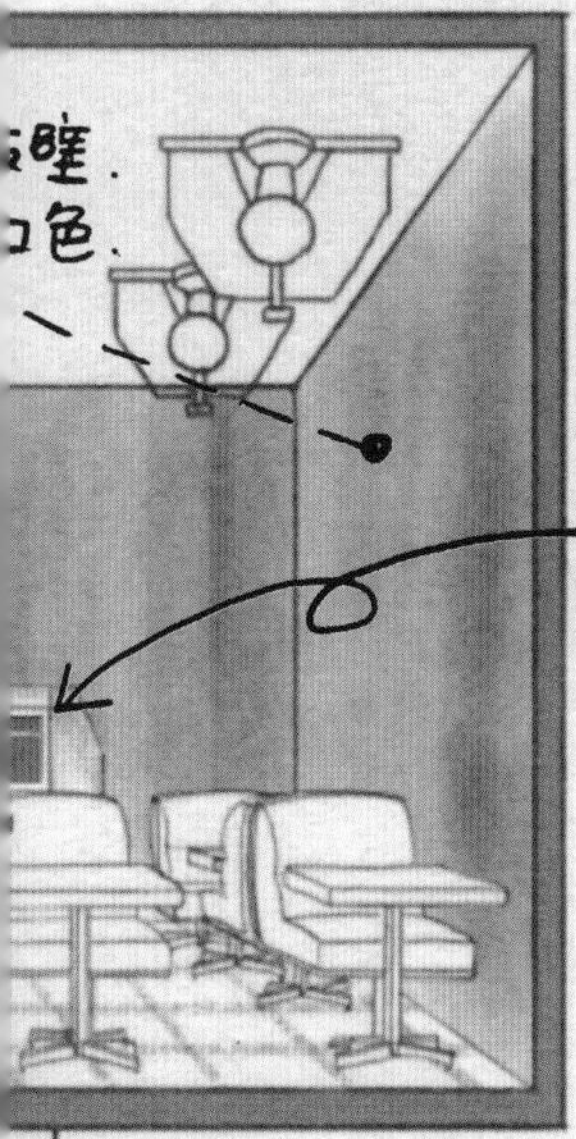

上品な色の
レンガタイルは
特注品らしい

壁.
色.

SPIRAL STAIRS

らせん階段

2Fへのアクセスは
奥の小さならせん階段で.
人体寸法を意識しつつも
ムダなくコンパクトな設計.

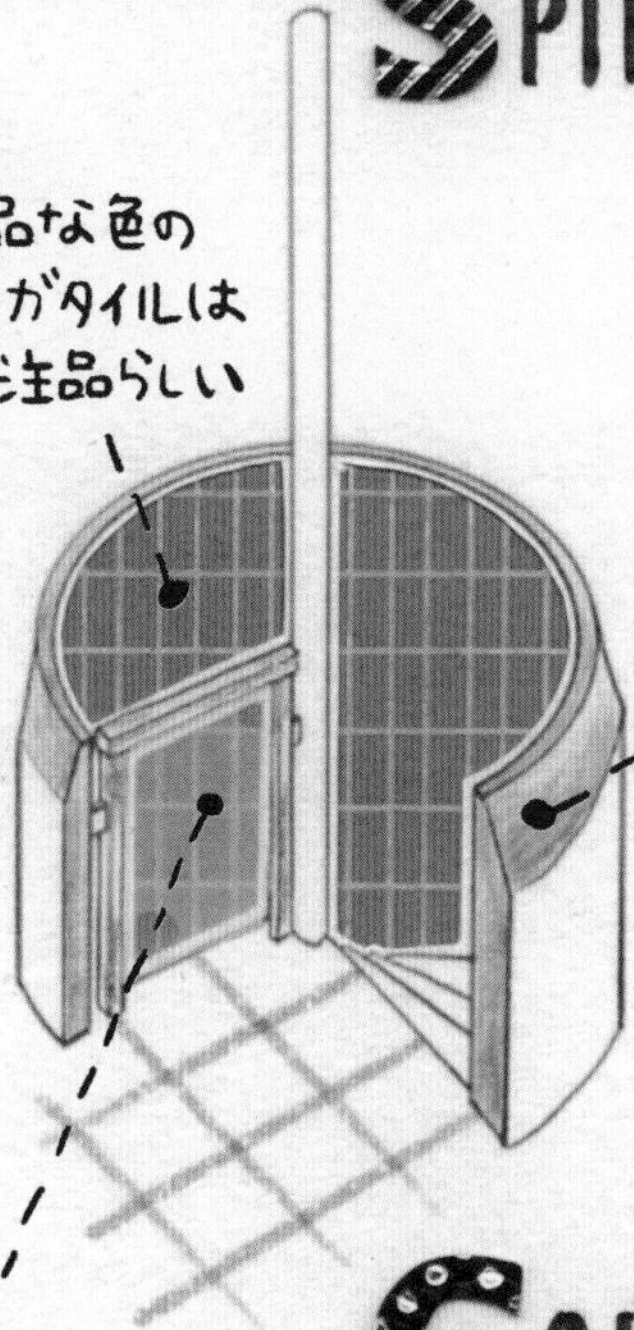

テーパーのついた木手すり
思わず触ってしまう

苦み強めで濃厚.
気分もキリリとする.

奥にある2つの腰壁はガラス製.
透過性を持たせることで
抜け感をつくっている

COFFEE

アイスコーヒー

すべての食材がバランスよく
混ざり合い美しいハーモニー♫

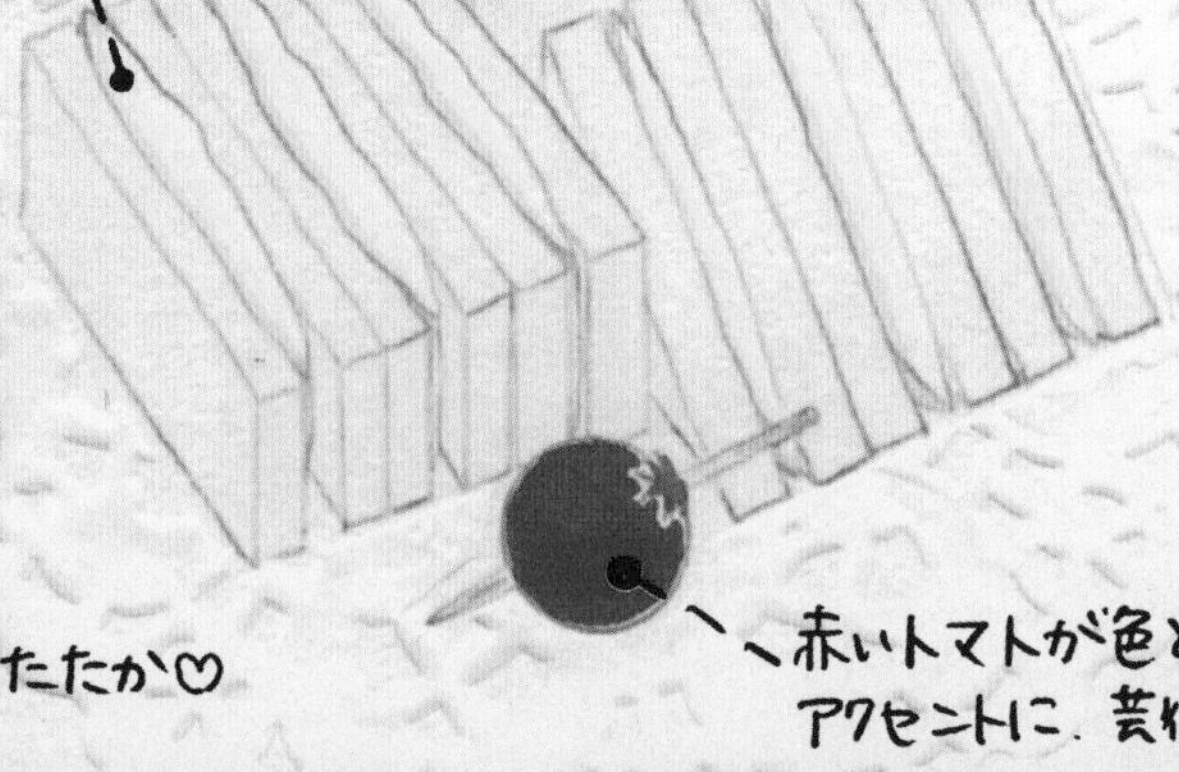

繊細な食感の食パン

内側には
しっかりバター

ふんわり
オムレツ

ANDWICHES

タマゴサンド

べたことのないくらいしっとりあたたか♡

赤いトマトが色どりの
アクセントに. 芸術品な

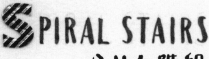

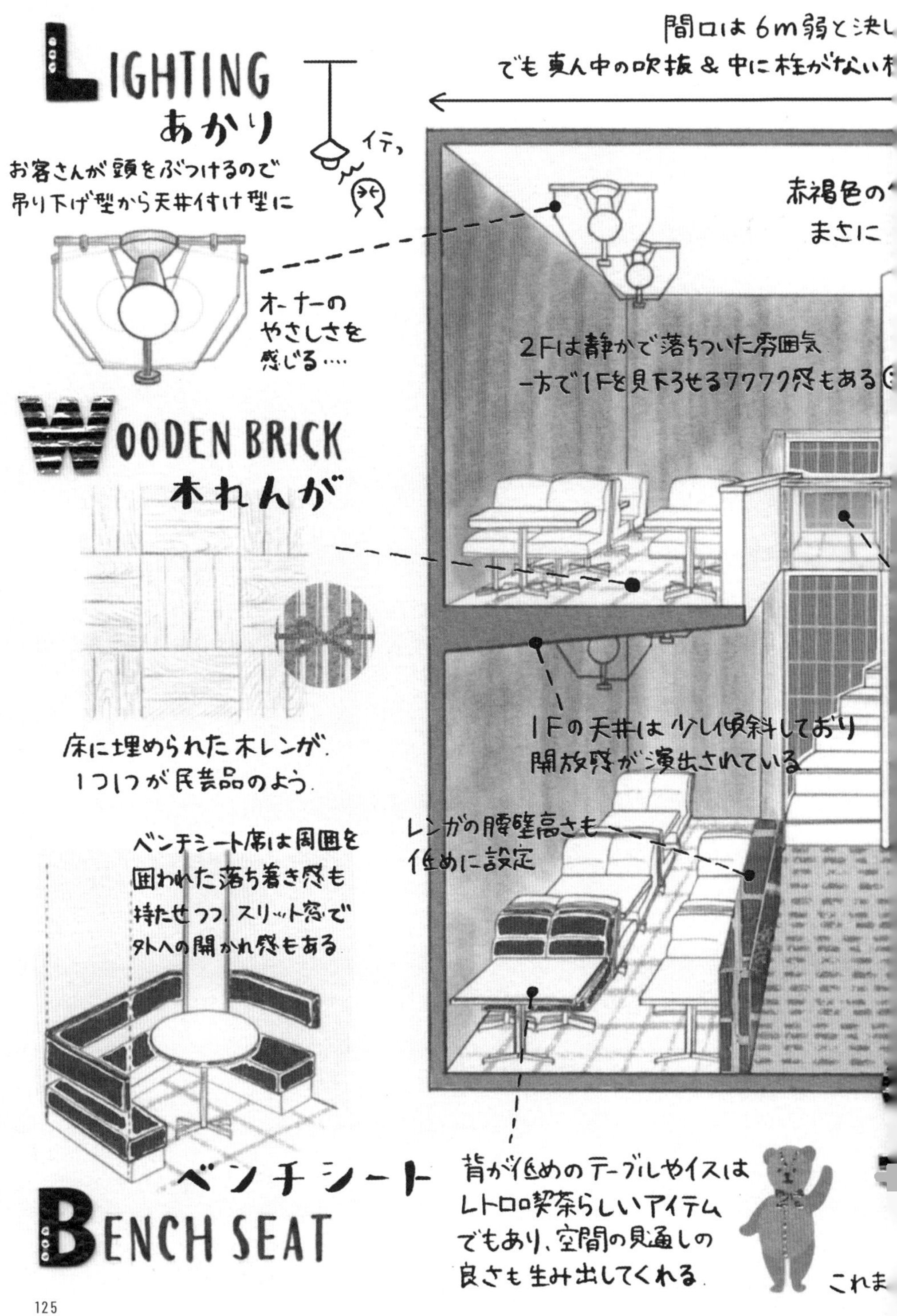
LIGHTING
あかり
お客さんが頭をぶつけるので
吊り下げ型から天井付け型に
イテッ
オーナーの
やさしさを
感じる….
WOODEN BRICK
木れんが
床に埋められた木レンガ.
1つ1つが民芸品のよう.
ベンチシート席は周囲を
囲われた落ち着き感も
持たせつつ、スリット窓で
外への開かれ感もある.
ベンチシート
BENCH SEAT
間口は6m弱と決し
でも真ん中の吹抜&中に柱がない
赤褐色の
まさに
2Fは静かで落ちついた雰囲気
一方で1Fを見下ろせるワクワク感もある
1Fの天井は少し傾斜しており
開放感が演出されている.
レンガの腰壁高さも
低めに設定
背が低めのテーブルやイスは
レトロ喫茶らしいアイテム
でもあり、空間の見通しの
良さも生み出してくれる.
これま

コーヒーロン

SHINJUKU AREA / YOTSUYA

COFFEE LAWN

住所　東京都新宿区四谷1-2
電話　03-3341-1091
営業時間　11時～18時
休業日　土曜・日曜・祝日

精巧な計算がうかがえる設計と内装デザイン

四ツ谷駅からほど近い、新宿通り沿いに面して立つ「コーヒーロン」。1964年の東京オリンピックに向けた道路拡張工事の空き地に建てられたため、間口6m弱と狭く、高い建物になりました。コンクリート打放しの無駄な装飾のないシンプルな外観で、開口部も少なく看板も控えめなため、注意していないと喫茶店があることを見逃してしまいそうです。それほど街並みになじんでいるのに、一度その存在に気づいてしまうと、そのカッコよさに目が釘付けになるから不思議です。店内は、奥へと続く細長い形状。合板、ガラス、コンクリート、ステンレス、レンガ、タイルなど、シンプルな工業用素材を組み合わせて、おしゃれな雰囲気を造り出しています。また、外の通りからは中が見えにくいデザインなのですが、内部に柱をなくしたり、天井に吹

き抜けを設けたりすることで広々と感じられ、囲われているけれど解放感があるという、不思議な心地よさに浸れます。人体のスケールに合わせた幅の取り方、ドアノブや螺旋階段の手すりなど、人が触れる部分の素材選びも大切にされていて、どうやって快適な場にするかがさまざまな視点から考え抜かれています。建築家志望の学生が勉強のためによく訪れるというのも納得です。

一度は食べたい、見た目も美しいタマゴサンド

内装はここが開店した約50年前から何ひとつ変わっていませんが、実はメニューも当時のまま。クリームソーダやミルクセーキ、ジャムサンドイッチなど、昔ながらの喫茶メニューに出会えます。なかでも、注文を受けてから店主がつくるタマゴサンドは根強いファンをもつ一品です。これまでに味わったことのない、あたたかくてしっとりとした卵焼きの食感は格別。ネルドリップで淹れる、濃厚な味わいのコーヒーとの相性もぴったりです。

建築memo

内部を護る ファサードの壁

店構え（ファサードデザイン）はお客の第一印象を決める重要な部分。外から内部が見えれば、店に入りやすい安心感があります。一方、ロンの佇まいは、コンクリート打放しの壁が主役で、開口部もあまりありません。中の様子は見えず、一見すると無機質だと感じます。でも一歩、店内に入ると、喫茶室には驚くほど平穏であたたかな雰囲気が広がっています。車通りが多く、せわしない新宿通りや四ツ谷の街並から、内部を護るため、あえてこのような設えにしたのだと思います。その二面性ある設えに、思わず恋をしました。

SHINJUKU AREA / TAKADANOBABA

レトロフューチャーに浸る

喫《きっ》茶《さ》

CAFE ROMAN

ロマン

ルの中で迷子になる人もいるのだそう

然と並ぶ

こか近未来的.

お店が
オープンした
当時は周囲に
大きな建物が
ほとんどなく
窓から辺り一体が
一望できたそう

いい眺め〜♪

喫茶ロマンのある稲門ビルは高田馬場駅のロータリーに面した角地にある.
ビルができた当時流行していたという ボーリングの レーンの配置を優先し、
階段やEVの計画を 2の次にしたことから 内部は非常に複雑な動線に…(笑)

ロゴデザイン

ビルの2Fにある喫茶ロマン.
内装とロゴデザインは大阪
万博のデザインを手がけた方によるものらしい!
ロと○を組み合わせたデザイン文字は美しくて楽しい!

"ロマン"という店名は
マスターのお父さんが
好きだった言葉から…

街路から見上げた
外からの眺めも
とてもすてき…

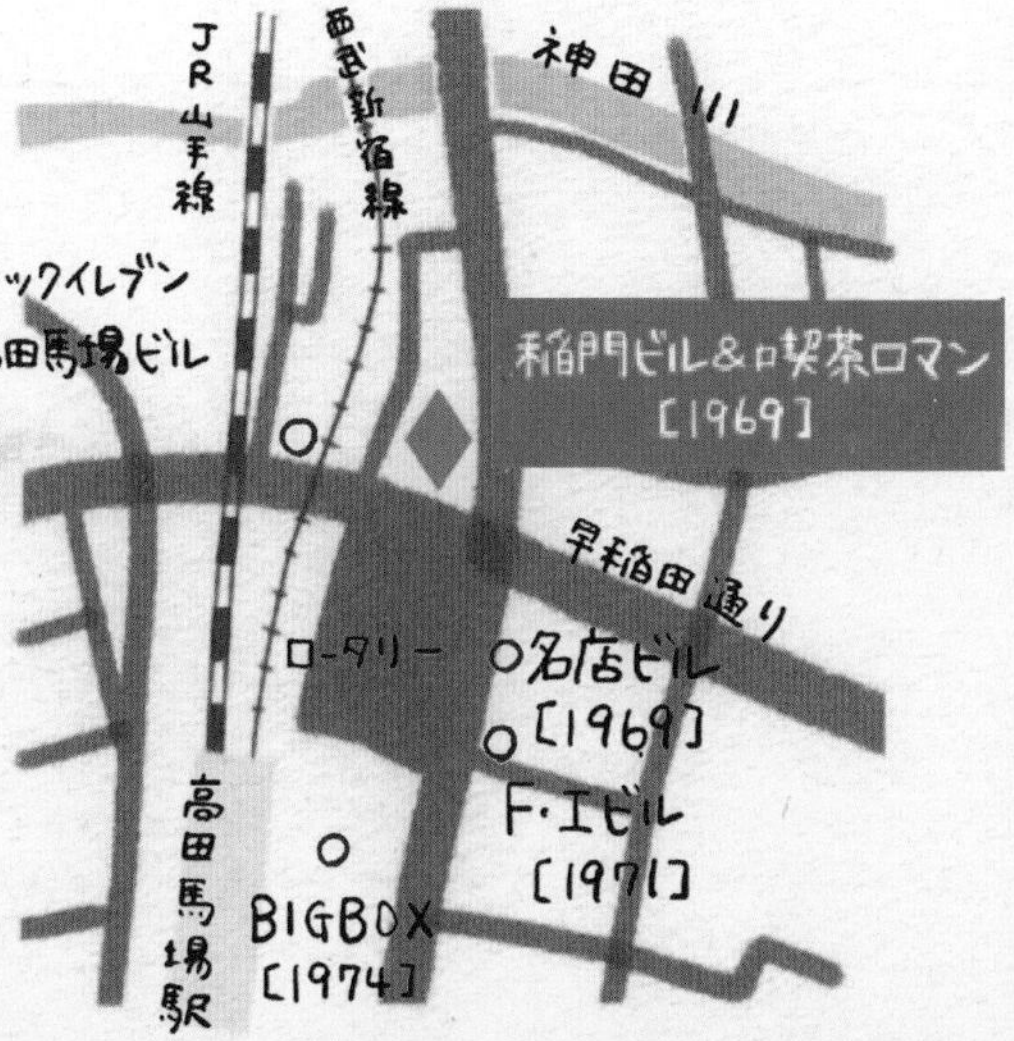

70'sビル群

70年代カルチャーの聖地と言われた高田馬場.
、駅前の再開発が始まり、ロータリーまわりには
ルたちが集合! そして 今も現役で使われている.

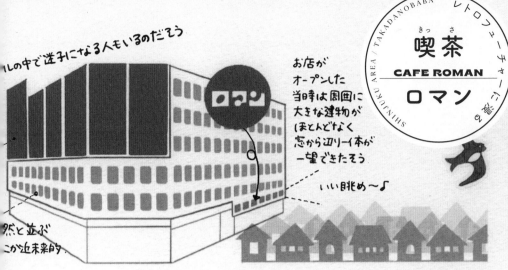

夜も営業しているのも
うれしい♡まるで
夜汽車に乗ってる気分♪
稲門ビ
竣工時は赤いタイル
貼られていたと
(今は残念ながら吹付に
角丸の窓
ファサード
オープン当時から
"新幹線みたい"と
評判だったとか
食堂車みたい♫
角がRの横長の連続窓とボックス席
がセットになったインテリアは まるで食堂車
のようで すごくワクワクする！
店内は何度か
改装している
でも窓際の
ボックス席の雰囲気
だけは大切に
残しているそう.
ごはんがわりにも◎
薄めで小ぶりの
パンケーキスタイル
100mm
夜なので
カフェイン控えめ
ナポリタン、ミルクセーキ、フ
もおすすめらしいです
甘すぎない
ホットケーキ　紅茶セット
1971(昭4
当時最新鋭

喫《きっ》茶《さ》ロマン

SHINJUKU AREA / TAKADANOBABA

CAFE ROMAN

住所　東京都新宿区2-18-11 稲門ビルM2階
電話　03-3209-5230
営業時間　11時30分～22時（土曜・日曜・祝日～19時）
休業日　無休

70年代デザインを堪能できる内外装

終戦後、駅前に青空市場が立ち、賑わいを見せていた高田馬場。近隣のタックイレブンビル※を皮切りに駅前の再開発がはじまりました。その流れで、昭和45（1970）年前後に建てられたビルが、今もロータリー周辺に残されています。そのなかでも、とくに興味を引かれるのが稲門ビル。「喫茶ロマン」は、このビルの竣工と同時にオープンしたからなのか、お店のある2階の一部だけ形状の異なる横長の窓になっています。稲門ビルの完成当時は、モダニズムと、80年代以降のポストモダンの狭間で、昭和レトロでもゴージャスでもない微妙な年代です。でも、1970年の大阪万博を代表するように、レトロフューチャーと呼ばれるデザインが生まれた時代でもあります。角丸の大きな窓が連続する稲門ビルの外観からも、近未来感が漂ってお

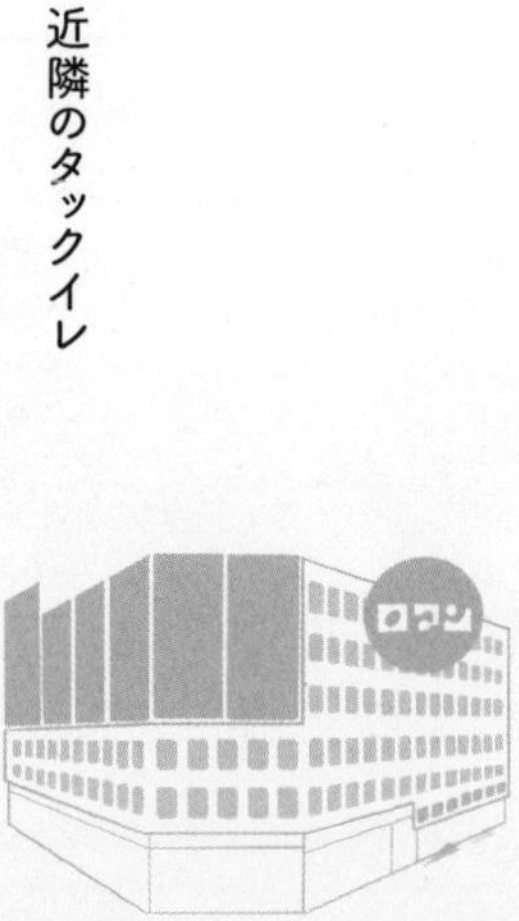

※ 高田馬場駅前にある雑居ビル。地上11階建てと、駅周辺でも高層な建築物のひとつで、真っ黒な外壁が特徴的。現在はミャンマー食材や雑貨の店舗が入り、ミャンマー人居住者も多い

り、「喫茶ロマン」の内装やロゴは、大阪万博に携わったデザイナーが、まだ見ぬ未来への夢をイメージしてつくったものです。開店当初、新幹線の食堂車のようだと人気を博した窓際の席は、はたまた宇宙船の内部のよう。まさに70年代ならではのスペイシー（宇宙空間的）デザインが息づいています。

1日中満足できるメニューが勢ぞろい

稲門ビルができた頃はまだ高い建物がなく、窓からの眺めはとてもよかったそう。現在は、前面道路の早稲田通りを挟んで反対側にもビルはあるのですが、昔の雰囲気が残り、高いビルは少なく、遠くまで見通せるような視界の抜け感があります。メニューは、揚げ物やカレーライス、ハンバーグなどのがっつりごはん系から、パフェやあんみつといったスイーツまで、喫茶店とは思えないほど豊富なラインナップ。ランチタイムには、和食の日替わり定食弁当もあります。誰とどんな時間に来ても、おいしい食事が味わえるのも魅力です。

建築memo	
窓から街の痕跡を辿る	外の景色がよく見える角丸の大きな連続窓や、個人の占有スペースを広く確保できるボックス席風のレイアウト。ロマンの窓際席は、まるで鉄道車両に乗っているようなワクワク感を味わえます。店が開店した頃の高田馬場駅周辺の写真を見ると、駅前には終戦当時から青空市場が広がっており、背の高い建物はほとんどありませんでした。だから列車のように窓から最高の眺めを楽しめた、当時の名残なのでは……と昔の風景に思いを馳せます。

MOMO《モモ》 garten《ガルテン》

昭和の長屋と
かつての川の記憶

MOMO GARTEN

SHINJUKU AREA
NAKANOSAKAUE

窓の外には、かつてここに
川が流れていた時のような
豊かな自然が広がる
外の席も
気持ち良さそう!
古い石の流し台
を利用した水槽
ウッドデッキ
建物と外の自然
をつなげてくれる
帰りがけに
分けてもらった♪
メダカや金魚
秋には干し柿を
手づくり☆
水生植物が住んでいる
ちが
った.
失われた桃園川を再び
ミニビオトープ
桃園川

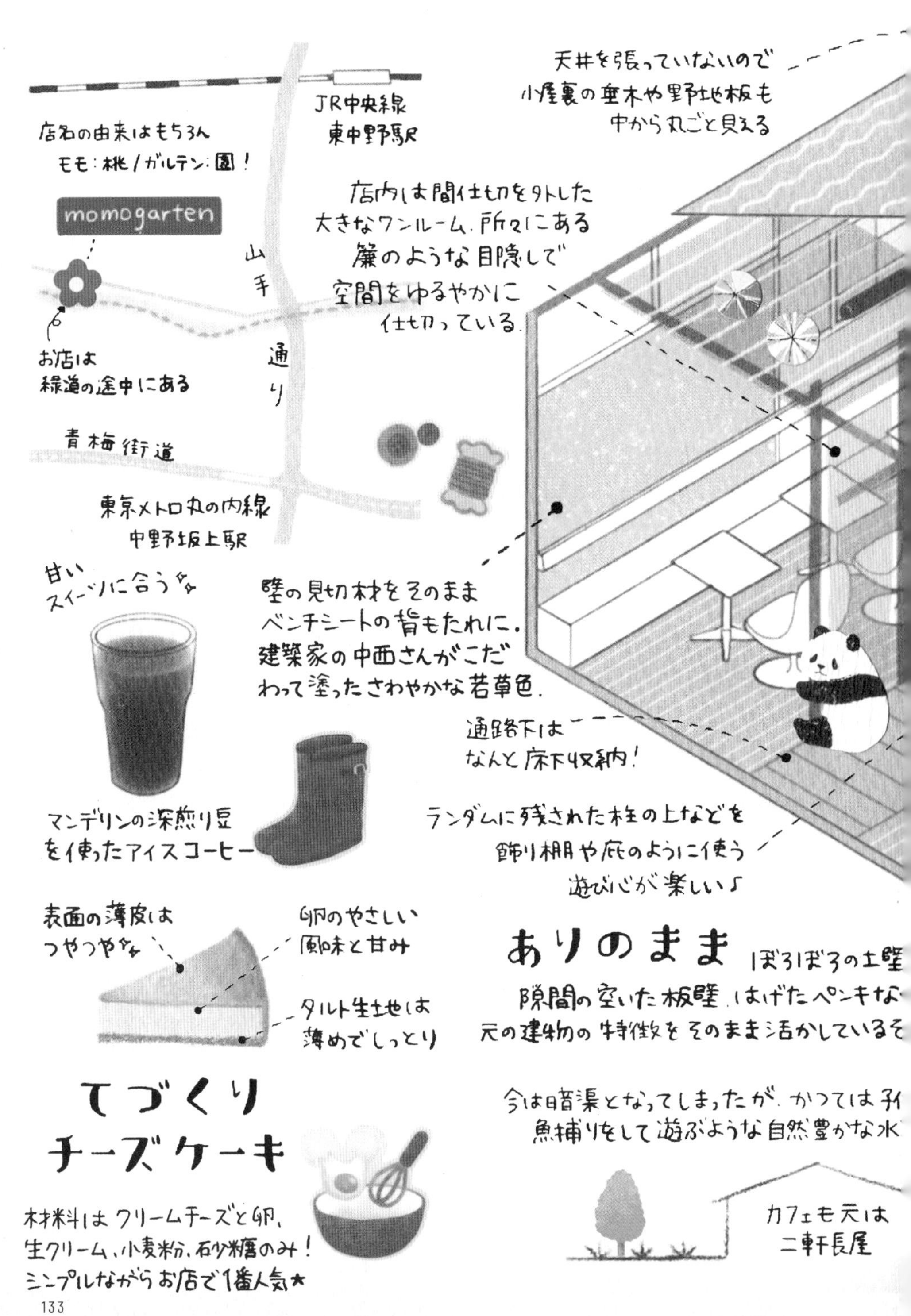
JR中央線
東中野駅
店名の由来はもちろん
モモ：桃／ガルテン：園！
momogarten
山手通り
お店は
緑道の途中にある
青梅街道
東京メトロ丸の内線
中野坂上駅
天井を張っていないので
小屋裏の垂木や野地板も
中から丸ごと見える
店内は間仕切を外した
大きなワンルーム。所々にある
簾のような目隠しで
空間をゆるやかに
仕切っている。
壁の見切材をそのまま
ベンチシートの背もたれに。
建築家の中西さんがこだ
わって塗ったさわやかな若草色。
通路下は
なんと床下収納！
ランダムに残された柱の上などを
飾り棚や庇のように使う
遊び心が楽しい♪
甘い
スイーツに合うな
マンデリンの深煎り豆
を使ったアイスコーヒー
表面の薄皮は
つやつやな
卵のやさしい
風味と甘み
タルト生地は
薄めでしっとり
てづくり
チーズケーキ
材料はクリームチーズと卵、
生クリーム、小麦粉、砂糖のみ！
シンプルながらお店で1番人気★
ありのまま
ぼろぼろの土壁
隙間の空いた板壁、はげたペンキな
元の建物の特徴をそのまま活かしているそ
今は暗渠となってしまったが、かつては子
魚捕りをして遊ぶような自然豊かな水
カフェも元は
二軒長屋

MOMO《モモ》 garten《ガルテン》

SHINJUKU AREA / NAKANOSAKAUE
MOMO GARTEN

住所 東京都中野区中央2-57-7
電話 03-5386-6838
営業時間 11時~18時
休業日 月曜・火曜・水曜

川沿いにあった築70余年の木造建築

杉並区から中野区にかけて続く桃園川緑道。その通り沿いに、住む人もなく放置されていた二軒長屋を改装して造られたのが、「MOMO garten」です。町屋の再生をテーマとする建築家の中西道也氏が大工たちの協力のもと、約9ヶ月かけてセルフビルド。オーナーやスタッフたちも柱を磨いたり、壁を塗ったりと手伝ったことで、よりそれぞれの思いが詰まった建物になりました。オーナーは福祉事務所の元ケースワーカー。同じ敷地にある自立支援施設の利用者や、地域の人々がちょっとした息抜きができるような場所をつくりたいという思いで、2013年にカフェとしてオープンしました。今では、チーズケーキやパウンドケーキ、季節のケーキなどの手作りスイーツをはじめ、手間暇かけて作られるサラサラ系のインド風スパイシーポー

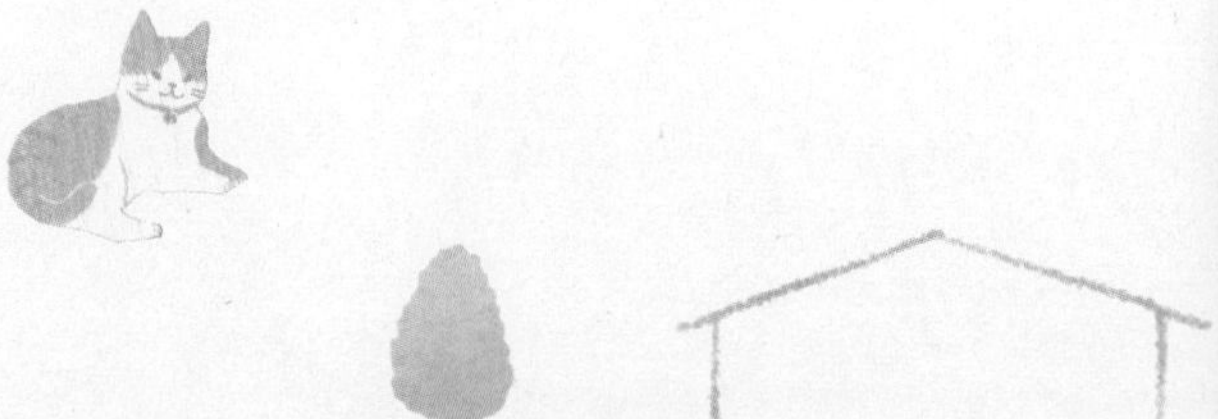

クカレーや、パスタなどの料理も評判です。

ヒューマンスケールの快適な空間づくり

改装当初は築年数不明でしたが、棟柱に残されていた文字により、昭和23年築だと判明。構造や材料など、当時の木造建築のよさをそのまま活かしています。さらに、ゆったりとした間口から風が通る心地よさ、ところどころに配置された目隠しによる人と人との距離感のコントロールなど、人間の感性やヒューマンスケールをよく考えた空間づくりが居心地のよさにつながっています。また、テラス席に置かれた手作りのビオトープは、暗渠となって失われた川辺をイメージ。近隣には車の往来もないため、都会に居ながら自然の心地よさに浸れます。

そして、驚くべきは、改修はまだ終わっていないということ。これからも断続的に手を入れていき、〝永遠に完成しないこと〟を大切にされているそう。遠方から訪れる人も多い人気の古民家カフェですが、おしゃれさや料理のおいしさだけでなく、分かりやすい尺度だけでは測りきれないこだわりが感じられます。

建築memo	
川の記憶を取り戻す	1960年代の急速な都市化にともない、街の中小河川とそこにあった豊かな生態系は、軒並み消滅してしまったといいます。桃園川もかつては豊かな水辺でしたが、暗渠化で一時は寂しげな風景となっていたよう。設計者が「本来の豊かな桃園川を取り戻したい」と設置した当店のミニビオトープも、水や生き物と触れ合ったときの安らぎを思い出させてくれる、あたたかな存在でした。ビオトープはヨーロッパで誕生し、日本でも1980年代後半から行われるようになった自然再生の手法です。

心からほっとできる
“家”のようなカフェ

トンボロ

TOMBOLO

SHINJUKU AREA / KAGURAZAKA

Bブレンド

元々コーヒー好きだった店主さんがテイスティングをくり返してたどりついたこだわりの味。
A：香りと酸味、B：コクと苦み
の2種類がある。

確かに酸味が
ほとんどナイ！

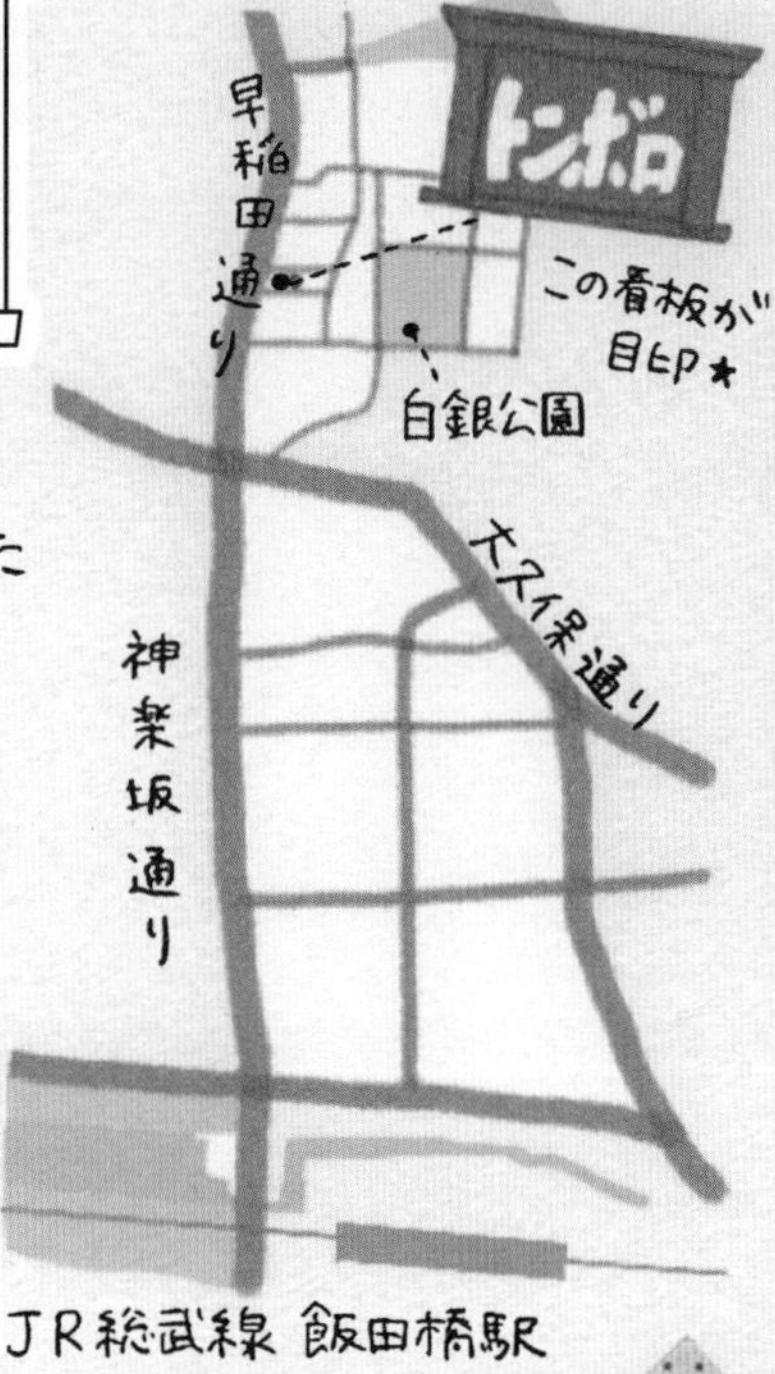

欄間からのほのかな光がカウンター後ろをやさしく照らす

色とりどりのカップが美しく陳列されている

用事を済ませるための勝手口をお客様を迎えるドアとは別にする心遣い♡

オードリーヘップバーンのブロマイド

わたしの
お気に入り席

さまざまな色と模様が美しい英国のアンティークガラス

電話

ちょうど目の高さに覗き窓も✧

ステンドグラスがはめ込まれた入口の扉

tombolo
6-16
kagurazaka shinjuku-ku
03-3267-4538

えかれていた
はがすと
とに.

美大卒で絵心もある店主さんの作品がお店のいたる所に！
探してみよう♪

マスター画伯

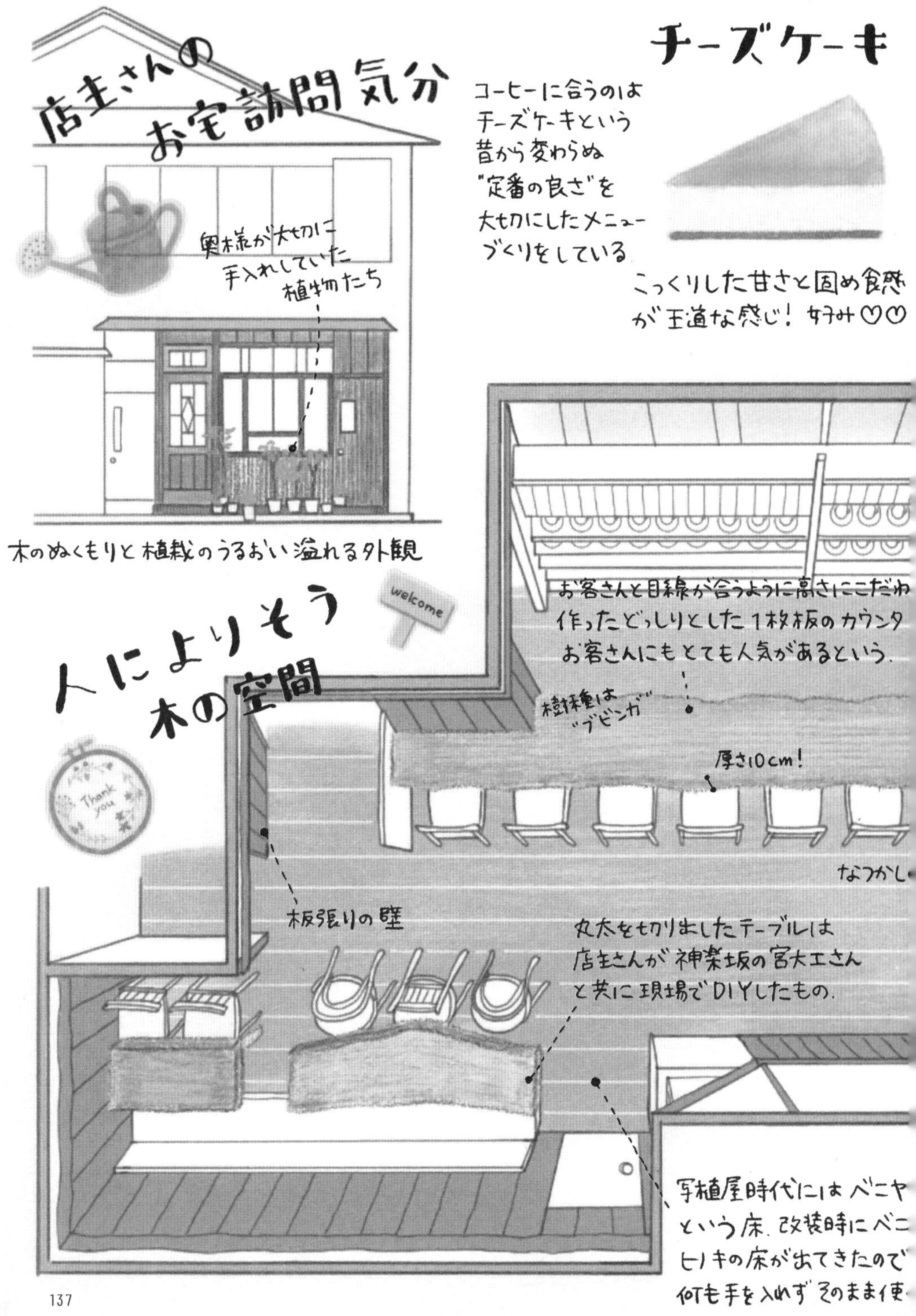
店主さんのお宅訪問気分
チーズケーキ
コーヒーに合うのはチーズケーキという昔から変わらぬ"定番の良さ"を大切にしたメニューづくりをしている
こっくりした甘さと固め食感が王道な感じ！好み♡♡
奥様が大切に手入れしていた植物たち
木のぬくもりと植栽のうるおい溢れる外観
人によりそう木の空間
welcome
Thank you
お客さんと目線が合うように高さにこだわ
作ったどっしりとした1枚板のカウンタ
お客さんにもとても人気があるという.
樹種はブビンガ
厚さ10cm！
なつかし
板張りの壁
丸太を切り出したテーブルは店主さんが神楽坂の宮大工さんと共に現場でDIYしたもの.
写植屋時代にはベニヤ
という床. 改装時にベニ
ヒノキの床が出てきたので
何も手を入れずそのまま使

トンボロ

SHINJUKU AREA / KAGURAZAKA

TOMBOLO

住所　東京都新宿区神楽坂6−16
電話　03−3267−4538
営業時間　11時〜18時
休業日　水曜・木曜

木造民家のよさを活かしたあたたかい空間

流行と伝統が共存する神楽坂。陰影を生む細い道が入り組んでいるのが魅力で、歩いていてとても楽しい街です。その一角の路地に、1989年にオープンした喫茶店「トンボロ」があります。神楽坂で建築設計事務所を営んでいたという店主は、自身の事務所と長屋続きで隣にあった写植屋が閉鎖されるという話を聞き、以前からやりたいと思っていた喫茶店を開店することにしました。築約50年になる木造民家の改装はもちろん自ら設計し、新しいものは既存の木材になじむかどうかを基準に選定。結果、ステンドグラスや葦簀《よしず》の残りと和紙でつくった照明などの新しいものと、古い建物が調和する、落ち着いたカフェが完成しました。床、テーブル、椅子などは木で統一。昔ながらの建物を形づくる木や土は、人の声や騒音を吸収してくれるだ

けでなく、使えば使うほど経年変化が出て、手や身体になじんできます。2階スペースは住居になっていて、店主の生活と一体になっています。そのため、誰より一番長くそこにいる自分たちの居心地のよさを最優先した結果、「なんとなく自分の家のような空間になりました」と話してくれました。

変わりゆく街で変わらないメニューを提供

喫茶店を開くにあたって、探し求めたコーヒーは2種類。お客に出すまでの時間はできるだけ短く、新鮮な豆を使うように心がけています。フードとスイーツはすべて店主の妻の手作りで、素朴で懐かしい味わいのプリンやホットケーキ目当てに訪れるお客さんも多くいます。チーズたっぷりのクロックムッシュや、創業当時と同じモーニングセットも人気です。変わりゆく街の中で、「ここに来ればいつもの味が楽しめる」と思ってもらえるよう、変わらないものを提供していくことでお客に安心感を与えたいというのが店に込められた願いです。突き放し過ぎない接客の距離感もほどよく、落ち着いて過ごせます。

建築memo

舌を巻く、居心地のよさ

木材には熱伝導率の低さや調湿作用、さらに自然材料ならではの経年変化など独自の材料特性があります。トンボロにも木が持つまろやかな色味や木目模様、触れたときの温かみや柔らかさ、肌にしっとりとなじむような優しい風合いなど、素材を活かした内装デザインや家具が活かされています。木を上手に扱うには、専門の知識と経験の深さが必要不可欠ですが、当店を見れば建築家である店主の技量の高さがうかがえ、この極上の居心地が生まれた最大の理由に誰もが納得します。

並木と建築の美しいハーモニー

キアズマ珈琲《コーヒー》

KIAZUMA COFFEE

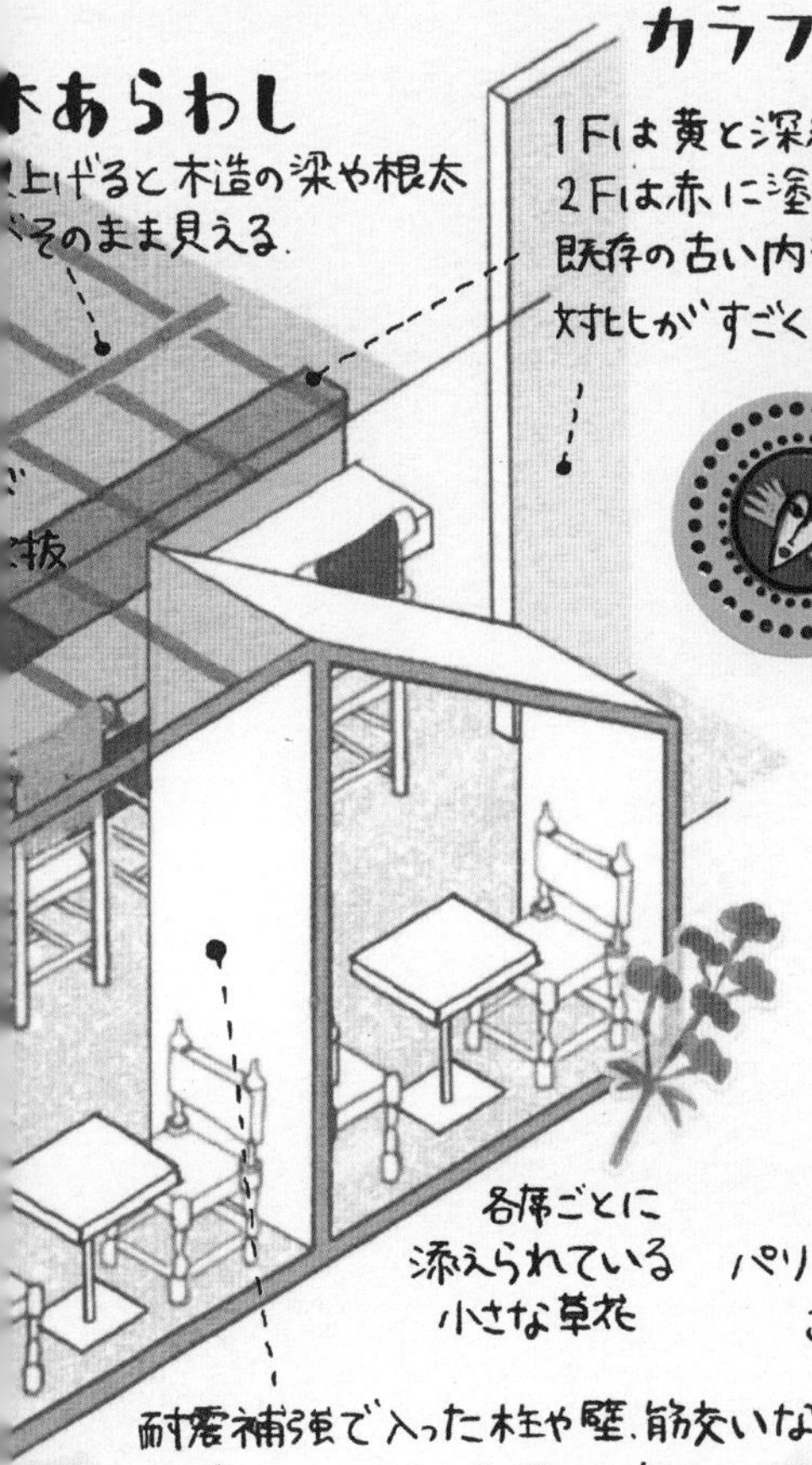
カラフルな壁
1Fは黄と深緑.
2Fは赤に塗装.
既存の古い内装材との
対比がすごくモダン!

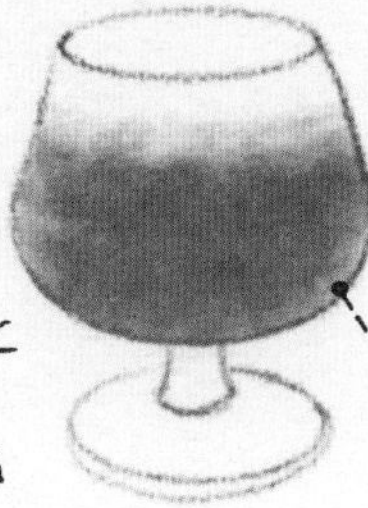
苦味強め
後味かなり
スッキリ
ぽってりした
グラスが
オシャレ!
キリリと
良く
冷えている

iced coffee☆

アイスコーヒー

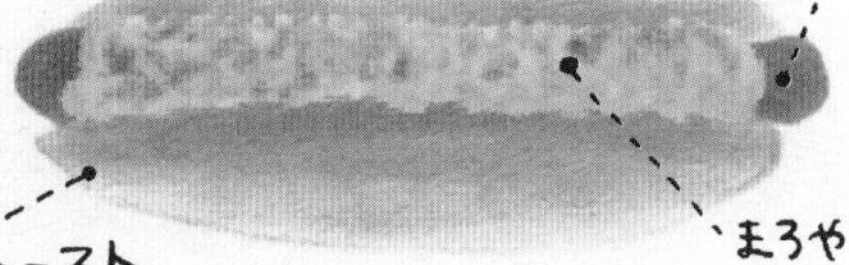
細めソーセージ
(φ15)
パリッとトースト
されたパン
まろやかな
ピクルスが
たーっぷり!!!

hot dog

ホットドッグ

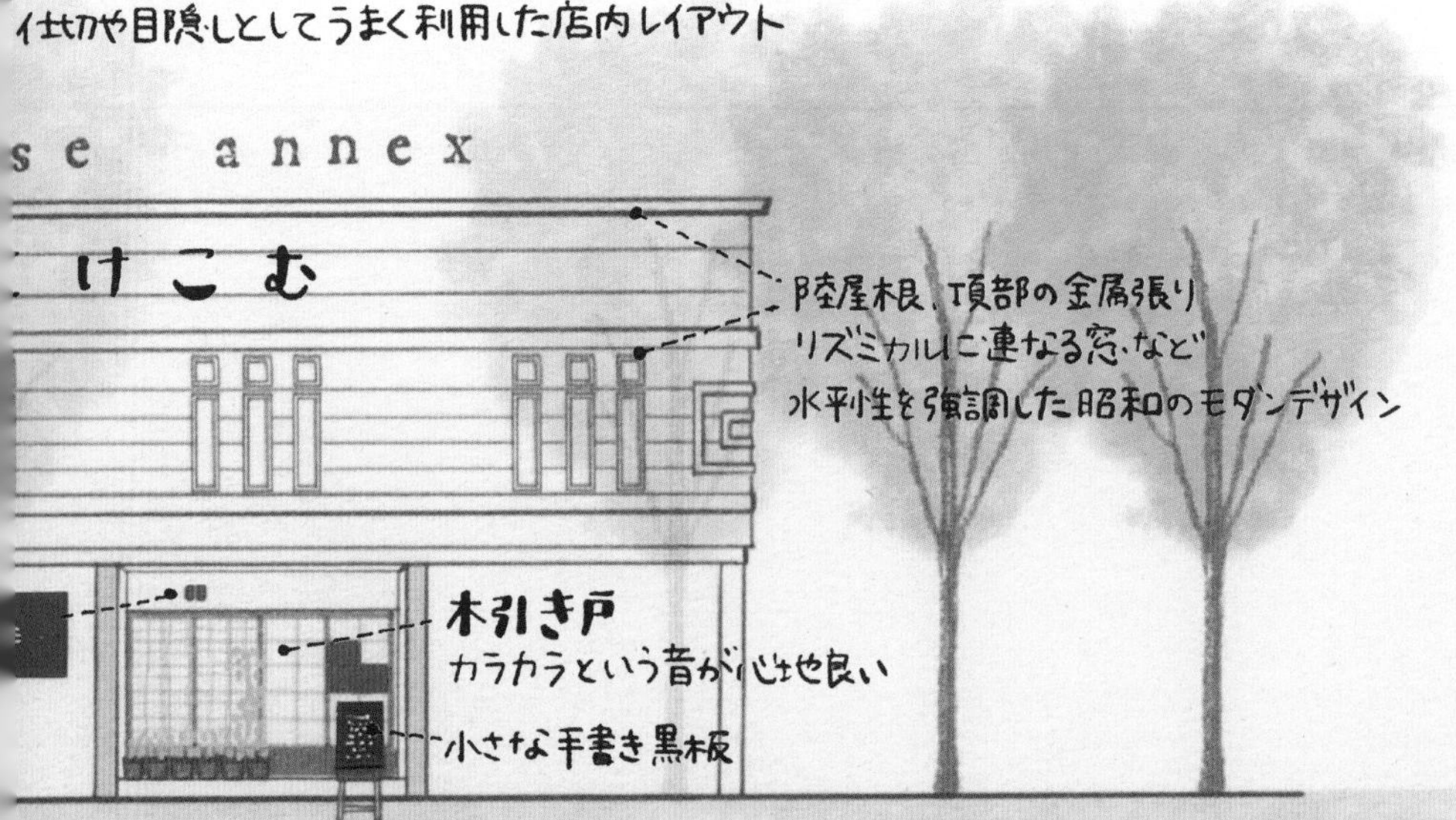

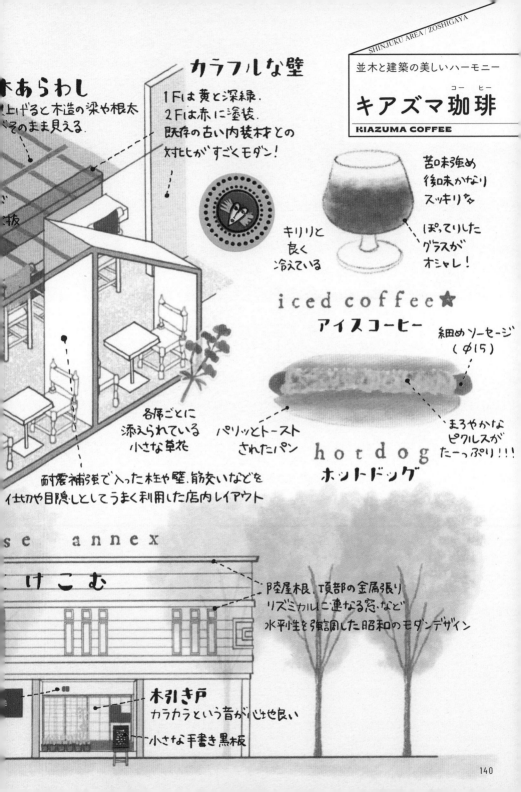

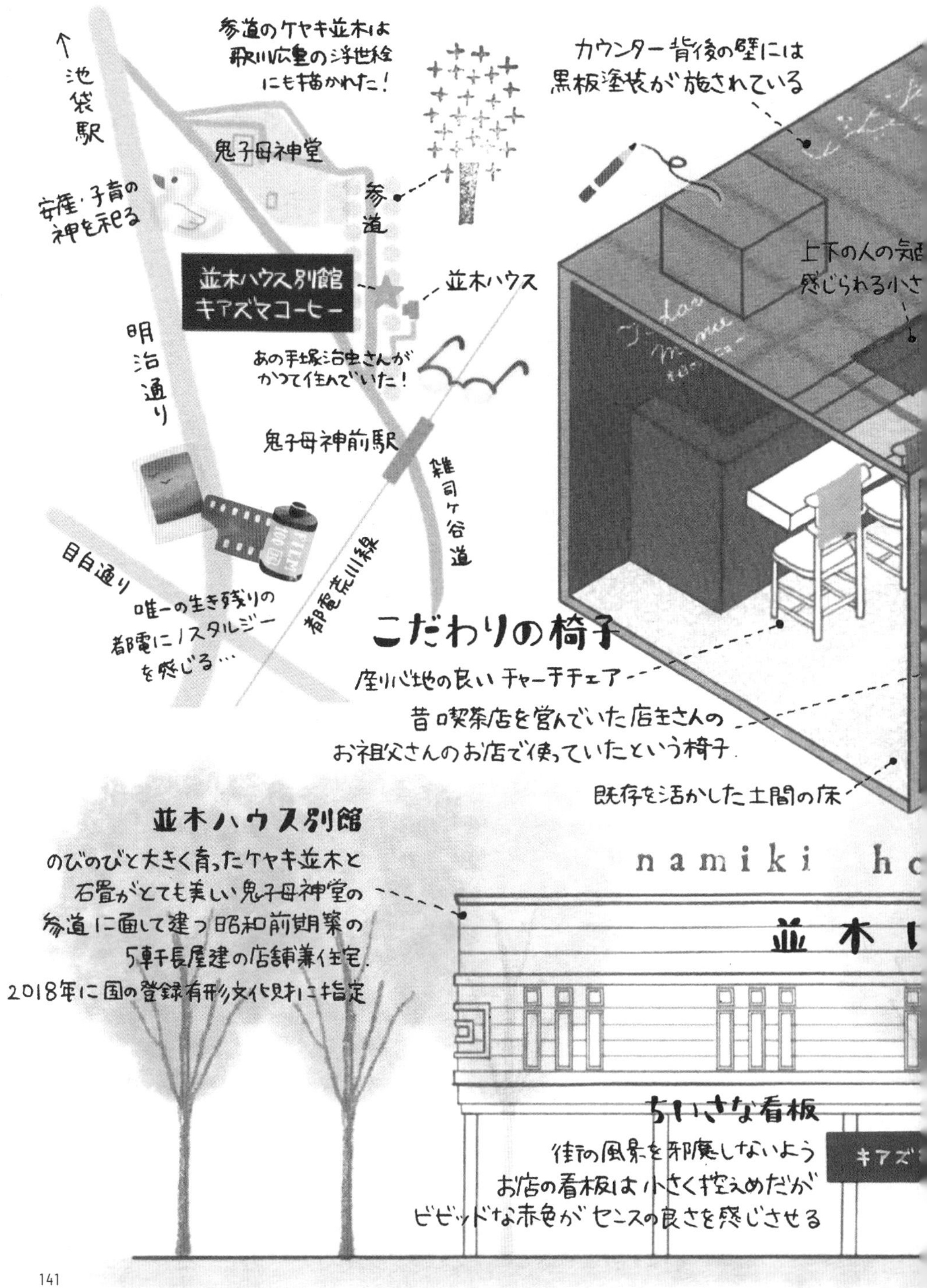
参道のケヤキ並木は
歌川広重の浮世絵
にも描かれた！
↑池袋駅
鬼子母神堂
安産・子育の
神を祀る
参道
並木ハウス別館
キアズマコーヒー
並木ハウス
明治通り
あの手塚治虫さんが
かつて住んでいた！
鬼子母神前駅
雑司ヶ谷道
都電荒川線
目白通り
唯一の生き残りの
都電にノスタルジー
を感じる…
カウンター背後の壁には
黒板塗装が施されている
上下の人の
感じられる小さ
こだわりの椅子
座り心地の良いチャーチチェア
昔喫茶店を営んでいた店主さんの
お祖父さんのお店で使っていたという椅子
既存を活かした土間の床
並木ハウス別館
のびのびと大きく育ったケヤキ並木と
石畳がとても美しい鬼子母神堂の
参道に面して建つ昭和前期築の
5軒長屋建の店舗兼住宅。
2018年に国の登録有形文化財に指定
namiki
並木
ちいさな看板
街の風景を邪魔しないよう
お店の看板は小さく控えめだが
ビビッドな赤色がセンスの良さを感じさせる
キアズ

キアズマ珈《コー》琲《ヒー》

SHINJUKU AREA / ZOSHIGAYA

KIAZUMA COFFEE

住所 東京都豊島区雑司ヶ谷3-19-5
電話 03-3984-2045
営業時間 10時30分～19時
休業日 水曜

街並みに溶け込むように配慮された外観

ケヤキ並木と石畳がとても美しい、雑司ヶ谷鬼子母神参道に立つ並木ハウス別館。昭和8年に、1階の仕事場兼座敷と2階の和室からなる五軒が棟割《むねわり》※1で設けられた砂金《いさご》家《け》長屋《ながや》として建てられました。2階の窓の並びやパラペット※2部には、当時流行していた水平性を強調するデザインが取り入れられ、余計な装飾のないシンプルな佇まいになっています。この中に店を構えるのが、「キアズマ珈琲」です。

建物と街の雰囲気が気に入っていた店主が改修して開店。もっともこだわったのが風情ある街並みになじむ意匠でした。小さく控えめなお店の看板は、風景を邪魔せず、しかしビビッドな赤色がセンスよく際立ちます。軒先に植木鉢や緑色の黒板を置いたのは、参道の木々との調和のため。入り口のガラス戸から柔らかな自然光が差

※1 1棟の建物を壁で仕切って分割すること　※2 建物の屋上や屋根に設けられた低い立ち上り部分の壁　※3 教会で使用された木製の椅子

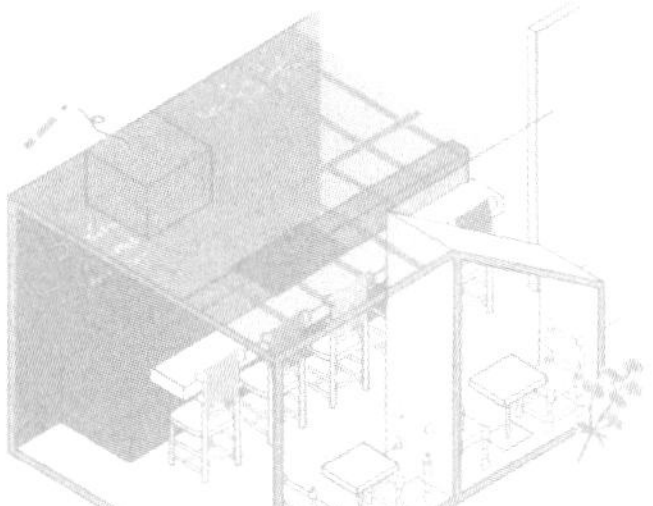

し込み、照明を全体的に暗めに抑えることで、外とのつながりも感じられます。

レトロ空間を引き締める、モダンな要素をプラス

アンティークの引き戸を開けると、1階にはカウンター席と小さなテーブル席が2卓。元々の空間がもつ素材感や味わいを活かしつつ、レトロな雰囲気だけでない、洗練されたデザインを加える工夫がなされています。壁の一部に塗られた鮮やかな深緑色や黄色のほか、椅子の背にかけられたカラフルなひざ掛けも、落ち着いたインテリアの差し色に。奥にあるテーブル席は、構造的に必要な耐震壁や階段がちょうどよい仕切りや目隠しとなり、居心地のよい半個室的なスペースになりました。座り心地のよいチャーチチェア※3や、店主の祖父のお店で使われていたという年季の入った小ぶりの椅子が、あたたかみのある空間に溶け込んでいます。こちらでいただけるコーヒーは、店主が店内で自家焙煎した豆を使用。その他のケーキなども、ほぼひとりで手作り。各席に添えられた小さな草花など、ひとり店主だからこそできるささやかなおもてなしに、ほっとさせられます。

建築memo	
街並みの一部となる店	お店を見てもっとも驚いたのは、「控えめすぎる!」と思うほどの小さな看板。「建物が元々持つ雰囲気や、町の風景を壊したくなかったから」という店主の言葉を目にしましたが、「お客が店の存在に気づかない可能性もあり、勇気がいったのでは……」と思う一方で、“自分の店だけが格好よく目立てばよい”のではなく、周囲にある参道の木々や、織りなす街並の一部として当店を位置づける姿勢に、魅力的だと感じる建築の原点に立ち戻るきっかけを貰えました。

SHINJUKU AREA / SAGINOMIYA

戦前の貴重な木造モダニズム建築

三岸《みぎし》アトリエ

MIGISHI ATELIER

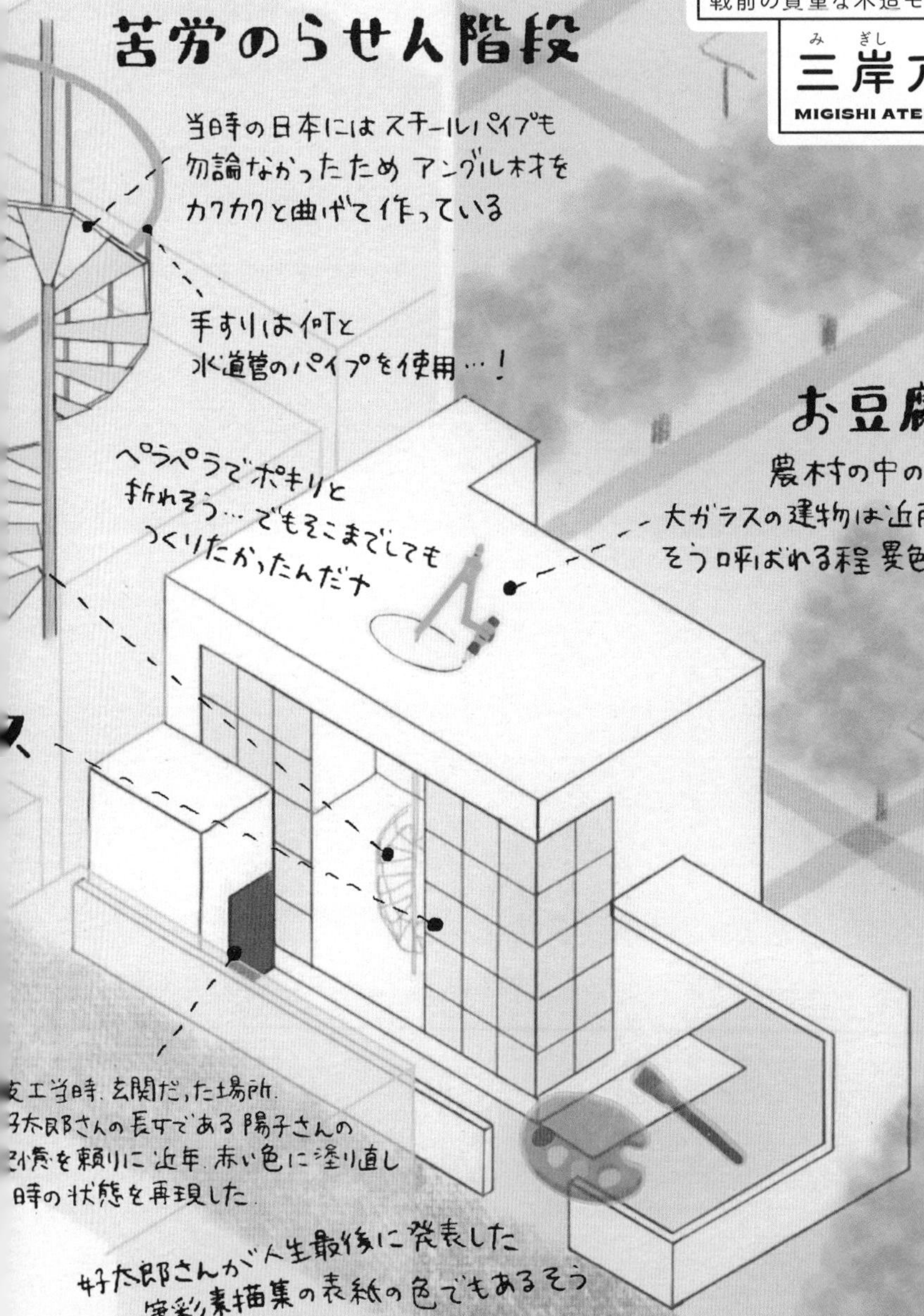
お豆腐の家
農村の中の白く四角い
大ガラスの建物は近所の人々から
そう呼ばれる程異色の存在だった

竣工

1934

では家々が密集する住宅街に。
など損傷が激しい部分はあるが、
時の雰囲気を今に伝える。

1960年代頃までは武蔵野の農村だった鷺の宮
好太郎さんは茅葺き屋根の農家が見えるこの場所
を気に入ってアトリエ兼住まいを構えることを決めた。

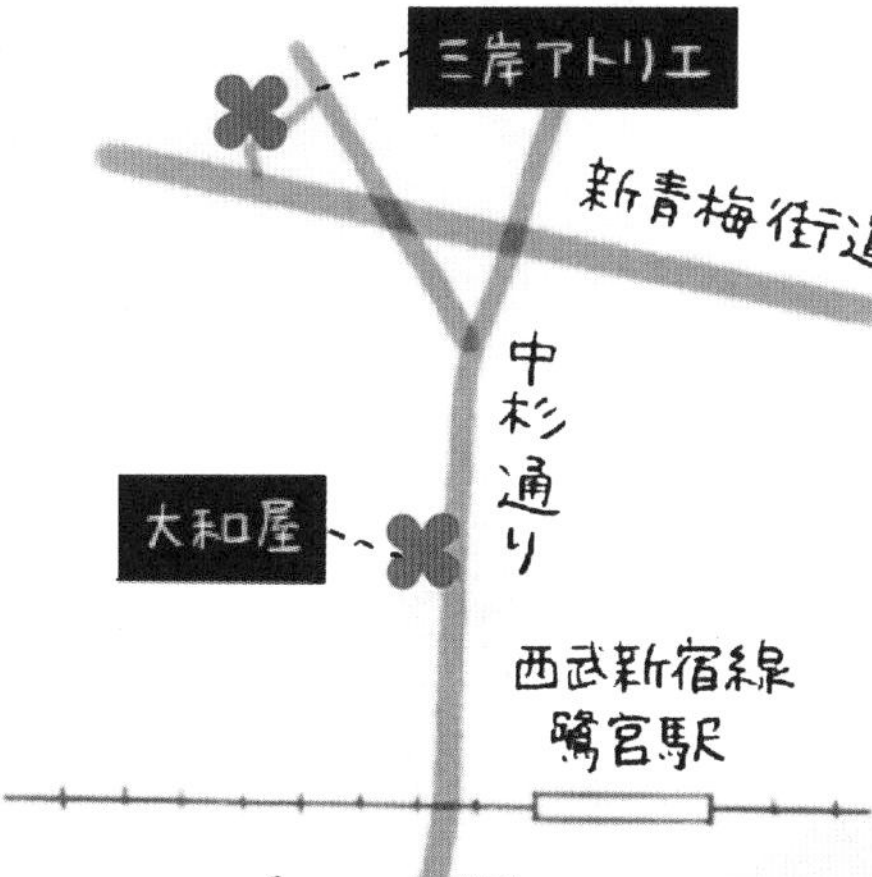

設計者の山脇巌さん
三岸くんの贅沢な注文と少ない予算との折り合いをつけるのが大変でした…

とにかく光あふれる室内を上がっていく鉄のらせん階段が欲しかったんです。
施主の三岸好太郎さん

大和屋のおみやげ

駅北口中心に広がる商店街「鷺宮商明会」にある昭和10年創業の和菓子屋さん。

孤独のグルメにも登場♪

旬の和菓子が記された大きなのぼりが目印！

南側の大ガ

画室の場合、安定した光を得るため本来は開口を北側に設けるべきだが、好太郎さんは実用性より大ガラスがもたら
大量の光と南側道路への建物の顔づくりを優先させた

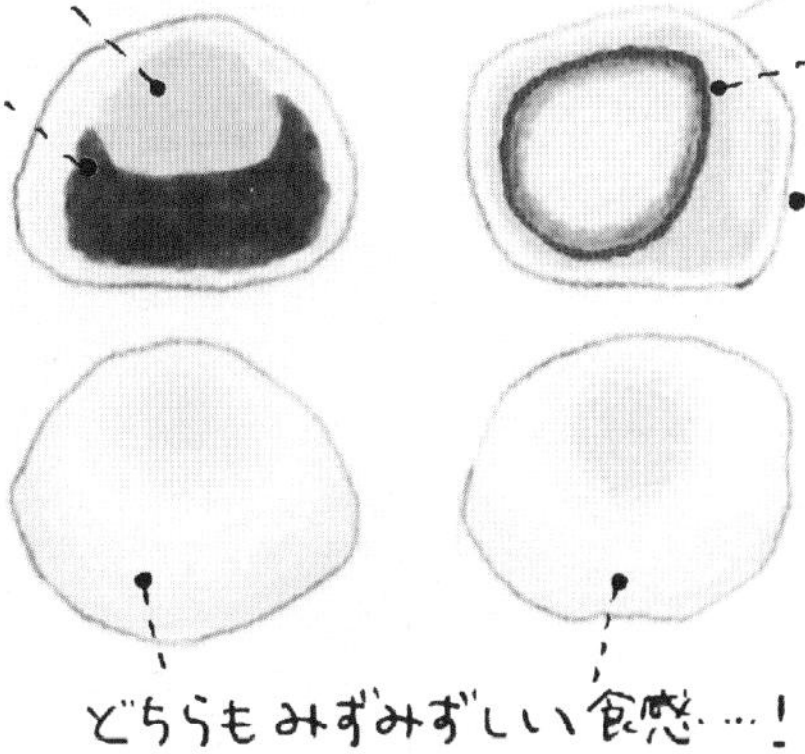
12～4月末頃に販売
［栗大福］
［いちご大福］
栗はこっくりとした甘さ
こしあん
いちごの酸味が
甘さ控えめ白あん
うす～いお餅

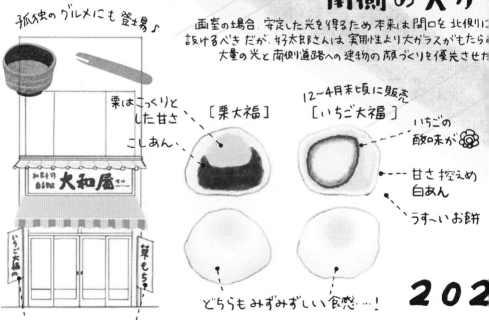

どちらもみずみずしい食感…！

202

アトリエの周囲
築80年以上を経て 天井や床
画室の大きなガラス窓とらせん階段

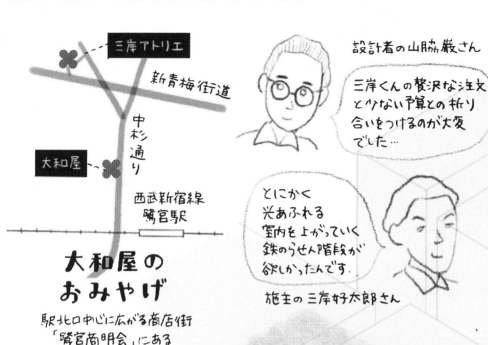

三《み》岸《ぎし》アトリエ

SHINJUKU AREA / SAGINOMIYA

MIGISHI ATELIER

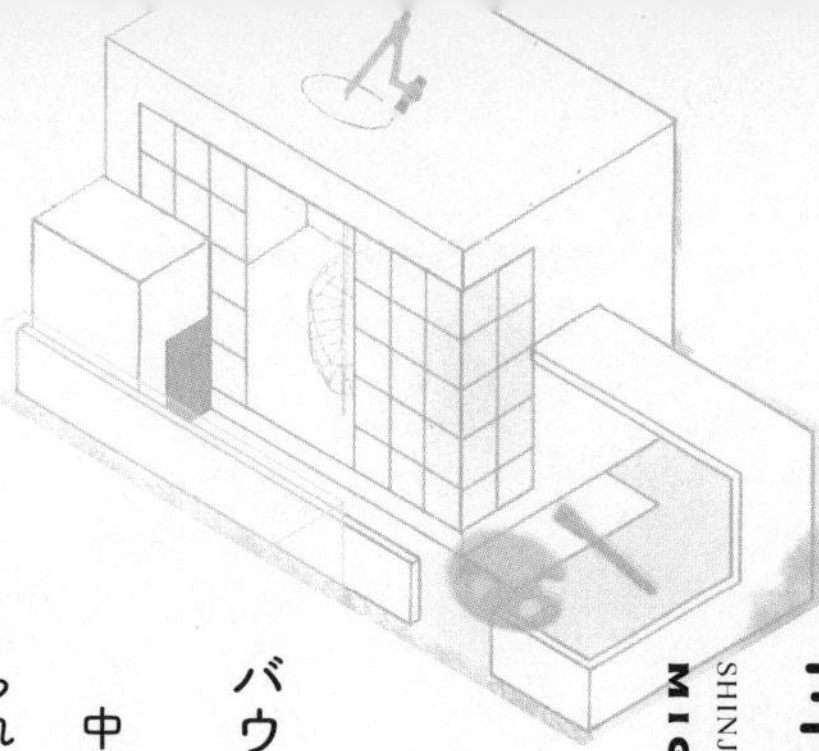

三岸アトリエ

住所	東京都中野区上鷺宮2−2−16
電話	050−3556−0394
営業時間	※ホームページにてご確認ください
休業日	https://www.leia.biz/

大和屋

住所	東京都中野区鷺宮4−34−9
電話	03−3338−3768
営業時間	9時〜19時
休業日	月曜（不定休あり）

バウハウスのデザインをイメージした内外装

中野区上鷺宮にある画家・三岸好太郎の住宅兼アトリエとして、昭和9年に建てられました。三岸好太郎は、女性洋画家として高名な三岸節子の夫です。この家を建てるにあたり設計を依頼したのは、建築家・山脇巌氏。ドイツのバウハウスに留学し、最新デザイン理論を身に付けた建築家のひとりで、好太郎の友人でもありました。好太郎は自分で完成予想の建物のデッサンまで作成するほどアトリエ建設に強い希望をもっていたため、共同制作に近かったといわれています。しかし、前衛的な青年画家だったため、経済的には余裕がなく、絵を売って建設資金を得ようと日本中を奔走。結局、無理がたたり、建物の完成を見ることなく、滞在先の名古屋で31歳の若さで急逝してしまいます。鉄筋とコンクリートという近代的材料により生

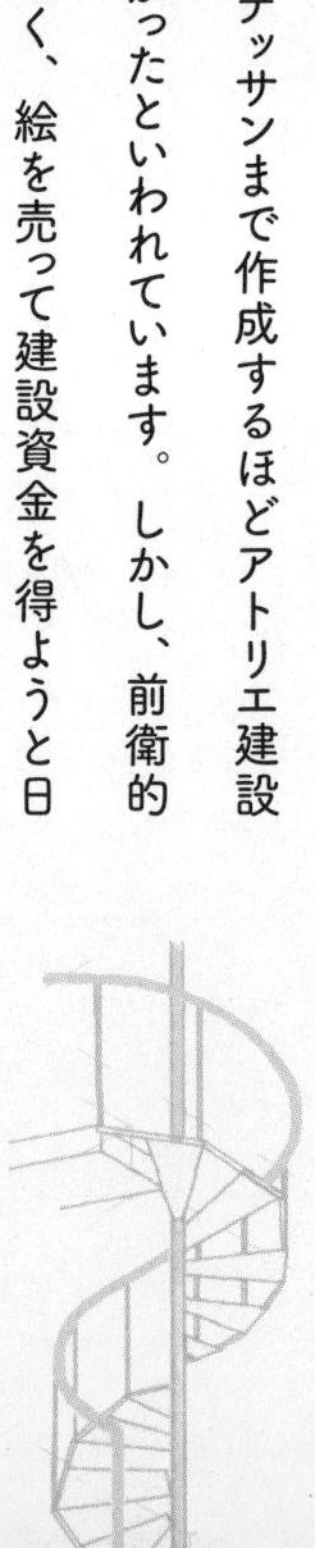

み出されたモダニズム表現を木造に置き換える試みは無理難題でしたが、妻の節子が好太郎の夢を引き継いで死後3ヵ月後に完成させ、3人の子どもたちと共に暮らしました。戦時中に空襲で窓ガラスがすべて割れた際は、雨風を防ぐため、節子が油絵のキャンバスを窓枠に貼ったという逸話もあります。

建物はスタジオ利用や一般見学が可能に

戦後に増改築を行いますが、昭和43年には長女の向坂陽子氏にアトリエを守ることを頼んで、節子が渡仏。しばらく空き家の状態が続きましたが、2009年には中野区教育委員会による歴史的建造物調査により、建物の価値が見直され、孫の山本愛子氏がアトリエの保存・活用をスタート。2011年には借地だった土地を購入し、現在は撮影スタジオ「アトリエM」や一般の見学など、幅広く活用されるようになりました。ここを訪れる際に、ぜひ一緒に立ち寄りたいのが和菓子店の「大和屋」。アトリエが完成した翌年の昭和10年の創業のため、節子もここの和菓子を食べただろうか、と想像が膨らみます。

建築memo

皆が驚いたモダニズムデザイン

三岸好太郎氏は間取りや構造上の実用性を犠牲にしても、建築の美しさや楽しさを夢見ました。茅葺民家がまばらに建っていた農村に、突如現れたお豆腐のような家。現在は築87年を迎え、往時のスタイリッシュな姿は失われつつあります。建物を引き継ぐ三岸氏のお孫さんも、維持管理の難しさを話されていました。でも当時の人々が、近未来的な建築の姿に驚いたのと同じく、私もこの建築が現代まで受け継がれてきたことに深く感動しました。だからこそ「この建物を残し続けて欲しい」と切実に思います。

COFFEE HOUSE TOM SHINJUKU AREA / YOYOGI

珈琲《コーヒー》専門店《せんもんてん》TOM

代々木で異色の存在だった喫茶店

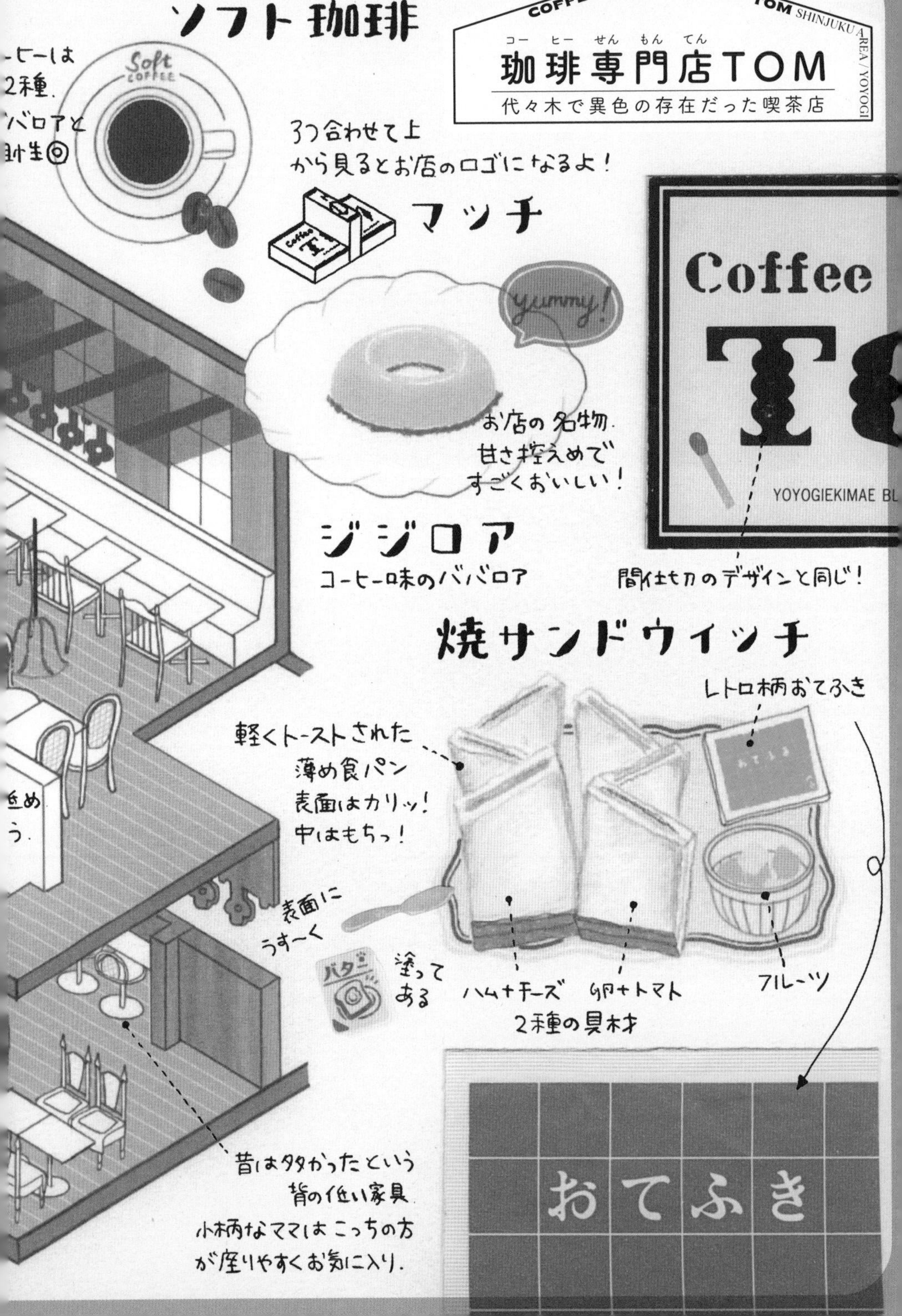
ソフト珈琲
ーヒーは
2種.
バロアと
Soft COFFEE
3つ合わせて上から見るとお店のロゴになるよ!
マッチ
yummy!
お店の名物.
甘さ控えめで
すごくおいしい!
ジジロア
コーヒー味のババロア
Coffee T
YOYOGIEKIMAE BL
間仕切のデザインと同じ!
焼サンドウイッチ
レトロ柄おてふき
軽くトーストされた
薄め食パン
表面はカリッ!
中はもちっ!
表面にうすーく
塗ってある
バター
ハム+チーズ
卵+トマト
2種の具材
フルーツ
昔は多かったという
背の低い家具
小柄なママはこっちの方
が座りやすくお気に入り.
おてふき

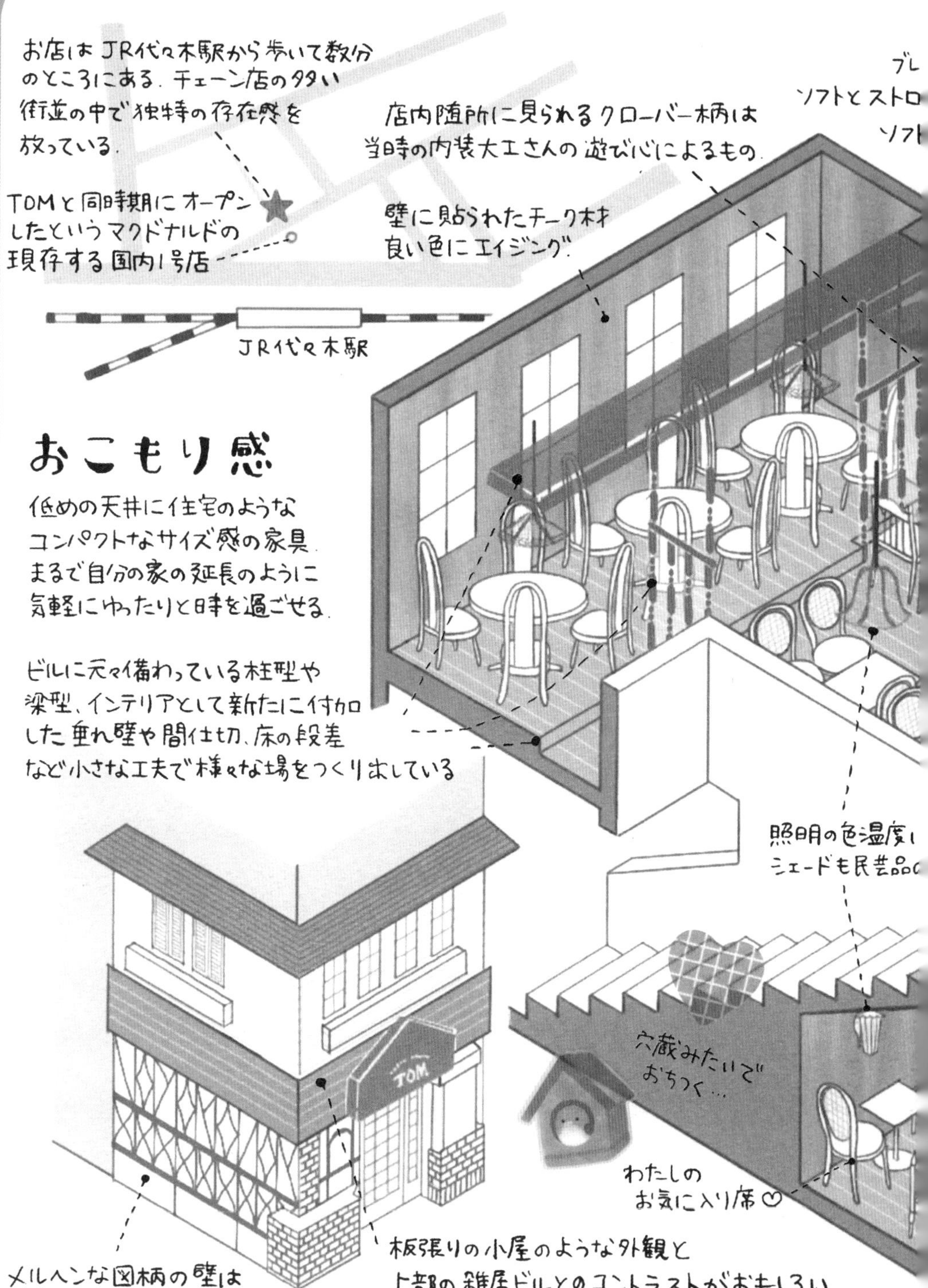
お店はJR代々木駅から歩いて数分のところにある。チェーン店の多い街並の中で独特の存在感を放っている。
TOMと同時期にオープンしたというマクドナルドの現存する国内1号店
JR代々木駅
店内随所に見られるクローバー柄は当時の内装大工さんの遊び心によるもの。
壁に貼られたチーク材良い色にエイジング。
ブレ
ソフトとストロ
ソフト
おこもり感
低めの天井に住宅のようなコンパクトなサイズ感の家具。まるで自分の家の延長のように気軽にゆったりと時を過ごせる。
ビルに元々備わっている柱型や梁型、インテリアとして新たに付加した垂れ壁や間仕切、床の段差など小さな工夫で様々な場をつくり出している
照明の色温度し
シェードも民芸品の
穴蔵みたいでおちつく…
TOM
わたしのお気に入り席♡
メルヘンな図柄の壁はケーキ屋さんの名残？
板張りの小屋のような外観と上部の雑居ビルとのコントラストがおもしろい
元はここにケーキ屋さんがあったのだとか。

珈《コー》琲《ヒー》専《せん》門《もん》店《てん》ＴＯＭ

SHINJUKU AREA / YOYOGI

COFFEE HOUSE TOM

かつての街の雰囲気を彷彿とさせる店構え

代々木駅前にありながら、時の重なりを感じる店構えが印象的だった「珈琲専門店ＴＯＭ」。正面入口に掲げられた三角形のテント庇や、独特の凸凹がある白い壁と軽やかな木製の装飾といった、ヨーロピアン風の外観が目印でした。１９７１年のオープン以来、多くの人に愛されてきましたが、２０２１年１月に惜しくも閉店しました。当時マスターの父は、「コーヒーもお店も脇役。主役は店の中で時間を過ごす人」という考えをずっと大切にしていたそうです。向かいには、この店と同じ年にオープンしたマクドナルド２号店（現存する日本最古のマクドナルド）があります。今でこそチェーン店ばかりの雑然とした街並みの代々木ですが、「珈琲専門店ＴＯＭ」やマクドナルドが出店した頃は、もっと個性的な街だったに違いありません。こちら

の店舗は実は2号店で、1号店は南阿佐ヶ谷にあったとのこと。1号店の店内には電話ボックスがあり、かなり先進的なデザインだったそうです。

多くの人を魅了した自家製スイーツ「ジジロア」

建物はRC造のビルですが、内装はチーク材を多用した木のぬくもりあふれる空間。2階建てなのも相まって、ハイジの山荘のようなこぢんまりとアットホームな雰囲気が漂っていました。名物は「ジジロア」というコーヒー味のババロア。卵を使わず、ウィスキーを入れたカフェオレとクリームをゼラチンで固め、コーヒーシロップで仕上げたものです。使用するストロングコーヒーが効いていて、抜群の美味しさでした。とても品のある味わいで、これを目当てに通うお客も多くいました。コーヒーはハンドッピックでより分ける必要がある、大手が使わないような手のかかる豆を使うことにこだわっていました。今はもう行くことはできませんが、閉業ではなく移転するという噂もあるそうです。3店目となる「珈琲専門店TOM」がオープンする日が来るのを期待せずにはいられません。

建築memo

3次元的なマッチラベル

お店のマッチ箱に描かれる柄は、かつて一種の広告媒体として、目立つよう凝ったデザインのものも多かったとか。TOMのマッチラベルには、店内の間仕切りなどのモチーフがあしらわれています。1箱で見たときの図柄のモダンさに加え、複数並べると新たな図柄が見える仕掛けには「わぁ、すごい!」と思わず声をあげてしまいます。建物の設計者が考えたデザインだそうで、立体的な視点でマッチラベルを構成するアイデアに脱帽でした。

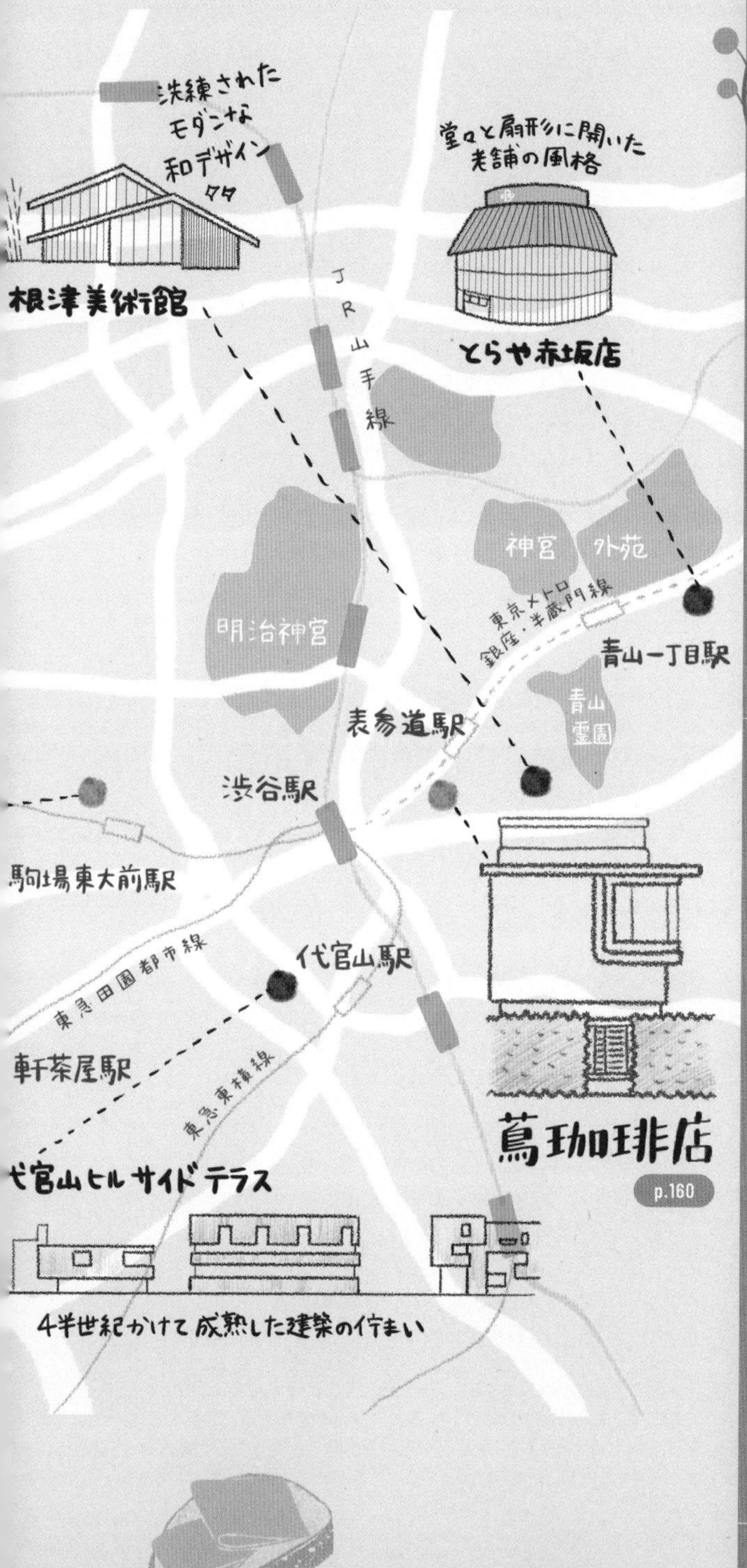

PART 7

渋谷周辺エリア

SHIBUYA AREA

おしゃれな建物でほっと一息

洗練された現代的な建物が立ち並ぶ渋谷周辺。近くの「根津美術館」や「代官山ヒルサイドテラス」は施設を楽しむだけでなく、建物の周りに拡がる、凛とした街の雰囲気も魅力的です。おしゃれな雑貨店やカフェを巡りながら、知る人ぞ知る名店でほっと一息ついてみて。

また、東急線や京王線沿いの閑静な住宅街にある、隠れ家カフェめぐりもオススメです。

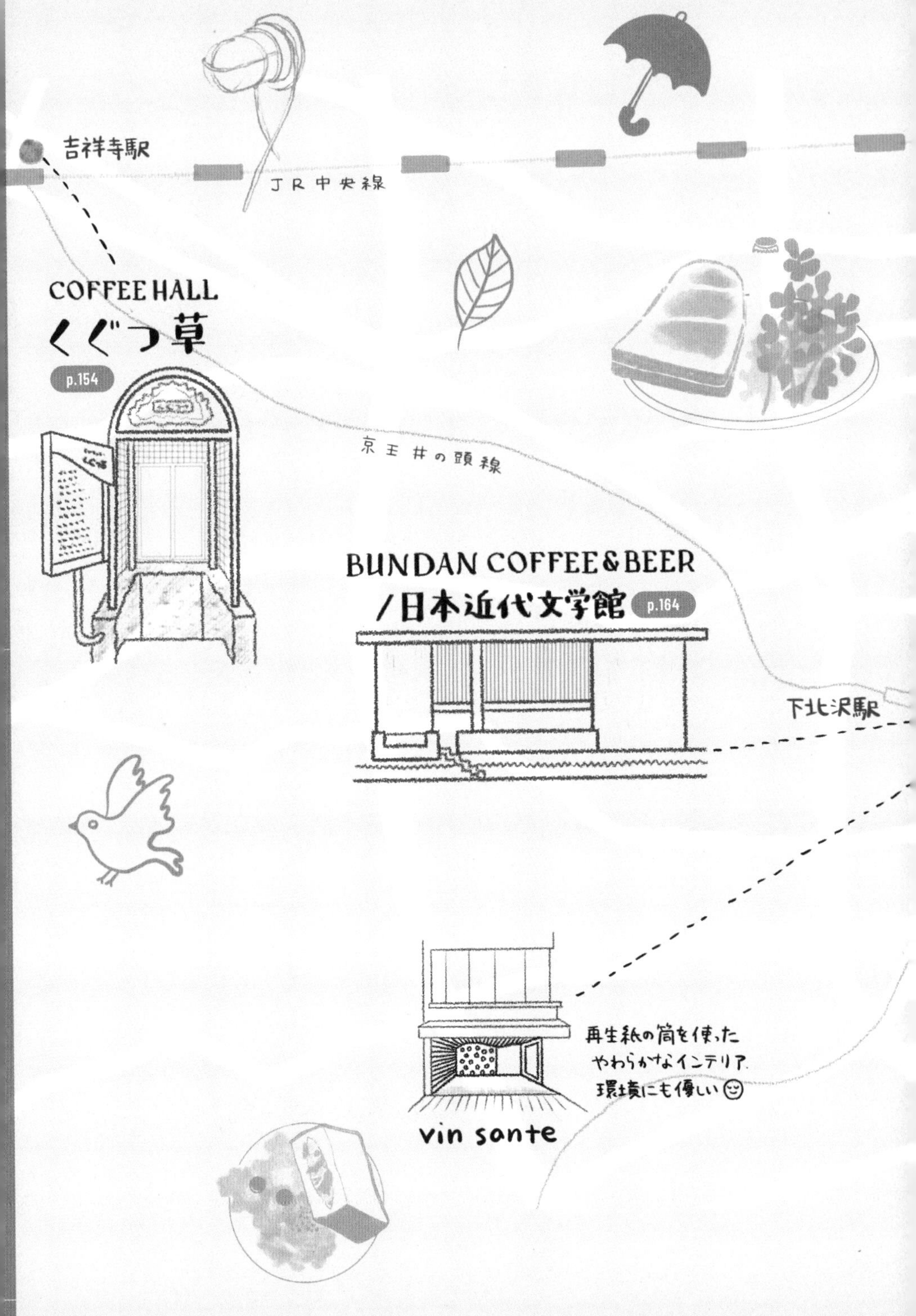
吉祥寺駅
JR中央線
COFFEE HALL
くぐつ草
p.154
京王井の頭線
BUNDAN COFFEE & BEER
/日本近代文学館
p.164
下北沢駅
再生紙の筒を使った
やわらかなインテリア。
環境にも優しい
vin sante

SHIBUYA AREA / KICHIJOJI

COFFEE HALL《コーヒー ホール》

くぐつ草《そう》

洞窟のような老舗喫茶

COFFEE HALL KUGUTSU SO

お店は吉祥寺初のアーケード商店街である
ダイヤ街商店街のWEST ZONEにある

異世界へのゲート

賑やかなアーケード商店街の
一角に突如現れる
地下へのほの暗い階段

江戸系あやつり
人形は
380年以上
つづく
無形文化財
なのです!

あやつり人形劇団

吉祥寺にけいこ場があった
人形劇団・結城座の劇団員が
公演の合間に働く場として開店
したのがお店のはじまり

ぺらり
めくる

ショップカードには
お店のおすすめメニューが書いてあるヨ

店名の由来は
諸説あるようですが…

金属のドアと手すり

錆や表面の風合いの変化
など木と同じように経年変化
を味わえる素材選びをしている

鉄製の入口ドア.
黒くて重そうな
佇まいは
まるで潜水艦
の扉のよう…

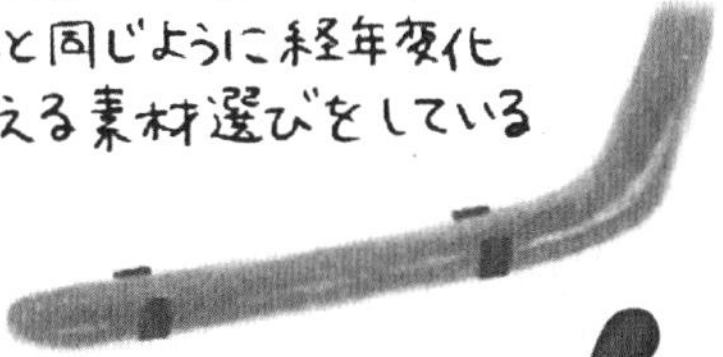

真ちゅう製.
にぶい光を放ち
絶妙な存在感がある.

天井はポリカーボネート製で
晴天時は青空が見える
1953年のオープン時から変わらず
明るく近代的な空間.

アーケード

サンロード商店街に比べて
落ち着いた雰囲気

この先には何が待っているんだろう…という
未知へのドキドキ感がある！

にぎやかな看板たち

素材や
デザインも
くぐつ草
らしい☆

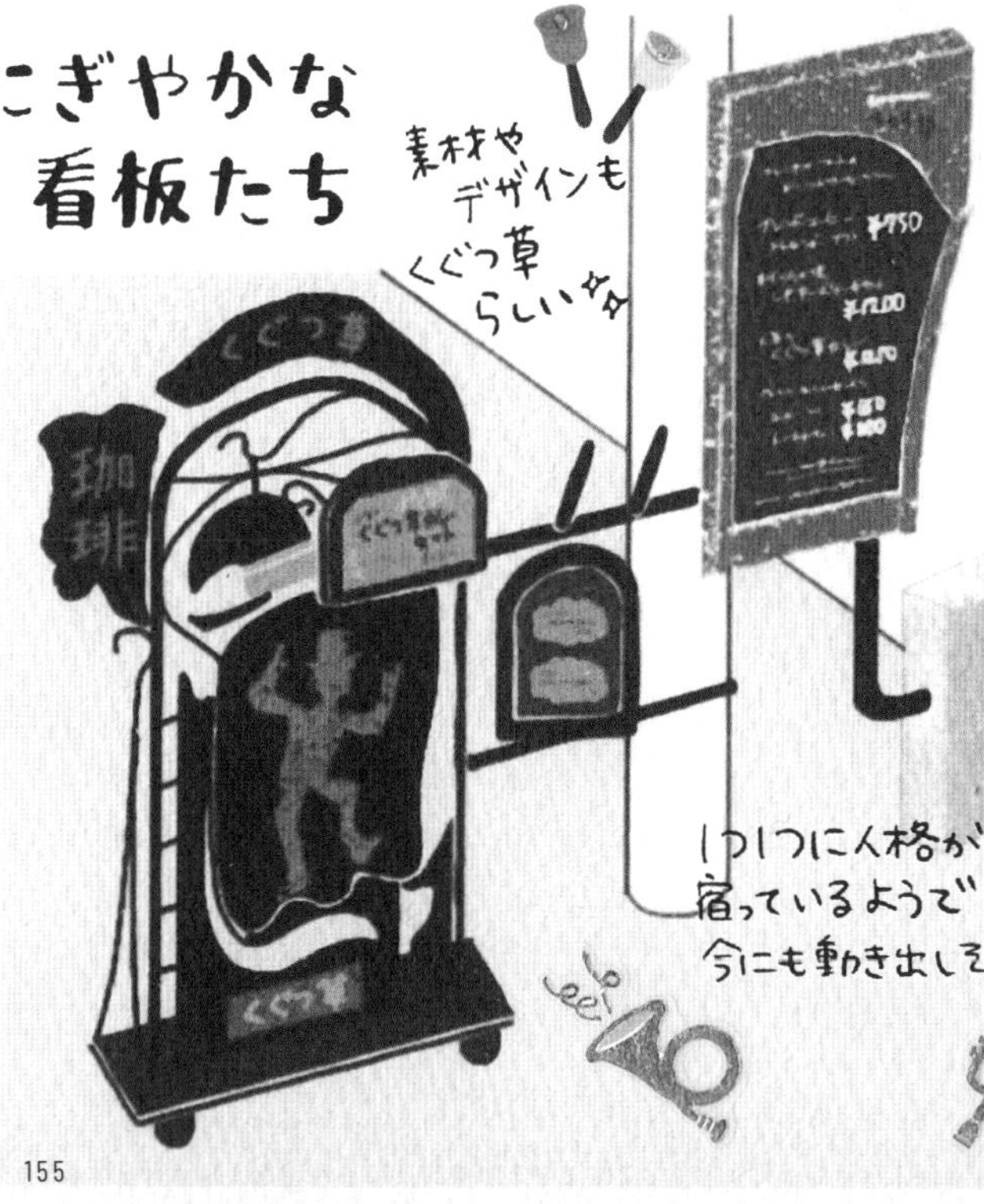

1つ1つに人格が
宿っているようで
今にも動き出しそう…！

お店は地下にある
建築的なファサード
あまり明確につく
一方で 看板デザイ
独自の店構えを生

童話みたいな小物

穴蔵のよう

眼く掘り進めてつくったような"カマボコ型"の空間.
地下の湿っぽさや閉塞感は全くないフシギな場所.

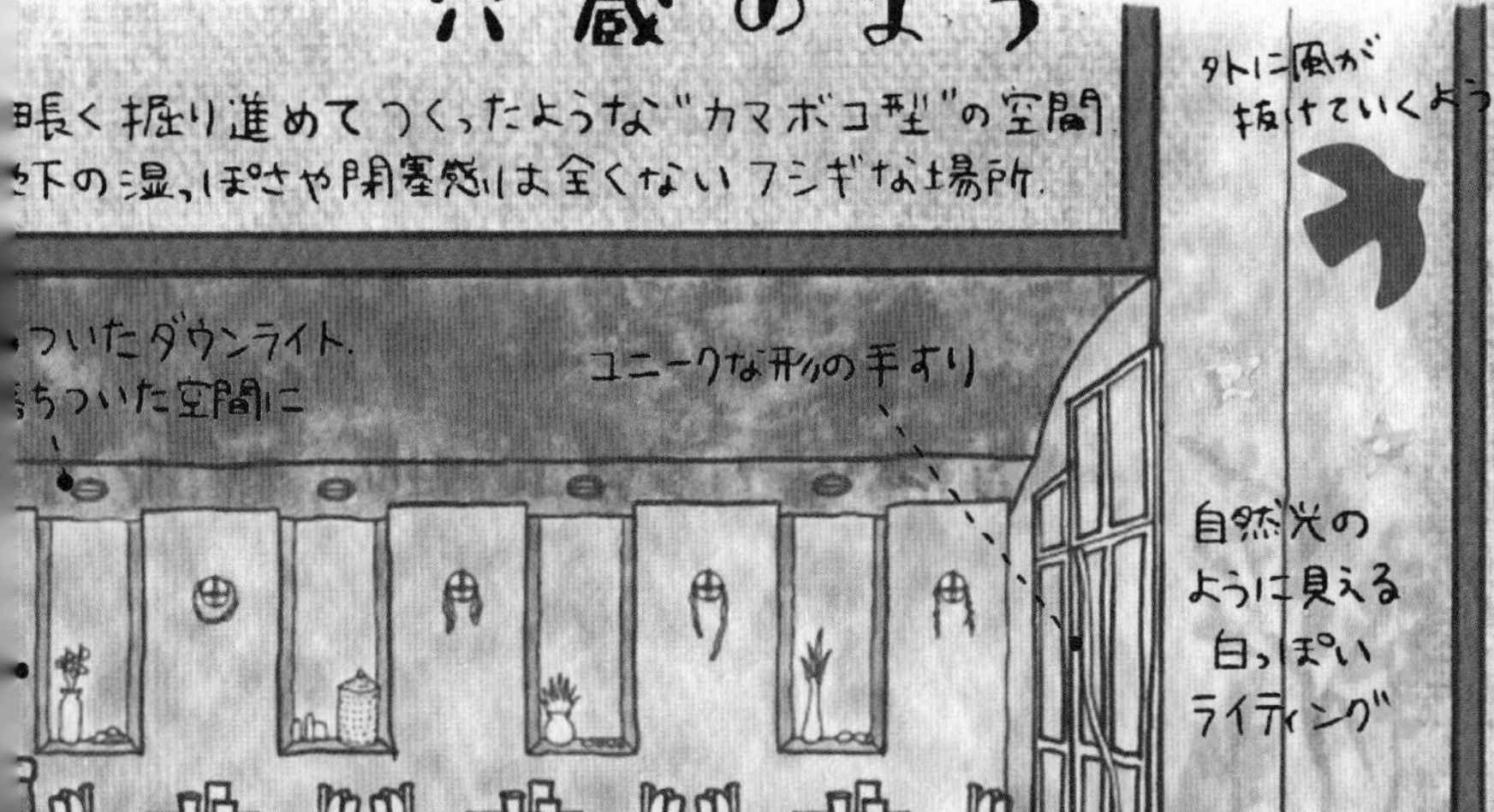

光庭

非常用タラップのドライエリア部分を利用し設置.
地下の息づまりをなくすため、ほんの少しの自然を…と
昔の武蔵野の雑木林をイメージしてつくったのだとか.

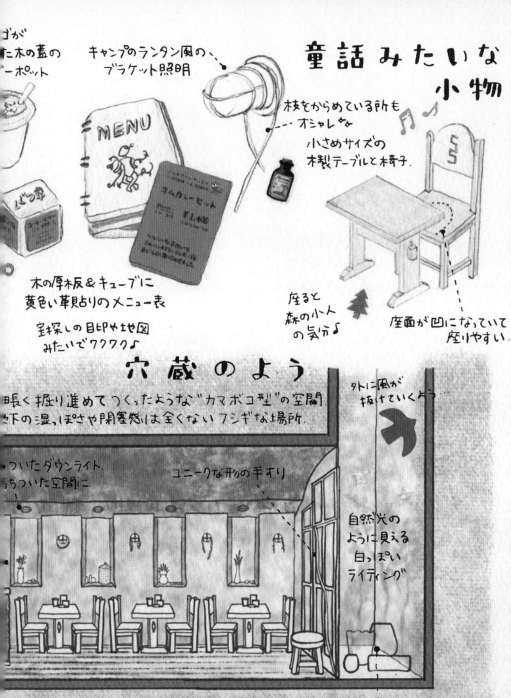

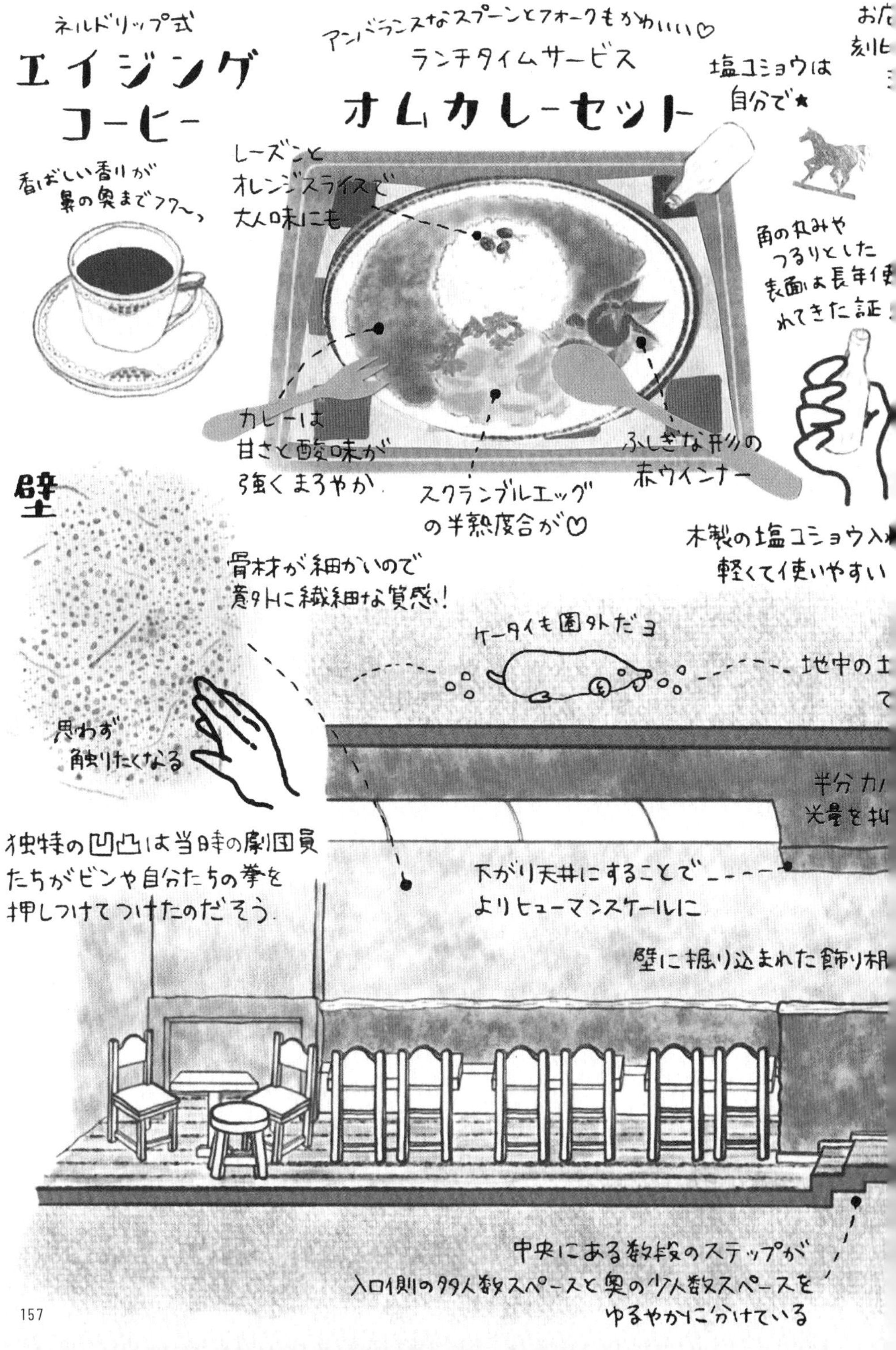
ネルドリップ式
エイジングコーヒー
香ばしい香りが
鼻の奥までフワ〜っ
アンバランスなスプーンとフォークもかわいい♡
ランチタイムサービス
オムカレーセット
レーズンと
オレンジスライスで
大人味にも
カレーは
甘さと酸味が
強くまろやか
スクランブルエッグ
の半熟度合が♡
ふしぎな形の
赤ウインナー
塩コショウは
自分で★
角の丸みや
つるりとした
表面は長年使
れてきた証
木製の塩コショウ入
軽くて使いやすい
壁
骨材が細かいので
意外に繊細な質感！
思わず
触りたくなる
ケータイも圏外だヨ
地中の
独特の凹凸は当時の劇団員
たちがピンや自分たちの拳を
押しつけてつけたのだそう。
下がり天井にすることで
よりヒューマンスケールに
半分カ
光量を抑
壁に掘り込まれた飾り棚
中央にある数段のステップが
入口側の多人数スペースと奥の少人数スペースを
ゆるやかに分けている

COFFEE《コーヒー》 HALL《ホール》 くぐつ草《そう》

SHIBUYA AREA / KICHIJOJI

COFFEE HALL KUGUTSU SO

住所　東京都武蔵野市吉祥寺本町1-7-7 島田ビルB1階
電話　0422-21-8473
営業時間　10時～22時
休業日　無休

地下の構造を活かした独特の世界

近代的なアーケード商店街に突如現れる、鉄製の立て看板と、檻のような門型フレームに囲まれた地下階段。気になって、つい奥までのぞき込みたくなります。その怪しい魅力に引き寄せられ、ドキドキしながら鉄の扉を開ければ、都会の喧騒を忘れさせる洞窟のような空間が広がっています。ここ「くぐつ草」は、吉祥寺で昭和54年から続く老舗の喫茶店です。うなぎの寝床のように奥に細長く延びた地下空間の特徴を最大限に生かした、洞窟や穴蔵を思わせる構造の店内はとても個性的。暖色系で光量を抑えた照明や、土や樹などの自然素材を多用した仕上げ材や家具が、空間に落ち着きとあたたかみをもたらしています。また、通常ならば閉鎖的な空間になってしまいがちな地下店舗を、奥のドライエリア※1をうまく生かして光庭※2を設

※1 地下室に開口部を設けるため、建物の周囲の地面を掘ってつくるスペースのこと。「空堀（からぼり）」とも呼ばれる　※2 建築物内に自然光を取り入れるために設ける空間や庭のこと　※3（株）藍設計室 一級建築士事務所を率いる建築家・鯨井勇氏が設計

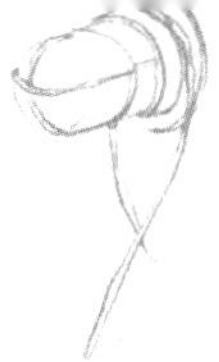

けることで、視線や空気の流れに〝抜け感〟を持たせ、閉塞感を解消しています。さすが、有名建築家※3のアイデアです。

昭和54年からずっと変らない食卓

一見、何の変哲もない雑居ビルの地下空間に広がる、童話のような別世界。メニュー表から食器類に至るまで、まるで物語から抜け出たような食卓に、思わずワクワクしてしまいます。懐かしい味わいで、メルヘンな気分に浸れるランチ限定の「オムカレー」や、2年以上乾燥・熟成させた豆を用いた深みのあるコーヒーの味わいも格別です。さらに、お酒やおつまみが提供されるバータイムも居心地がよく、1日中いろいろな楽しみ方ができます。また、照明や家具のほか、塩コショウの容器など卓上の小物は、約40年前の開店当初からずっと大切に使われているもの。壁や床、天井などの構造部分は、隅々に至るまで独特の世界観を感じられます。特に、ドアの取っ手や階段の手すりなど、手に触れる部分は丁寧に造られており、思わずじっくりと触りたくなります。

建築memo

穴蔵のような親密感

くぐつ草を訪れた時、地下なのに暗い印象は全くなく、むしろワクワクする感覚を覚えました。地上との結びつきを感じさせる光や、空気の抜け感をつくる奥の光庭の存在、自然をイメージさせる壁や天井の仕上げ、そして入口やテーブルまわりの家具や、調度品の賑やかな雰囲気を醸すデザインの工夫……。それらは、幼いころ目にした童話に登場する、“地中に穴を掘って家をつくる動物たち”の暮らしのような体験を味わわせてくれるからなのだと思います。

TSUTA COFFEE

蔦《つた》珈《コー》琲《ヒー》店《てん》

流行の発信地にある
自然の緑

SHIBUYA AREA / OMOTESANDO

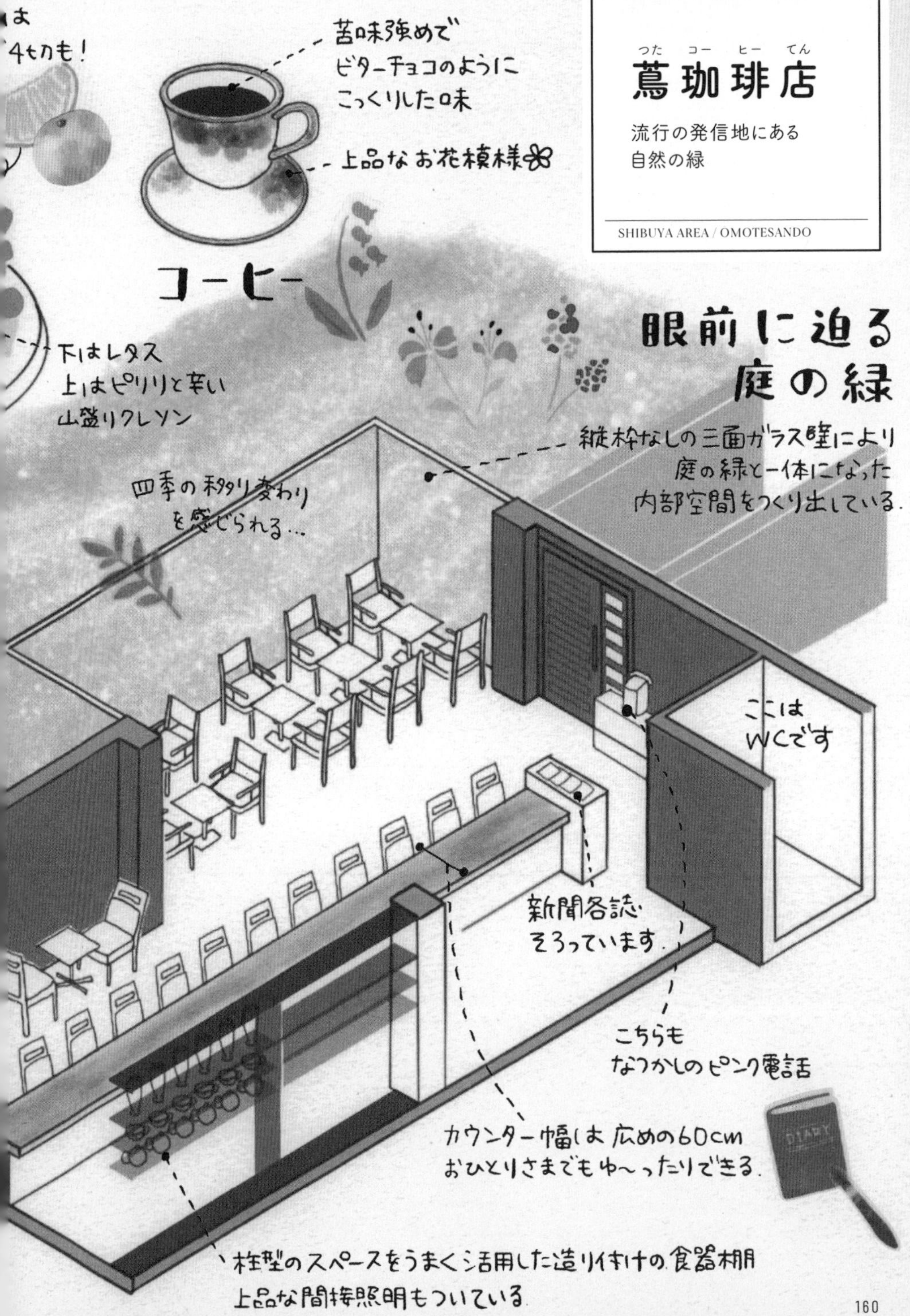
は
4切れも!
苦味強めで
ビターチョコのように
こっくりした味
上品なお花模様
コーヒー
下はレタス
上はピリリと辛い
山盛りクレソン
眼前に迫る
庭の緑
縦枠なしの三面ガラス壁により
庭の緑と一体になった
内部空間をつくり出している。
四季の移り変わり
を感じられる…
ここは
WCです
新聞各誌
そろっています。
こちらも
なつかしのピンク電話
カウンター幅は広めの60cm
おひとりさまでもゆ〜ったりできる。
DIARY
柱型のスペースをうまく活用した造り付けの食器棚
上品な間接照明もついている。

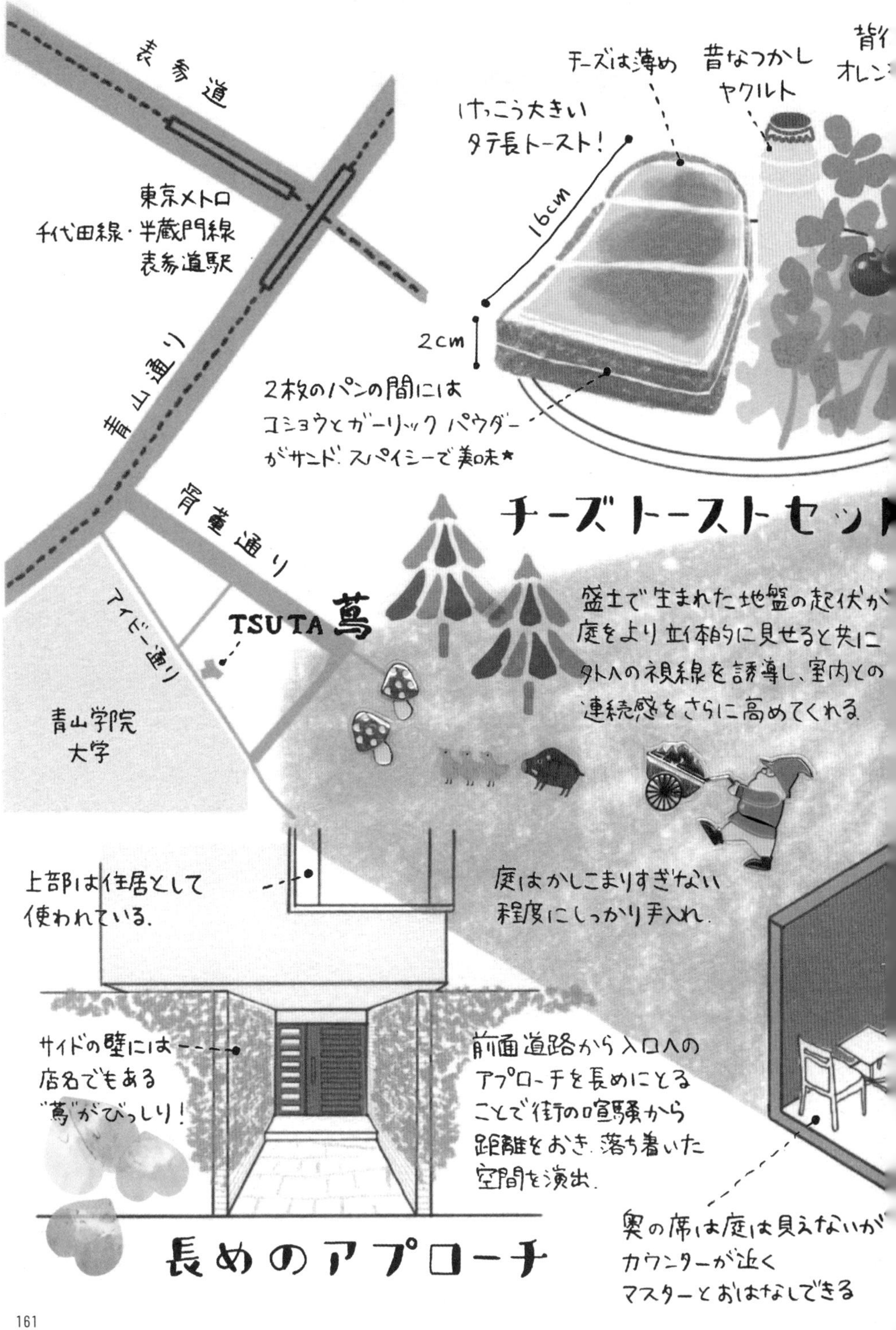
表参道
東京メトロ
千代田線・半蔵門線
表参道駅
青山通り
骨董通り
アイビー通り
TSUTA 蔦
青山学院
大学
けっこう大きい
タテ長トースト！
チーズは薄め
昔なつかし
ヤクルト
16cm
2cm
2枚のパンの間には
コショウとガーリックパウダー
がサンド。スパイシーで美味★
チーズトーストセット
盛土で生まれた地盤の起伏が
庭をより立体的に見せると共に
外への視線を誘導し、室内との
連続感をさらに高めてくれる。
上部は住居として
使われている。
庭はかしこまりすぎない
程度にしっかり手入れ。
サイドの壁には
店名でもある
"蔦"がびっしり！
前面道路から入口への
アプローチを長めにとる
ことで街の喧騒から
距離をおき、落ち着いた
空間を演出。
長めのアプローチ
奥の席は庭は見えないが
カウンターが近く
マスターとおはなしできる

蔦《つた》珈《コー》琲《ヒー》店《てん》

SHIBUYA AREA / OMOTESANDO

TSUTA COFFEE

住所　東京都港区南青山5−11−20−1階
電話　03−3498−6888
営業時間　10時〜20時（土曜・日曜・祝日12時〜20時）
休業日　月曜

蔦に覆われた住宅を改装

青山通りから、骨董通りと青山学院大学の間にある細い道〝アイビー通り〟へ。通り沿いの壁一面が緑の蔦に覆われた場所が、「蔦珈琲店」です。周囲の風景に溶け込んでいるため、つい通り過ぎてしまいそうになります。それもそのはず、ここは昭和34年に一般の住宅として建てられた建物で、1階のピロティ部分が喫茶店に改装されています。前面道路に面した入口は少し後方に下がっており、店は隠れ家のような雰囲気。これは、入店前の客が気兼ねなく店に入るかどうか検討できるようにという心配りからです。そんな工夫を施したのは、元建設業界でお仕事をされていたというマスター。さまざまな喫茶店を巡ったなかで、よい店の条件は、おいしいコーヒー、よい音楽、オリジナリティがある落ち着く空間の3つだと考えています。特に、この建物の〝庭〟は喫茶店に欠かせないオリジナリティになると考え、なんとか

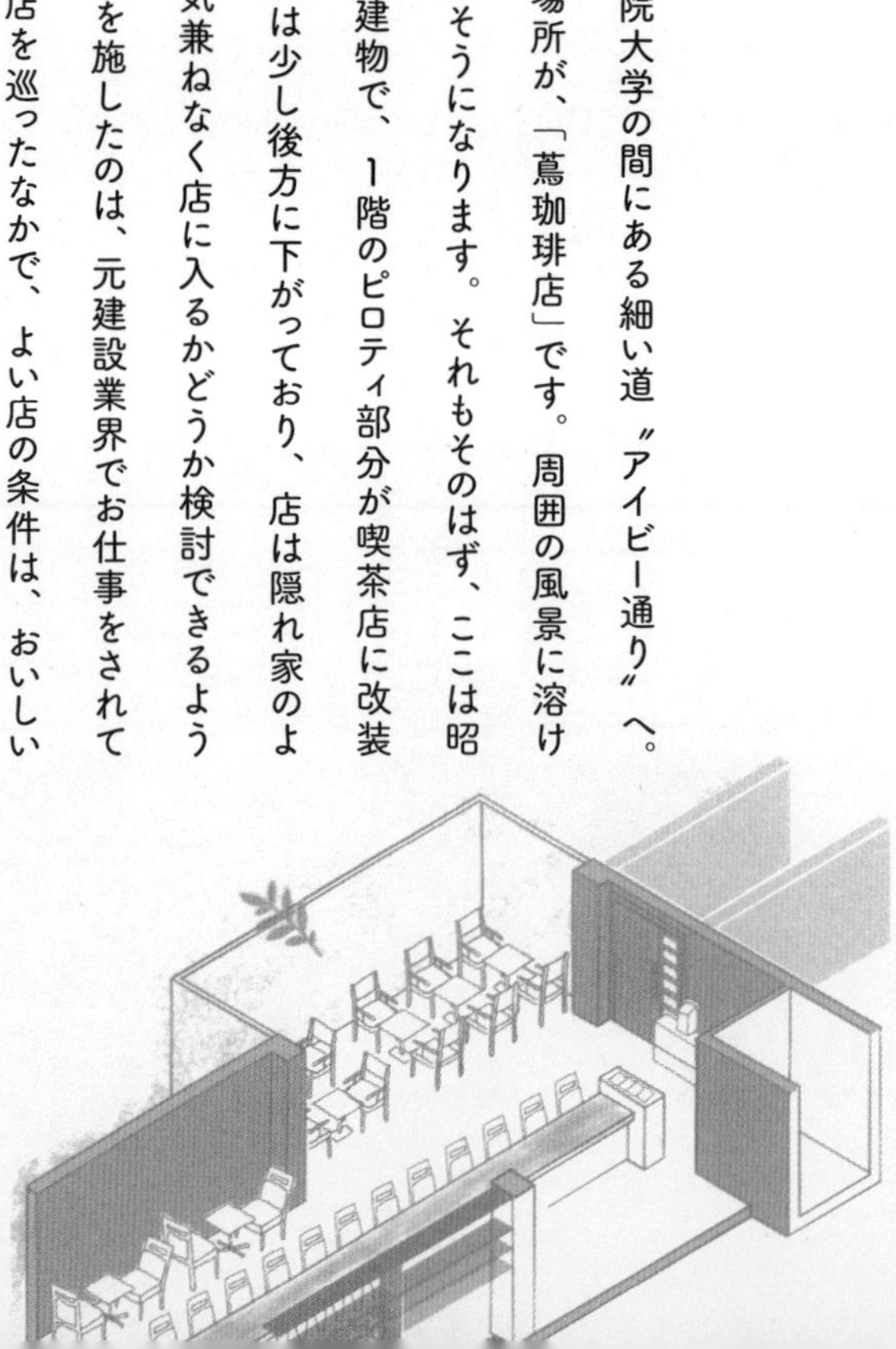

このよい環境でコーヒー店が開けないか、と思案しました。その努力は実り、1988年にオープンして以来、競争の激しい表参道で、約30年間ずっと同じ場所で変わらぬ姿で佇んでいます。

店内からの緑溢れる眺めに心安らぐ

長いアプローチを抜け、扉を開けると、庭に面した3面の窓ガラスの向こうに、生い茂る緑が目に飛び込んできます。より庭との境界を曖昧にし、植物を身近に感じるため、枠のない大きな一面ガラスにしているのです。また、配置計画を隣地に建物のない南から南東側とすることで、空間が抜け、拡がりを感じる設計です。もともとの敷地は平たんでしたが、南側に盛土を施して築山《つきやま》を造ることで、庭はおおよそ自邸の2階の高さとなり、立体的な構成になりました。外の景色を眺めていると、ここが南青山という都会のど真ん中だということを忘れさせてくれます。コーヒーは、薫り高いブラジル産にこだわり、直火で焙煎。毎日、煮込んで作るカレーやトーストセットなどの軽食もおいしく、コストパフォーマンスも抜群です。

建築memo

庭を取り込む窓

「建築は調和が大事」とマスターが言う通り、庭に対して大きく開かれた3面ガラスの窓からは、庭への開放感と緑の迫力、そして天候や四季などの変化が感じられます。建築家・古谷誠章さんの論考にも『開口部は、人が囲まれた室内にいながらにして、その建築がどのような外部環境に置かれていたのかを思い出させる』という一文があります。まさしく、この喫茶店を言い表したようです。

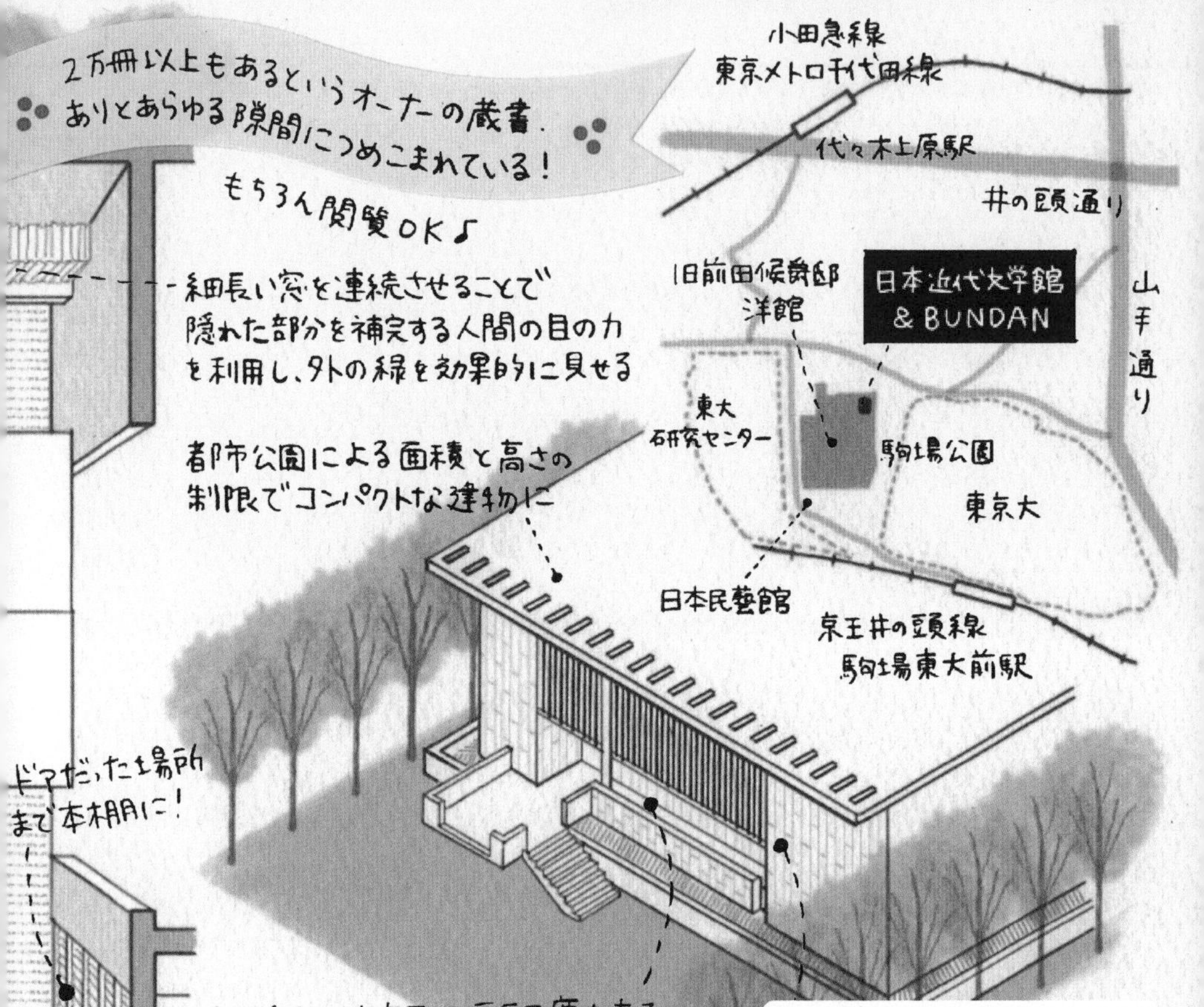
2万冊以上もあるというオーナーの蔵書
ありとあらゆる隙間につめこまれている!
もちろん閲覧OK♪
細長い窓を連続させることで
隠れた部分を補完する人間の目の力
を利用し、外の緑を効果的に見せる
都市公園による面積と高さの
制限でコンパクトな建物に
ドアだった場所
まで本棚に!
入口近くにはカフェのテラス席もある
上部の細いアルミ面格子から入る
やわらかな光がとても心地よい
小田急線
東京メトロ千代田線
代々木上原駅
井の頭通り
旧前田侯爵邸
洋館
日本近代文学館
& BUNDAN
山手通り
東大
研究センター
駒場公園
東京大
日本民藝館
京王井の頭線
駒場東大前駅

BUNDAN《ブンダン》
COFFEE《コーヒー》 &《アンド》
BEER《ビール》／
日本《にほん》近代《きんだい》文学館《ぶんがくかん》

緑に囲まれたブックカフェ

SHIBUYA AREA / KOMABATODAIMAE

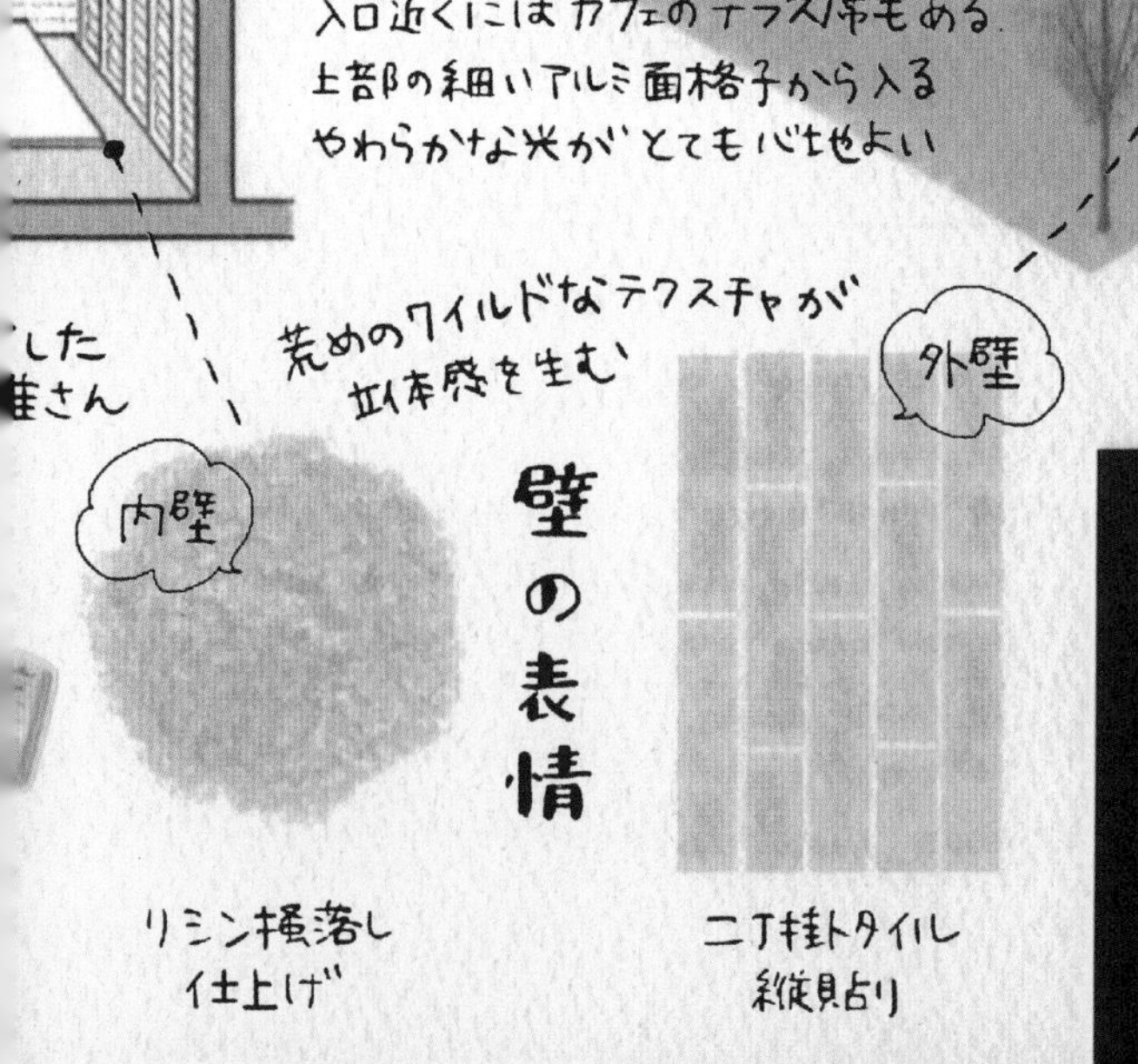
した
さん
荒めのワイルドなテクスチャが
立体感を生む
外壁
内壁
壁の表情
リシン掻落し
仕上げ
二丁掛タイル
縦貼り

Coffee & Beer

BUNDAN

柱のような本棚

天井まで高さのある奥の壁の本棚は
上部の梁の間に挟んで設置されている

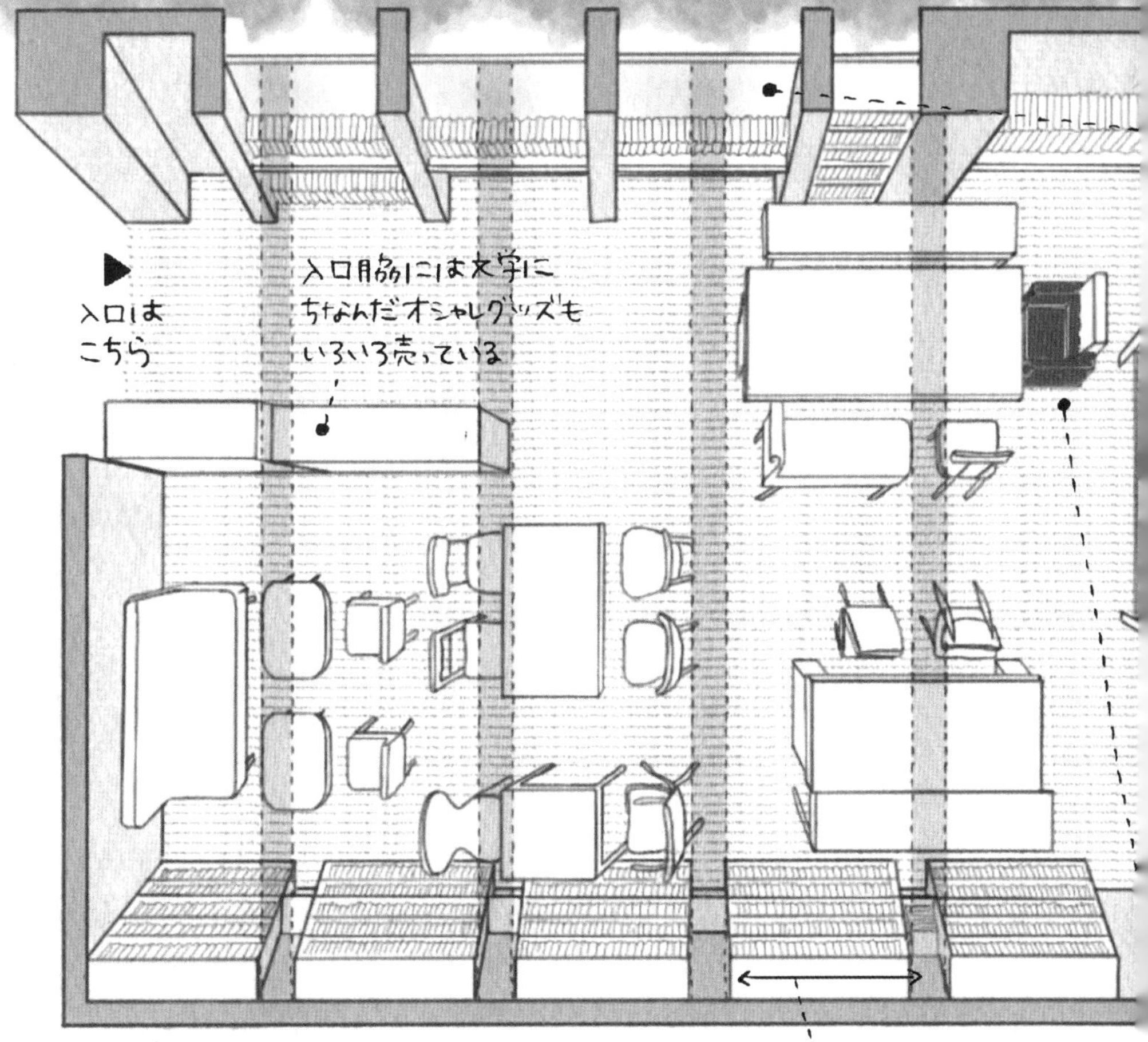
構造的にも
安定しそう！
太宰治さんも
作家・豊島与
の使った家具

坂口安吾の焼鮭サンドイッチ

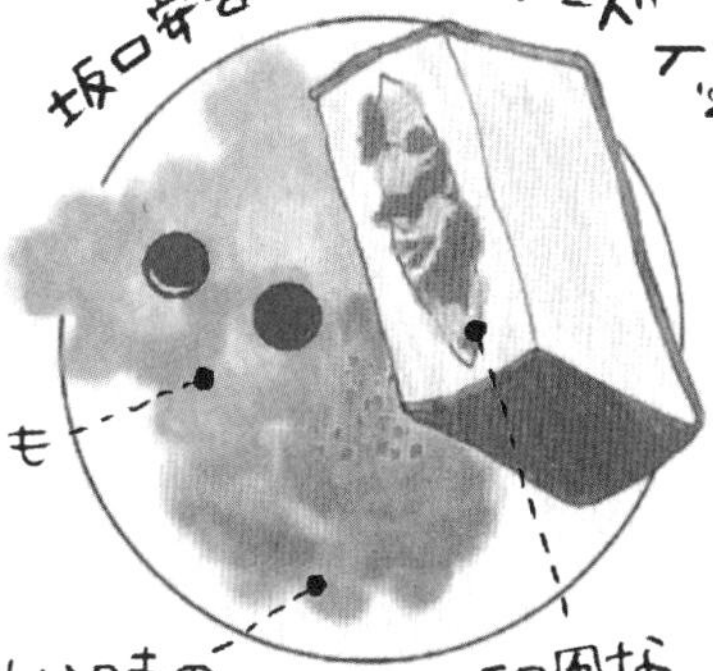
色どりも
キレイ
やさしい味の
オムレツ
和風な
具材が斬新！

コーヒー「芥川」

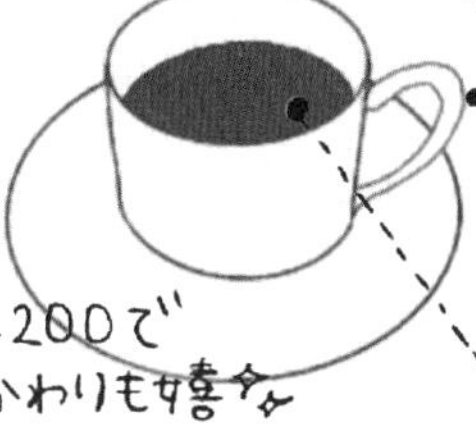
きゃしゃな持ち手(φ5)
丁寧に飲みたくなる
苦めで美味♡
＋￥200で

読んで楽しむメニュー

作家 作品ゆかりのメニューは解説も相まっ
読んでいるだけでもワクワク☺ もちろんお味も◎

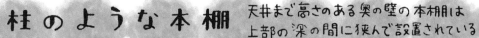

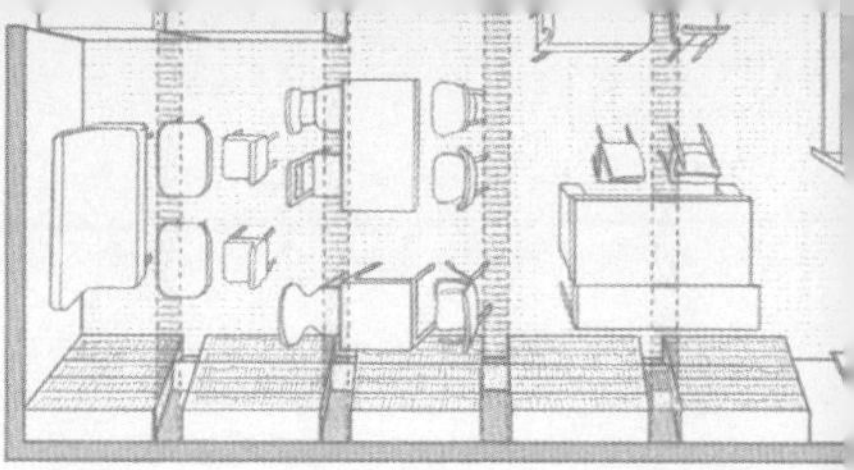

BUNDAN《ブンダン》 COFFEE《コーヒー》 &《アンド》 BEER《ビール》／日本近代文学館《にほんきんだいぶんがくかん》

SHIBUYA AREA / KOMABATODAIMAE

BUNDAN COFFEE & BEER / THE MUSEUM OF MODERN JAPANESE LITERATURE

住所	東京都目黒区駒場4-3-55
電話	03-6407-0554
営業時間	9時30分~16時20分
休業日	日曜・月曜・第4木曜

文学館の中にある、本に没頭できるカフェ

日本近代文学館のある駒場公園には旧前田侯爵邸、近くには日本民藝館もあり、洋館や史跡めぐり好きにはたまらないエリアです。日本文学館は、昭和42年に川端康成など文豪たちの支援をうけて創立されました。近代文学関係の約130万点の資料を収集・保存・展示。さまざまな設計条件に制限され、地下3階・地上2階というコンパクトな建築設計になっていますが、結果的に周囲の緑となじみ、調和する佇まいになっています。この1階の喫茶スペースにあるのが、「BUNDAN COFFEE & BEER」です。かつて、この場所は〝ナポリタンがうまい〟と愛されていた食堂「すみれ」があったのですが、閉店。もともと文学好きで、編集者でもある現在のオーナーが、文学館に関係する仕事をした縁で、この場所

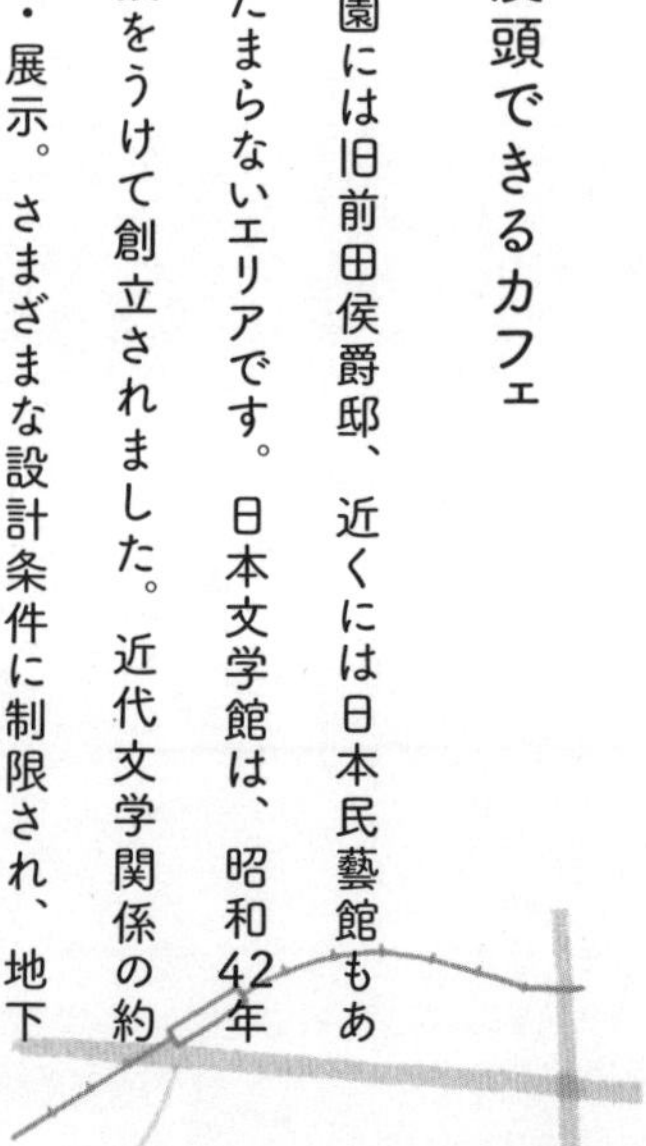

を受け継ぐことになりました。店内には、そのオーナーの蔵書だった稀少本から日本文学の名作まで約2万冊の本がぎっしり。まるで書庫の中にいるようです。

物語のあるメニューで本の世界を体験

好きな本を手に取って読めるだけでなく、文学からインスピレーションを得たユニークな料理の数々も魅力です。小説やエッセイに登場したメニューを参考に試作を繰り返し、現代風にアレンジ。現代によみがえった料理から、文豪たちの生活を覗き見できるロマンがあります。例えば、コーヒー「芥川」は、芥川龍之介や与謝野晶子など多くの文士が通った「銀座カフェーパウリスタ」（P38）で提供されていたブラジルコーヒーを再現。焼鮭のサンドイッチは、作家・坂口安吾が故郷・新潟の郷土料理をアレンジしたもので、『わが工夫せるオジヤ』に登場します。平日朝の限定メニューなので、ぜひ早起きして食べたい逸品です。食べ物を通して文学の魅力を伝えることで、それをきっかけに日本近代文学館の展示と、文学に興味をもってほしいというオーナーの思いが込められています。

建築memo

きめ細かな建物

日本近代文学館＆BUNDANは、直方体を基調としたシンプルなデザインの建物。しかしタイルの張り方や左官の仕上げ方を工夫することで、空間に絶妙な表情が生まれました。建物の壁や天井に効果的なテクスチャー（手触りや凹凸）の変化をつけると、施工上のムラや歪みを目立ちにくくするだけでなく、表面に生じる光沢や反射、圧迫感などを和らげると言われています。人間の肌や、動物の毛並みなど、表面の繊細な肌理（きめ）にソフトな印象を持つように、この建物にも独特の柔らかさを感じました。

参考資料

書籍

TITLE	PUBLISHER	AUTHOR
愛される街　続・人間の居る場所	而立書房	三浦展
歩いて、食べる　東京のおいしい名建築さんぽ	エクスナレッジ	甲斐みのり
いいビルの世界　東京ハンサムイースト	大福書林	東京ビルさんぽ
インテリアデザイン教科書　第二版	彰国社	
美しい建築の写真集 喫茶編	パイ　インターナショナル	竹内厚
大人のための東京散歩案内	洋泉社	三浦展
銀座四百年 都市空間の歴史	講談社	岡本哲志
銀座カフェー興亡史	平凡社	野口孝一
銀座建築探訪	白揚社	藤森照信
銀座の喫茶店ものがたり	白水社	村松友
銀座歴史散歩地図　明治・大正・昭和	草思社	赤岩州吾
銀座を歩く　四百年の歴史体験	講談社	岡本哲志
空間練習帳	彰国社	小嶋 一浩、小池 ひろの、高安 重一、伊藤 香織
建築意匠講義	東京大学出版会	香山寿夫
建築探偵術入門	文藝春秋	東京建築探偵団
ここだけは見ておきたい東京の近代建築	吉川弘文館	小林一郎
散歩のとき何か食べたくなって	新潮社	池波正太郎
時代の地図で巡る東京建築マップ	エクスナレッジ	米山勇
自転車で東京建築さんぽ	平凡社	小林一郎、寺本 敏子
シブいビル	リトル・モア	鈴木伸子
純喫茶の空間　こだわりのインテリアたち	エクスナレッジ	難波里奈
人生で大切なことは月光荘おじさんから学んだ	産業編集センター	月光荘画材店
新和風デザイン図鑑ハンドブック	エクスナレッジ	
好きよ喫茶店	マガジンハウス	菊池亜希子
続・好きよ喫茶店	マガジンハウス	菊池亜希子
武田五一の建築標本	LIXIL出版	
小さな建築	岩波書店	富田玲子
小さな平屋に暮らす	平凡社	山田きみえ、雨宮秀也
地図から消えた「東京の町」	祥伝社	福田国士
テキスト建築意匠	学芸出版社	平尾和洋、大窪健之、松本裕、末包伸吾、藤木庸介、山本直彦
伝統建具の種類と製作技法	誠文堂新光社	大工道具研究会
東京建築散歩24コース（東京・横浜近代編）	山川出版社	志村直愛、横浜家具を通して文化を考える会
東京建築 みる・あるく・かたる	エクスナレッジ	倉方俊輔・甲斐みのり
東京老舗の名建築	エクスナレッジ	二階さちえ
東京の空間人類学	筑摩書房	陣内秀信
東京ノスタルジック喫茶店	河出書房新社	塩沢槙
東京の歴史的邸宅散歩	JTBパブリッシング	鈴木博之
東京古き良き西洋館へ	淡交社	淡交社
東京モダン建築さんぽ	エクスナレッジ	倉方俊輔
東京レスタウロ 歴史を活かす建築再生	SBクリエイティブ	民岡順朗
東京レトロ建築さんぽ	エクスナレッジ	倉方俊輔
都市のイメージ	岩波書店	ケヴィン・リンチ

書籍

TITLE	PUBLISHER	AUTHOR
都市のリアル	有斐閣	吉原直樹ほか
日本人の生活空間	朝日新聞社出版局	梅棹忠夫、多田道太郎、上田篤、 西川幸治
日本庭園のみかた	学芸出版社	宮元健次
日本の家	KADOKAWA	中川武
日本の建築意匠	学芸出版社	平尾和洋、青柳 憲昌、 山本 直彦（編著）
人間工学からの発想―クオリティ・ライフの探求	講談社	小原二郎
人間の空間―デザインの行動的研究	鹿島出版会	R・ソマー
古き良き日本の家 東京和館	淡交社	
街並みの美学	岩波書店	芦原義信
「マド」の思想	彰国社	古谷誠章
見えがくれする都市	鹿島出版会	槇 文彦、若月幸敏、 大野秀敏、高谷時彦
みず・ひと・まち　親水まちづくり	技報堂出版	畔柳昭雄、上山 肇
見る建築デザイン	学芸出版社	宮元健次
むかしの味	新潮社	池波正太郎
明治の洋館24選	淡交社	淡交社
山手線　駅と町の歴史探訪	交通新聞社	小林祐一
ヤミ市跡を歩く	実業之日本社	藤木TDC
夜は暗くてはいけないか―暗さの文化論	朝日新聞社	乾正雄
路上観察学入門	筑摩書房	赤瀬川 原平、南 伸坊、藤森 照信

雑誌・HP

TITLE	PUBLISHER
商店建築1980.4	商店建築
商店建築デザイン選書1 話題の喫茶店・Coffee Shop	商店建築
商店建築デザイン選書 2 魅力ある外装の造形	商店建築
商店建築2019.9	商店建築
商店建築2013.1	商店建築
新建築1967.5	新建築社
新建築2010.3	新建築社
谷中の暮らしと歴史を活かすまちづくり	NPOたいとう歴史研究会
バウハウスへの想い　デザインからアトリエまで	三岸アトリエより提供
TOTO通信2017秋号	TOTO
台東区の登録有形文化財	台東区教育委員会
墨田区時間	アートブルー
metropolitana2017.5	産経新聞社
散歩の達人2017.12	交通新聞社
東京R不動産2009.6コラム	東京R不動産
casa BRUTUS 2020.10	マガジンハウス
中野経済新聞2013.4	日本経済新聞社
国指定文化財等データベース	文化庁

あとがき

この度は数多くの本の中から、この本を手に取ってくださり、ほんとうにありがとうございます。

昭和の情緒あふれる下町から最新の流行発信エリアまで、新旧の文化が織り交じったユニークな街・東京。

駅ひとつとっても、それぞれに強い個性がありバラエティに富んでいるので、街歩きや建物めぐりの時は、いつも新鮮な発見や意外な出会いが待ち受けており、飽きることがありません。

一方で、世界の街でも、東京ほど変化の早い所は他にはないように思います。

実は今回の本の執筆を終えた後、イラストを描かせていただいた物件の中で、閉店されるお店があることがわかりました。

もう二度とあの姿を見ることはできないんだな……と一時は悲しい気持ちになりましたが、同時にイラストになった建物の姿はなんだかポートレイトや肖像画のようにも見えてきて、いつかこの画が、持ち主

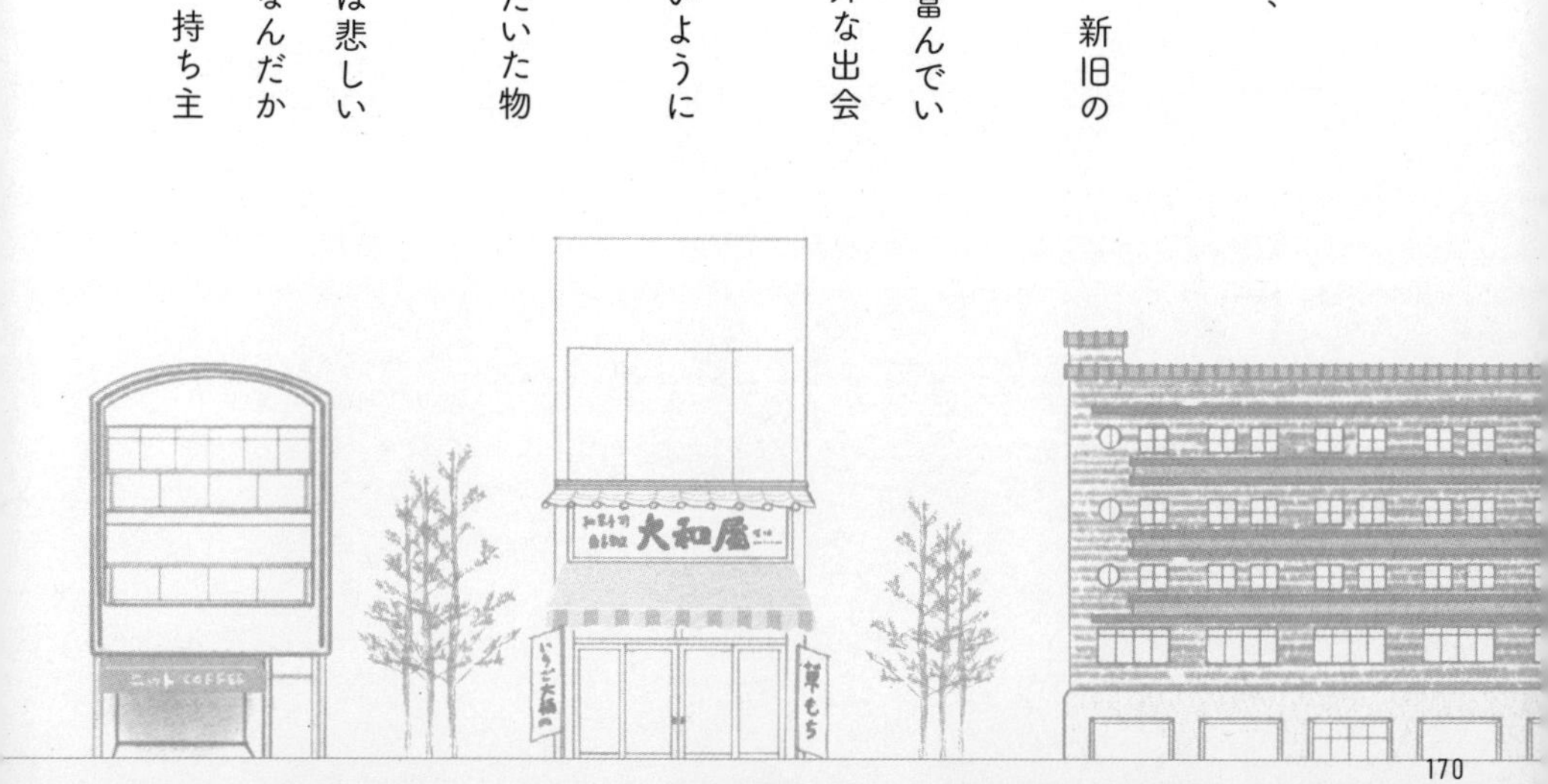